Sozialpädagogische Studienreihe

Margot Bergemann

# Sporterziehung im Vorschulalter

## Theoretische Grundlagen und Anleitungen für die Praxis in Kindergarten und Vorschule

9. Auflage

Stam 8053

Stam Verlag
Bardtenschlager-Verlag

Die ersten vier Auflagen dieses Buches
erschienen unter dem Titel
„Leibeserziehung im Vorschulalter".

Verlag H. Stam GmbH
Fuggerstraße 7 · 51149 Köln
Fernruf (02203) 3029-0

ISBN 3-8237-8053-0


Umschlag und Zeichnungen: Maria Nöhmeier

**INHALT**

## III. ÜBUNGSRÄUME UND IHRE AUSSTATTUNG



## IV. DER ERZIEHER ALS ÜBUNGSLEITER

## PRAKTISCHER TEIL

### V. MUTTER-UND-KIND-TURNEN



### VI. GRUNDFORMEN DER BEWEGUNG



### VII. ÜBUNGEN MIT GERÄTEN

## Vorwort

In der pädagogischen und bildungspolitischen Auseinandersetzung um die Vorschulerziehung mit Experimenten und Erprobungen von Lernprogrammen, Modellen und neuen Lehrmethoden besteht die Gefahr, das Kind in seinen elementaren Lebensbereichen und -äußerungen nicht mehr ganzheitlich zu betrachten.

Die Bestrebungen nach vermehrter intellektueller Förderung der Kinder führen leicht zu isolierenden Lernmaßnahmen, die einer allseitig persönlichkeitsbildenden Erziehung nicht gerecht werden und Fehlentwicklungen Vorschub leisten.

Bewegung ist ein Elementarbedürfnis des Kindes und die Grundlage zu aktiver Lebensbewältigung. Ihr wird, auch in der Frühpädagogik, zu wenig Beachtung geschenkt. Der Grund mag darin liegen, daß Bewegungen nicht fixierbar sind und es daher schwierig ist, ihren Gesetzmäßigkeiten und Wirkungen nachzugehen und sie wissenschaftlich zu erfassen.
Ärzte und Psychologen haben die Zusammenhänge zwischen Bewegungsaktivität und gesunder körperlicher und seelischer Entwicklung aufgezeigt. Die Ausbildung der motorischen Fähigkeiten bedeutet auch Förderung der Lernbereitschaft auf anderen Gebieten.

Manche Pädagogen meinen, daß kleine Kinder sich schon auf natürliche Weise genug bewegen können. Je mehr jedoch der Bewegungsraum zur natürlichen Entfaltung der körperlichen und motorischen Kräfte unserer Kinder durch die zunehmende Verstädterung unserer Zivilisationsgesellschaft eingeschränkt wird, um so eindringlicher muß die Forderung nach einer planmäßigen Bewegungsbildung von früher Kindheit an erhoben werden.

Bewegungs- und Leibeserziehung, als wichtiges Bildungsmittel zu einer harmonischen Gesamtentwicklung des Kindes, muß

daher in das Gesamtkonzept einer neuen Vorschulerziehung mit einbezogen werden.
Über die Namensgebung dieses Bildungsbereiches sollten die Fachleute nicht in Streit geraten. Die Bezeichnungen Bewegungserziehung, Leibesübungen, Leibeserziehung, Sport, Turnen, Gymnastik unterliegen einem „ständigen Bedeutungswandel" (Paschen). Eine befriedigende Lösung wurde noch nicht gefunden.

Wichtig ist, daß der „Anspruch auf systematische Bildung . . . für das Kind im Vorschulalter" (Unesco-Kommission) auch für den motorischen Bereich anerkannt wird und die an den Bildungsplänen mitwirkenden Pädagogen, ebenso wie die in der täglichen Praxis in Kindergarten und Vorschule stehenden Erzieher, sich mit Inhalt und Methoden der Leibeserziehung im Vorschulalter bekanntmachen.

Dazu bietet vorliegendes Buch eine Hilfe an. Es ist entstanden aus den praktischen Erfahrungen in der Arbeit mit Kindern im Kindergarten und in der Ausbildung sozialpädagogischer Erzieher.
In der Fragestellung nach dem pädagogischen Warum, Wozu (Ziel), dem Was (Inhalt, Übungsstoff) und dem Wie (Lehrweise) entwickelte sich der Versuch einer Didaktik und Methodik der Leibeserziehung im Vorschulalter. Dabei konnten Modellformen aus dem Schulsport nicht übernommen werden, da es sich erweist, daß „die Kindergartenpädagogik eigenständigen und nicht nur (schul)vorbereitenden Charakter hat" (Kurt Müller).

Die Hinweise in den Abschnitten der Bewegungs- und Übungslehre basieren auf Beobachtungen der kindlichen Bewegungsaktivitäten und motorischen Verhaltensweisen beim Freispiel und in der Übungsstunde des Kindergartens.
An der Übungssammlung haben die Kinder durch ihren Erfindungsreichtum und ihre Bewegungsphantasie innerhalb der praktischen Arbeit entscheidend mitgewirkt.

Vorschulerzieher, Kindergärtnerinnen und Lehrer im Elementarbereich erhalten so Anregungen zu einer durchdachten, planmäßigen Leibeserziehung in Kindergärten und Vorschulgruppen mit einem vielseitigen Übungsangebot.

Für den Unterricht in den Ausbildungsstätten für Vorschul- und Sozialpädagogen bietet das Buch die Grundlagen in Theorie und Praxis an, die den Studierenden fundierte Kenntnisse auf dem Gebiet der Leibeserziehung im Vorschulalter vermitteln sollen, um sie zu befähigen, mit Kindern zielgerichtet Leibesübungen zu betreiben. Ein von Eltern und Pädagogen immer häufiger gefordertes vermehrtes Bildungsangebot für Kinder im Vorschulalter verlangt nach einem besser ausgebildeten Erzieher, der Fachwissen mit praktischem Können verbindet.

Nicht zuletzt wendet sich das Buch an alle Erwachsenen, die für eine gesunde Entwicklung der Kinder eintreten wollen, um sie aufzufordern, der kind- und bewegungsfeindlichen Zeitströmung entgegenzuwirken und mitzuhelfen bei der Gestaltung einer humaneren Umwelt mit mehr Spiel- und Bewegungsräumen für unsere Kinder.

München, im Oktober 1973 Margot Bergemann

**Autor:**
Margot Bergemann
Sport- und Gymnastiklehrerin,
Dozentin für Leibeserziehung
an der Fachakademie für Sozialpädagogik
der Landeshauptstadt München

# I

## AUFGABEN UND ZIELE

**Entfaltung der Bewegung und Befriedigung elementarer Bewegungsbedürfnisse**

**Ausbildung grundlegender Bewegungsfähigkeiten**
- **Motorisches Lernen der Grundformen**
- **Entwicklung von Bewegungseigenschaften**

**Förderung körperlicher und seelischer Gesundheit**
- **Organkräftigung**
- **Muskelkräftigung, Haltungsförderung**
- **Ausgleich des vegetativen Nervensystems und psychische Harmonisierung, Hilfe für Behinderte**
- **Erholung und Abhärtung durch Bewegung in der Natur**
- **Vermeidung von Überforderung und Unterforderung**

**Entwicklung sozialer Verhaltensweisen**

## AUFGABEN UND ZIELE

Die tägliche Arbeit mit Kindern erfordert Kontrolle und Überlegungen über die Ziele und Leitlinien des pädagogischen Tuns. Die Frage nach den Bildungszielen der Leibeserziehung im Vorschulalter kann nicht mit Hinweisen auf den allgemeinen Sport mit seinem Streben nach Höchstleistungen beantwortet werden. Vielmehr muß davon ausgegangen werden, daß für das kleine Kind Bewegung elementare, den ganzen Menschen betreffende Lebensnotwendigkeit bedeutet und ihre Entfaltung und Förderung die Persönlichkeitsbildung des Kindes entscheidend beeinflußt.

Leibeserziehung im Vorschulalter soll mit dazu beitragen, das Kind zur Selbständigkeit zu erziehen und die Fähigkeit zu aktiver Lebensbewältigung zu entwickeln.

Aus diesen allgemeinen Bildungszielen ergeben sich für die Leibeserziehung folgende Richtziele und Hauptaufgaben:

- Entfaltung der Bewegung und Befriedigung elementarer Bewegungsbedürfnisse
- Ausbildung grundlegender Bewegungsfähigkeiten
  Motorisches Lernen der Grundformen
  Entwicklung von Bewegungseigenschaften
- Förderung körperlicher und seelischer Gesundheit
- Entwicklung sozialer Verhaltensweisen

## Entfaltung der Bewegung und Befriedigung elementarer Bewegungsbedürfnisse

Die Bedeutung des kindlichen Bewegungstriebes muß vom Vorschulerzieher, dem es um eine ganzheitliche Persönlichkeitsentfaltung des Kindes geht, deutlich erkannt werden. Er soll Verständnis dafür aufbringen, daß das vitale Grundbedürfnis des Kindes nach Bewegung nicht unterdrückt werden darf, sondern durch sinnvolle Erziehungsangebote befriedigt werden kann.

Psychologen und Therapeuten machen auf die positiven oder schädlichen Wirkungen aufmerksam, welche die Befriedigung oder Unterdrückung des Bewegungstriebes hervorrufen:

„Der Bewegungshunger ist . . . so groß wie der Hunger nach Nahrung."

„Bewegung ist für das Kind ein existentielles Bedürfnis. Deshalb hängt seine künftige Lebensbefindlichkeit auch davon ab, inwieweit es so motorisch sein kann, wie es ihm entspricht."

„Sich-Bewegen-Können ist von Gefühlen der Freude und Freiheit begleitet, während motorische Einengung als quälend empfunden wird."

„Es wirkt hemmend auf das Kind, wenn es seine Körperbewegungen einschränken soll." (K. Singer „Die behinderte Aktivität", BR-Schulfunk 72)

„. . . Kinder reagieren auf die umweltbedingte Behinderung des Bewegungsdranges mit vermehrter Unruhe, Reizbarkeit und Aggression." (E. Kiphard „Bewegungs- und Koordinationsschwächen", Schorndorf 70)

Die Ursachen der auf die kindliche Entwicklung sich so schädlich auswirkenden Behinderung motorischer Bedürfnisse sind vorrangig zu suchen in der Einengung des natürlichen Bewegungsraumes durch beschränkte Wohnverhältnisse, Überbelegung von Kindergärten und Schulen und durch den die Straßen und Plätze überflutenden Verkehr.

Zivilisation und Technik verändern immer stärker die natürlichen Lebensbedingungen der Menschen. War früher die tägliche Berufsarbeit vorwiegend mit körperlicher Tätigkeit verbunden, so wird heute die Bewegung in Beruf und Freizeit immer mehr eingeschränkt. Den größten Teil des Tages verbringen die meisten Menschen sitzend im Büro, in der Schule, im Auto, vor den Fernsehapparaten.
Die Technik nimmt ihnen in Haushalt und Beruf schon kleinste Handgriffe ab und läßt Bewegungsaktivitäten verkümmern.

Kinder sind von dieser unnatürlichen Entwicklung nicht ausgeschlossen. Besonders leiden darunter die Kinder im Vorschulalter, da sie in einer Entwicklungsphase sind, in der „die Bewe-

gungsimpulse besonders hervortreten" (Singer). Unterdrückung des Bewegungstriebes in dieser „motorisch-aggressiven" Phase kann zu erheblichen Fehlentwicklungen führen.
Eltern und Pädagogen sollten daraus die Konsequenzen ziehen und mit ihren bescheidenen Mitteln versuchen, der bewegungsfeindlichen Zeitströmung entgegenzuwirken.
Der verständnisvolle Vorschulerzieher wird in seinem Bereich praktische Möglichkeiten schaffen, die den Kindern ausreichend Gelegenheit geben, ihre Bewegungsbedürfnisse ausleben zu können. Die Anlage und Einrichtung von Kindergärten muß diesen Bedürfnissen gerecht werden (s. Kap. Übungsräume). Spielplatz, Turnspielgarten und Mehrzweckhalle seien so ausgestattet, daß die Kinder zu vielseitigen Bewegungsaktivitäten angeregt werden. Im freien Spielen und Üben können sie ihren natürlichen Bewegungs- und Tätigkeitsdrang entfalten und erfahren so die Erweiterung ihres Könnens und ihrer motorischen Fähigkeiten. Ihr Selbstbewußtsein wächst mit der Befreiung von bewegungshemmenden und einengenden Verboten und Umwelteinflüssen.

„Bewegungsfreiheit als Anstoß für die Selbstverwirklichung des Kindes" (Singer) führt zu aktivem Verhalten in der Gemeinschaft und der Umwelt gegenüber. In einer bewegungsanreizenden Umgebung entwickeln die Kinder eine den Erwachsenen oft erstaunende Bewegungsphantasie im Erfinden neuer Bewegungsformen und -kombinationen. Fehlen die Möglichkeiten zum kreativen Spielen und motorischen Experimentieren, so werden wesentliche Chancen zum Selbständigwerden und zur Selbstverwirklichung des Kindes verpaßt.
Dieser freien Bewegungsentfaltung muß in der Vorschulerziehung eine weit größere Beachtung geschenkt werden als dies bisher geschehen ist.

Während die Kinder in früheren Zeiten auf natürliche Weise in Wald und Garten ihren Bewegungsdrang frei ausleben konnten und im natürlichen Gelände zu vielseitigen Spielaktionen angeregt wurden, verhindern die bedrohlichen Verkehrs- und Wohnverhältnisse in den Städten die Befriedigung dieser elementaren Bedürfnisse. Wir müssen als Erzieher und Pädagogen mit Einfallsreichtum versuchen, den Kindern Ersatz für die natürlichen Spiel- und Bewegungsräume zu schaffen.

Die Rückbesinnung auf die natürlichen Lebensgrundlagen, der Ruf nach mehr „Qualität des Lebens“ muß auch die Forderung nach Spielräumen zur natürlichen Bewegungsentfaltung unserer Kinder mit einbeziehen.

## Ausbildung grundlegender Bewegungsfähigkeiten

### Motorisches Lernen der Grundformen

Dem Anspruch auf optimale motorische Förderung kann nur der Erzieher gerecht werden, der die Erziehungsaufgabe zur freien Bewegungsentfaltung erweitert in einem durchdachten und gezielt eingesetzten Übungsprogramm, das die motorischen Grundfähigkeiten und -fertigkeiten der Kinder ausbildet.

Die planmäßige Leibeserziehung muß im Kindergarten beginnen, nicht erst in der Schule.

> „Die Zeit bis zum Schuleintritt ist die Lernsphase für alle Grundformen sportlicher Motorik“ (E. Hahn in „Die Leibeserziehung“ 2/72).

Das 6jährige Kind muß ausreichende Bewegungssicherheit und motorisches Können erlangt haben. Vernachlässigung in diesem Bereich bringt Nachteile für die Entwicklung, die später nicht mehr ausgeglichen werden können.

> „Von . . . grundlegender Bedeutung . . . ist die Beherrschung der Motorik, also das Verfügenkönnen über die verschiedenen Bewegungsfunktionen des eigenen Körpers bis hin zu den Fähigkeiten feinmotorischer Handlungen der Hand und der Finger. Jede gezielte Bewegung sichert zusätzlichen Erfahrungserwerb, so daß Kinder, die in ihren Bewegungsmöglichkeiten eingeengt und nie angemessen angeregt sind, einen erheblichen Rückstand an Informationen aufzuweisen haben, darüber hinaus jedoch auch durch ihre motorische Beschränkung den gestellten Anforderungen nur unzureichend entsprechen können.“ (G. Pause in „Vorschulerziehung“ BR-Schulfunk 1972)

Bewegungs- und Leibeserziehung im Vorschulalter müssen verstanden werden als Hilfe zur Lebensbewältigung und Umwelt-

„eroberung", als Mittel zur Entfaltung der Persönlichkeit und Selbständigkeit.

> „Man ist sich darüber einig, daß das Kind die Welt nur aktiv bemeistern, erkennen und verstehen kann, indem es die Fähigkeit entwickelt, sich . . . zielstrebig zu bewegen." (Bettelheim in „Liebe allein genügt nicht", Stuttgart 1970)

Durch Ausbildung der motorischen Fähigkeiten soll das Kind Freiheit und Selbständigkeit in der Bewegung erlangen, damit es mit Initiative und Unternehmungsgeist auf seine Umwelt reagieren kann. Im regelmäßigen Üben seiner Bewegungsfunktionen lernt es, die Körperbewegungen zu beherrschen und zu koordinieren und sich geschickt und reaktionsschnell Situationen anzupassen und Aufgaben zu bewältigen.
Der großen Lern- und Leistungsbereitschaft dieser Altersstufe soll der Erzieher entgegenkommen und durch ein reichhaltiges Übungsangebot an einer optimalen Bildungs- und Begabungsförderung mitwirken. Auch auf motorischem Gebiet muß die Begabung weitgehend als Ergebnis des Lernens aufgefaßt werden.

Die Grundformen der Bewegung (Laufen, Federn, Schwingen, Springen, Rollen, Werfen u. a.) mit ihren vielfältigen Variationen bilden den Inhalt des Übungsprogramms (s. Kap. „Übungsprogramm" und „Praktischer Teil"). Sie werden von früher Kindheit an in Lernschritten geübt, so daß die Kinder bei entsprechenden Lernhilfen und -anregungen bis zum Schuleintritt über ein umfangreiches Bewegungsrepertoire verfügen, welches ihnen Sicherheit und Mobilität im Alltagsleben und auch die Grundlage für alle weiteren sportlichen Betätigungen in Schule und Freizeit gibt.
Die Ausbildung in allen Formen der Grundbewegungsarten bis zu feinmotorischen Fähigkeiten bedeutet für die Kinder nicht nur besseres Zurechtfinden in der modernen, technisch oft recht komplizierten Umwelt, sondern auch Erleichterung im Erlernen kultureller und künstlerischer Techniken wie Malen, Schreiben, Werken, Tanzen und Musizieren auf Instrumenten.
Der Zuwachs an körperlicher Kraft und Bewegungsfähigkeit erhöht die Lern- und Leistungsbereitschaft und die Freude am Tätigsein. Ein Kind, das sich geschickt und sicher bewegen kann, wird sich mit Aufgeschlossenheit und Gewandtheit den Aufgaben und Problemen des täglichen Lebens zuwenden.

## Entwicklung von Bewegungseigenschaften

In der Leibeserziehung im Vorschulalter steht nicht die Steigerung der Quantität einer Bewegungsleistung wie Kraft, Ausdauer, Schnelligkeit im Vordergrund, sondern die Ausbildung und Verbesserung von Bewegungsqualitäten wie Bewegungselastizität, Bewegungsreichtum, Bewegungssicherheit u. a.
Die moderne Bewegungslehre befaßt sich mit dem Erkennen und Klären der Qualitätsmerkmale von Bewegungsabläufen und motorischen Grundeigenschaften. Die Erkenntnisse über die Grundlagen der menschlichen Motorik geben die Leitlinie für eine moderne Bewegungserziehung für alle Altersstufen.
Daher sollte sich auch der Vorschulerzieher die Grundkenntnisse aneignen, die ihn befähigen, durch Bewegungsbildung positiv auf die leibseelische Entwicklung der Kinder einzuwirken.
Es bedarf einer fachlich guten Ausbildung und eigenen Bewegungsschulung des Erziehers, damit er die Kriterien und Unterschiede von Bewegungsabläufen an sich selbst erfahren und an Kindern erkennen lernt. Sein pädagogisches Tun in der Bewegungserziehung wird um so erfolgreicher sein, je mehr er sich an Wert- und Zielvorstellungen orientiert und überlegt, wohin soll motorisches Lernen führen.

Welche Wertmaßstäbe gelten bei Bewegungsabläufen und welche motorischen Grundeigenschaften sollen im Vorschulalter entwickelt und gefördert werden?

### Bewegungsganzheitlichkeit, Bewegungsharmonie, Bewegungskoordination

Dem Prinzip der Ganzheit in der Bewegung wird in der Leibeserziehung zu wenig Beachtung geschenkt. Es sagt aus: Bei jeder Bewegung ist der ganze Körper beteiligt. Die Bewegung geht vom Schwerpunkt des Körpers aus und überträgt sich auf die Gliedmaßen und ggf. auf ein zu bewegendes Handgerät.

Isolierte Bewegungen einzelner Körperteile (wie z. B. Kopfrollen, – Kreisen eines Armes bei steifgestelltem Körper) verhindern die harmonische Bewegungsentwicklung und sind besonders in der Vorschulerziehung abzulehnen, da sie die ursprüngliche Einheit-

lichkeit der kindlichen Bewegung zerstören und nicht nur zu körperlichen, sondern auch zu inneren Verspannungen führen können.
Je stärker der ganze Körper bewegt wird, um so intensiver ist auch das Seelische beteiligt. „Die Einheit des inneren Lebensgefühls findet ihren Ausdruck in der Totalität des äußeren Bewegungsablaufs." (R. Bode in „Richtlinien der Rhythmischen Gymnastik", München 1957) In den Bewegungsäußerungen gesunder, vitaler Kinder wird die Einheit von Körperlichem und Seelischem sichtbar, „die Ungebrochenheit der menschlichen Bewegung als Ausdruck seelischer Energie". (R. Bode in „Rhythm. Gymnastik", Frankfurt 57)
Wenn Kinder laufen, hüpfen, tanzen, so bewegen sie nicht nur ihre Beine oder Arme, sondern die ganze Person ist dabei in Aktion. Alle natürlichen Sportarten, von der Leichtathletik (Laufen, Springen, Werfen) bis zum Schwimmen und Skifahren verlangen den Totaleinsatz des Körpers. Die großen Leistungen könnten nicht vollbracht werden, wenn nur einzelne Körperteile oder Gliedmaßen (z. B. beim Werfen) eingesetzt würden.

Es ist deswegen vom Sportpädagogischen her gesehen unsinnig und vom Standpunkt einer ganzheitlichen Erziehung her nicht vertretbar, wenn immer noch in Turn- und Gymnastikstunden, wie bei den alten Freiübungen, einzelne Teile des Körpers isoliert geübt werden.
Übungssysteme, wie „Isometrik" oder reine Zweckgymnastik, aber auch stilisierte Bewegungsformen, wie akrobatisches Kunstturnen und Ballett, sind für eine natürliche Bewegungsbildung im Vorschulalter wenig geeignet.

Je mehr mit den Kindern von vornherein Ganzkörperbewegungen geübt werden, um so leichter erlernen sie die Bewegungen des Rumpfes und der Gliedmaßen auch bei schwierigeren Bewegungsfolgen (z. B. beim Seilspringen, Tanzen) miteinander zu koordinieren.
Bewegungskoordination bedeutet „das gute Zusammenspiel, die Abgestimmtheit der einzelnen Bewegungen zu einem sinnvollen Ganzen". (K. Meinel „Bewegungslehre", Berlin 62)
Die Fähigkeit dazu in allen motorischen Grundformen erwirbt das Kind durch eine an der Ganzheit und Qualität der Bewegung

orientierte Leibeserziehung. Besonderes Augenmerk sollte dabei auf die Koordination der Arm- und Beinbewegungen beim Laufen, Hüpfen u. a. gelegt werden. Hierbei arbeiten Arme und Beine in harmonischen Gegenbewegungen, die sich besonders lockernd auf Wirbelsäule und Rückenmuskulatur auswirken.

**Bewegungsrhythmus, Bewegungselastizität, Bewegungsökonomie**

Jede ursprüngliche, natürliche Bewegung läuft rhythmisch ab, d. h. im periodischen Wechsel von Spannung und Entspannung. Das rhythmische Geschehen durchpulst alle Lebensvorgänge im Menschen wie in der Natur.

> „Kennzeichen des Lebendigen im Bewegungsvorgang sind dessen Spontaneität und rhythmischer Ablauf." (R. Bode „Richtlinien der Rhythm. Gymnastik", München 1957)

Kinderbewegungen, die sich ungestört entfalten können, machen dies deutlich; sie zeigen jene Beschwingtheit und Gelöstheit, die dem Erwachsenen durch Verkrampfungen und Hemmungen oft verlorengegangen sind. Um die innere und äußere Schwingungsfähigkeit im Kind zur Entfaltung zu bringen und das ursprüngliche lebendige Bewegungsgeschehen nicht durch starre Übungsformen zu unterdrücken, ist es eine der wichtigsten Aufgaben der Leibeserziehung, das Rhythmische in der Bewegung stärker zu fördern.

Das heißt, daß die dynamischen schwunghaften und federnden Übungen im Vordergrund stehen müssen, da beim Schwingen und Federn der rhythmische Wechsel von Spannung und Lösung am deutlichsten ausgeprägt ist. Statische Übungen und Ruckzuckbewegungen sind in der Kindergymnastik abzulehnen. Falsch, weil schädlich für die harmonische Entwicklung, sind alle Bewegungen, die abgehackt, eckig, steif und verkrampft ablaufen (hier dominiert einseitig die Spannung), – aber auch solche, die lasch, müde oder schlaff und damit langweilig erscheinen (hier wird zu wenig Spannung und Kraft eingesetzt).

Anzustreben sind die Bewegungen, die jene Dynamik und wechselnden Spannungsgrade zeigen, die für die gegebene Bewegungsaufgabe notwendig sind und die man als elastisch bezeichnet.

Die Elastizität ist für den modernen Menschen die notwendigste zu erlangende Bewegungseigenschaft. Durch Üben kann man sie sich bis ins hohe Alter erhalten. Sie muß schon beim Kleinkind, sobald es das Stehen gelernt hat, entwickelt und im Kindergarten systematisch durch lebendige, federnde und schwunghafte Übungen ausgebildet werden (s. Übungsteile „Federn" und „Schwingen"). Dabei sind die beiden Grundprinzipien der Bewegung, Ganzheitlichkeit und rhythmischer Ablauf, stets zu beachten, damit sie wie selbstverständlich in allen Bewegungsvorgängen im Alltagsleben angewandt werden. Durch gute rhythmische Anleitung der Übungen werden Bewegungsrhythmus und Elastizität gesteigert. Die rhythmische Lehrweise (s. „Lehr- und Lernmethoden") erleichtert auch das Erlernen der Bewegungsabläufe in den verschiedenen Sportarten wie Leichtathletik, Skifahren u. a.
Als Ergebnis einer solchen dynamisch-rhythmischen Bewegungsbildung stellt sich ökonomisches Verhalten im Bewegungseinsatz ein.
Einseitige Anspannung ohne rhythmischen Wechsel von Anstrengung und Ruhe führt zu unnötigem Verbrauch an Nerven- und Körperkräften. Entspannenkönnen heißt Kräftesparen und Kräftesammeln.

Dies zeigen Kinder, die sich ungestört von Reizeinflüssen und nervlichen Überforderungen entwickeln dürfen. Der Erwachsene staunt, daß sie ohne Ermüdung den ganzen Tag in Bewegung sein können. Der unbewußte Wechsel von anstrengenden und ruhigeren Tätigkeiten, die nicht einseitig willensmäßig angespannte, sondern „spielerische" Bewegung schützt sie vor Überanstrengung. Sie sind ausdauernd im wechselvollen Tun und betreiben unbewußt ein „Intervalltraining", welches auch im Sporttraining zur Steigerung von Ausdauer und Leistungsfähigkeit eingeführt wurde.

Für den Vorschulerzieher gilt, die natürliche Fähigkeit der Kinder zu unverkrampften und rhythmischen Bewegungen weiter zu entwickeln und mit der Zunahme von Elastizität und Bewegungsschwung eine allmähliche Steigerung der dem kindlichen Alter entsprechenden Kraft und Ausdauer zu erreichen. Mit fortschreitender Bewegungsfähigkeit verlieren auch die 3–4jährigen Kinder

ihren Bewegungsüberschwang und lernen ökonomische und kraftsparende Bewegungen.
Wieweit spezielle Entspannungsübungen im Vorschulalter notwendig sind, wird im Kap. „Übungen zur Entspannung und Konzentration" behandelt.

**Bewegungsausdruck, Bewegungsphantasie, Bewegungsreichtum**

Der Ausdruck als Qualitätsmerkmal einer Bewegung steht in enger Beziehung zu dem ganzheitlichen und rhythmischen Ablauf der Bewegung.

> „Die Bewegungen sind in dem Maße ausdrucksvoll . . . als sie richtig ablaufen." (R. Bode „Neue Wege in der Leibeserziehung", München 26) „Der Körper . . . wird . . . an der vollen Entfaltung des Ausdrucks in der Bewegung . . . gehindert", wenn die Bewegungen nicht „frei sind von unnatürlichen Verkrampfungen und falschen Hemmungen." (R. Bode „Rhythmus und Körpererziehung", Jena 25)

Mit Ausdruck ist nicht äußerliche, gewollt ausgeführte Gebärde gemeint, sondern die von inneren Impulsen getragene lebendige Bewegung.

Wer Bewegungen sehen und erkennen gelernt hat, ist immer wieder beeindruckt von der lebendigen Ausstrahlung, die von Kinderbewegungen ausgeht. Hier zeigt sich die Einheit der Bewegung als leibseelischer Vorgang. Kinder können beim Spielen ganz „aufgehen" im Bewegungsgeschehen, sie sind „mit ganzer Seele" bei einer Tätigkeit. Der Erzieher soll diese Einheit im Bewegungserleben nicht zerstören, sondern die Lebendigkeit und den Ausdruck der kindlichen Bewegung erhalten und entwickeln helfen. Die Förderung der körperlichen Elastizität bewirkt auch eine Steigerung der inneren Schwingungs- und Erlebnisfähigkeit, die auf künstlerischen Gebieten zum Ausdruck kommt.

> „Das motorische System . . . muß . . . aufnahmefähig sein für die Impulse von der psychischen Seite her und nur in dem Maße, als das körperliche Bewegungsleben potentiell . . . die Freiheit in der Bewegung hat, kann diese Freiheit auch im Psychischen vorhanden sein, denn Leib und Seele stehen nicht im Verhältnis des Gegensatzes, sondern der Polarität . . . Diese

polare Abhängigkeit des Innen und Außen ist aber die Grundlage für jede Tätigkeit, welche bestimmt ist, die innere Bewegung zum Ausdruck zu bringen.“ (R. Bode „Musik und Bewegung“, Stuttgart 1967)

In dem Maße wie ein Kind Bewegungsfreiheit und Erweiterung seiner motorischen Fähigkeiten erfährt, kann sich Bewegungsphantasie und Bewegungsreichtum entfalten.

Bevor man mit formalen Aufgaben an die Kinder im Vorschulalter herantritt, müssen Erziehung und Umwelt genügend Möglichkeiten und Anreize zu kreativem Bewegungsspiel bieten, in dem die Kinder nach ihren Einfällen und Erfindungen selbst erproben, üben und gestalten können (s. „Übungsprogramm“ und „Turnspielgarten“). Die Aufgabe des Erziehers ist es: Ermutigen, Hervorlocken, Anregen.

Damit wird er die Begabung der Kinder zu individuellem Gestalten und kreativem Handeln fördern. Die Freude an darstellenden Bewegungsspielen ist in dieser Altersstufe besonders ausgeprägt. Hier zeigen sich Originalität und Einfallsreichtum der Kinder. Die Verbindung von Musik und Bewegung entfaltet die lebendige Ausdruckskraft und Bewegungsphantasie, die durch Bewegungsimprovisation und tänzerische Gestaltung weiter entwickelt werden können.

**Bewegungssteuerung, Bewegungssicherheit, Gewandtheit und Geschicklichkeit**

Die Steuerung der Bewegung ist bei Dreijährigen noch relativ schwach entwickelt. Die Kindergärtnerin kann dies beobachten bei Laufspielen im Kreis, z. B. „Katze und Maus“. Dem „Mäuslein“ fällt es meistens schwer, die Kurve um den kleinen Kreis eng zu nehmen und das rettende „Tor“ anzusteuern; der „Katze“ fehlt oft die Steuerungsfähigkeit, eine gewandte „Maus“ reaktionsschnell zu verfolgen. Auch das Werfen in eine bestimmte Richtung oder auf ein Ziel gelingt den kleinen Kindern noch nicht so recht. Deshalb sind sie auch bei Partnerübungen mit dem Ball überfordert, wenn der Ball zugeworfen und gefangen werden soll (s. „Übungen mit Bällen“).

Die Fähigkeit zur sicheren, zielgerichteten Bewegung erwirbt das Kind in dem Maße, als es lernt seine Bewegungen bewußt zu steuern und zu beherrschen. Das darf jedoch nicht hemmend und auf Kosten des ganzheitlichen und dynamisch-rhythmischen Bewegungsablaufes geschehen. Der Erzieher kann hier Lernhilfen anbieten, z. B. durch Bewegungsaufgaben wie: Bewegungen mit Unterbrechung (Laufen, auf Zeichen anhalten u. ä.), Bewegungen auf ein Ziel (Kegeln u. a.), Bewegungen mit Richtungswechsel (Kurvenlaufen, vorwärts – rückwärts u. ä.).

In Lernschritten, durch Sammeln von Erfahrungen, durch immer wieder erneutes Probieren und Üben bildet sich allmählich die Sicherheit im Bewegungsablauf aus. Das Kind lernt mit Hilfe der Sinnesorgane und geistigen Lenkung (sensomotorische Koordination) die Steuerung seiner Muskel- und Gelenkfunktionen, den Körper in Gleichgewicht zu halten, sich einem Gerät oder Partner motorisch anzupassen und sich auf ein Bewegungsziel zu konzentrieren.

Am Ende des Vorschulalters sollte das Kind in allen motorischen Grundformen und im Umgang mit geeigneten Geräten einen erheblichen Grad an Bewegungssicherheit, Gewandtheit und Geschicklichkeit erreicht haben.

Die Gewandtheit befähigt zu reaktionsschneller Anpassung an die Gegebenheiten und Situationen der Umwelt. Dies erfordert gut ausgebildete gesamtkörperliche Beweglichkeit und harmonisches Zusammenwirken von Dynamik und Steuerung. Für diese Bewegungsfähigkeiten muß im Kindergartenalter die Grundlage gelegt werden, um in der Schule erweiterte sportliche Bewegungsformen darauf aufbauen zu können.

Mit zunehmender motorischer Sicherheit und geistigem Steuerungsvermögen gelingen den Kindern Bewegungskombinationen wie z. B. Sprünge mit Anlauf, Überwindung mehrerer Hindernisse hintereinander, „Gummitwist“, Tanzschrittfolgen u. a.
Hierbei wird das Bewegungsgedächtnis und die Fähigkeit zur Bewegungsvorausnahme (Antizipation) entwickelt, d. h. den Ablauf einzelner Bewegungsphasen im Zusammenhang innerlich vorausempfinden zu können, wodurch die Bewegungsfolge ohne

Stockung ausgeführt werden kann. (Ein ähnlicher Vorgang ist die innere Vorausnahme des Zusammenhanges beim Aufsagen eines Gedichtes oder Singen eines Liedes.)

Ganzheitliches und rhythmisches Bewegungsempfinden erleichtert den fließenden Ablauf von Bewegungskombinationen, wie in den sog. „Rhythmischen Reihen" geübt wird. (Siehe „Übungsteil")
Ein gutes Beispiel von Bewegungsvorausnahme zeigen Kinder, bevor sie in ein schwingendes Langseil einlaufen. Man sieht deutlich am rhythmischen Mitbewegen des Kopfes, daß sie die Bewegung des Hineinlaufens vorauserleben, indem sie den Rhythmus des schwingenden Seiles in sich aufnehmen, um die folgende Körperbewegung darauf abzustimmen (s. „Übungen mit dem Schwungseil"). Dabei spielt der innere und äußere Auftakt der Bewegung eine wichtige Rolle (s. „Rhythmische Übungsweise").

Die Ausbildung der feinmotorischen Bewegungsabläufe soll in diesem Alter beginnen, damit die Kinder später in der Schule beim Schreiben und Zeichnen nicht überfordert werden und sich nicht verkrampfen.

Die Geschicklichkeit der feinen Bewegungen der Hände und Füße wird besonders im Umgang mit Kleingeräten, aber auch beim Klettern und in rhythmischen Übungen gefördert. Diese Übungen sind stets im schwingenden Zusammenhang mit dem ganzen Körper auszuführen und nicht in isolierten Teilbewegungen. Je jünger die Kinder sind, um so stärker muß bei den verschiedenen musischen Tätigkeiten, z. B. beim Malen und Musizieren, vom ganzheitlichen Bewegungserleben der Kinder ausgegangen werden, z. B. rhythmisches Zeichnen, großflächiges Malen, Schlaginstrumente. Der Schwung der spontanen Einfälle, die Ausdruckskraft des künstlerischen Tuns wird gehemmt, wenn die Kinder gezwungen werden, zu früh in isolierten Kleinbewegungen mit formaler Genauigkeit etwas zu vollbringen (Zeichnen, Sticken). Je mehr das Können in den groß- und feinmotorischen Bewegungsformen entwickelt ist, um so „spielender" d. h. geschickter wird das Kind die kulturellen, künstlerischen und handwerklichen Techniken beherrschen lernen.

## Förderung körperlicher und seelischer Gesundheit

Das Leitziel der Gesundheitsförderung durch Leibesübungen ist die Entfaltung der Vitalität des Menschen, eine Steigerung der Lebenskraft des Gesamtorganismus.
Leibesübungen sollten, namentlich im Vorschulalter, nicht nur nach rein physiologischen, medizinischen Gesichtspunkten betrieben werden, um nicht in äußerlicher Zweckbezogenheit mit isolierten Teilbewegungen, wie sie in einigen Übungssystemen praktiziert werden, zu verarmen. Leibeserziehung muß als komplexe Bildungsaufgabe angesehen werden, in der die Erhaltung und Förderung der Gesundheit jedoch ein wichtiger Teil ist. Gesundheit ist zu verstehen als ein „Allgemeinzustand seelischen, geistigen und körperlichen Wohlbefindens" (Weltgesundheitsorganisation). Nicht anatomisches Zergliedern, sondern ganzheitliches Denken, das von der biologischen Einheit des Menschen ausgeht, kann zu einer lebendigen Leibeserziehung führen.
Die Leibeserziehung soll sich fördernd auf die Gesundheit des Gesamtorganismus auswirken, um das Wohlbefinden des Menschen zu steigern.

Bewegungstraining wird heute sowohl als Therapie als auch zur Vorbeugung von Krankheiten von vielen Ärzten verordnet, da sie erkannt haben, „daß sich der Mangel an Bewegung, oft in Zusammenhang mit Überreizung, zur gefährlichsten Bedrohung für unsere Gesundheit entwickelt". (H. Kraus „Rückenschmerzen", München 68)

„Die physische Aktivität stellt eine Notwendigkeit für eine normale Lebensweise dar und einen wesentlichen Faktor in der Verhütung von Krankheiten." Prof. Hans Kraus, ehemaliger Arzt des Präsidenten Kennedy, setzt sich mit den Ursachen von „hypokinetischen Krankheiten, das heißt Leiden, die durch unzulängliches Körpertraining verursacht werden", auseinander und empfiehlt:

> „Das systematische Körpertraining müßte im Kindergarten begonnen werden." „Die Leibesübungen für alle sollten aus einem einstündigen Training pro Tag bestehen."
> Eltern und Erzieher fordert er auf, dafür zu sorgen, daß sich die Kinder „nicht nur zu Hause, sondern auch in Kindergarten,

Schule . . . energisch und ausdauernd körperlich betätigen . . . und sich mit Spielen beschäftigen, die viel Bewegung erfordern."

Er warnt vor bewegungsarmen Zerstreuungen wie Fernsehen, da die Programme „in dem Kind Spannungen aufbauen und es gleichzeitig daran hindern, sich ein physisches Ventil zu schaffen . . . Seine Muskeln verkrampfen und verkürzen sich und es nimmt eine schlechte Körperhaltung an . . . Statt zu Hause Cowboys und Indianern zuzuschauen und sich dabei anzuspannen, sollte ein Kind draußen Cowboy und Indianer spielen und seine Spannungen abreagieren."

Um gesund zu bleiben, müßten die Kinder vom frühen Alter an an eine physisch aktive Lebensweise gewöhnt werden, denn „der Mangel an ausreichender Körperübung und das Fehlen einer schon in der Kindheit eingeprägten Disposition zur Körperübung sind die Hauptgründe von Spannungsschmerzen, Übergewicht und Herzkrankheiten in späteren Jahren."

Neben den Eltern hat der Vorschulerzieher die Aufgabe der Gesundheitsförderung für die Kinder zu übernehmen. Regelmäßige Leibesübungen bedeuten aktive Gesundheitserziehung. Sie sind das billigste Mittel, um Zivilisationsschäden vorzubeugen. Der Mensch ist seiner biologischen Anlage nach ein Bewegungswesen, das sich täglich ausgiebig bewegen müßte, um gesund zu bleiben. Bewegungsmangel wirkt sich nicht nur an der Peripherie des Körpers z. B. in Form von steifen Gelenken aus, sondern auch an seinen inneren Organsystemen, zunächst in Form von Disfunktionen, die in Krankheiten übergehen können.

## Organkräftigung

Am meisten gefährdet durch die unnatürliche Lebensweise ist das Kreislaufsystem. Deshalb braucht der moderne Mensch, auch die Kinder, ein Bewegungstraining, das den Kreislauf in Gang bringt. Herz und Kreislauf werden nicht durch einige wenige, mehr statisch ausgeführte Turnübungen im Zimmer, sondern nur durch bewegungsreiche Übungen möglichst an frischer (sauberer!) Luft gekräftigt und angeregt, bei denen man außer Atem kommt und das Herz schneller schlägt. Hier rangiert das Laufen vor allen anderen Sport- und Bewegungsarten an erster Stelle.

„Nichts eignet sich so sehr als Konditionstraining wie Laufen – Rennen . . . Zur Kräftigung des Kreislaufsystems ist eine Beschleunigung der Pulszahl und des Atems notwendig . . . Wenn das Gelände etwas hügelig ist, wird der Wert des Trainings erhöht." (H. Kraus)

Die Bedeutung des Laufens in der pädagogischen Praxis wird im Übungsteil ausführlich beschrieben. Der Erzieher tut gut daran, sich häufig an den Laufspielen der Kinder zu beteiligen, um seinen eigenen Kreislauf zu aktivieren und die Leistungsfähigkeit und Ausdauer der Kinder in ihrem unbewußten „Intervalltraining" kennenzulernen. Dadurch wird er mehr Einsicht und Verständnis dafür erlangen, welche Chancen zur Entwicklung eines gesunden Kreislaufs und leistungsfähigen Herzens er den Kindern nimmt durch das viele Sitzen in schlechter Stubenluft oder Gebote wie „Geht langsam!"

Kreislaufanregend wirken außer Laufen alle lebhaften Bewegungen, die man zügig hintereinander üben kann, wie z. B. Rollerfahren, Reifentreiben, Seilspringen, Fußballspielen, Hüpfen und Tanzen. Alle diese Bewegungsarten sollte man im Freien ausführen, so wird der Körper durch die vertiefte Atmung mit dem lebenswichtigen Sauerstoff versorgt und Kohlensäure vermehrt ausgeschieden. Die Atemkraft der Kinder wächst, wenn sie bei ihren Spielen auch mal schreien oder singen dürfen.

Das durch Bewegungstraining kräftiger pulsierende Herz pumpt das Blut in alle Teile des Körpers bis in die feinsten Haargefäße, und es stellt sich wohltuende Wärme in allen Muskeln und Gliedmaßen ein. Eine gute Durchblutung des ganzen Körpers kann schlechthin als Grundlage der Gesundheit und des Wohlbefindens angesehen werden. Kräftige Durchblutung wehrt viele Krankheiten, auch Infektionen ab, da sie bis in die inneren Organe wirkt, deren Funktionen anregt und eine optimale Nähr- und Sauerstoffversorgung der Körperzellen garantiert.

Der Krankheitsabwehr dient auch das Schwitzen, wobei Schlacken und Giftstoffe über die Haut aus dem Körper ausgeschieden werden. Um sich gesund zu erhalten, soll man minde-

stens einmal am Tage durch Bewegungstraining ins Schwitzen kommen. Kleine Kinder schwitzen leichter als Erwachsene. Man muß darauf achten, daß sie beim Bewegen nicht zu warm angezogen sind und daß ihre durchschwitzte Kleidung öfter gewechselt wird. Durch Bewegung und Schwitzen wird Fett im Körper abgebaut; Verbrennung und Stoffwechsel werden aktiviert. In unserer Wohlstandsgesellschaft leiden auch kleine Kinder schon an Übergewicht. Eltern und Erzieher sollten sich gemeinsam darum bemühen, daß sich die Disposition zum Dickwerden im frühen Alter nicht verfestigt, da sie später schwer abzubauen ist. Die beste Hilfe ist, neben einer vernünftigen Ernährung mit wenig Fett, Süßigkeiten und Kuchen, ausgiebiges Bewegungstraining und aktive Lebensweise.
„Fettleibigkeit wird meistens durch physische Inaktivität und nicht durch die Menge oder Art der Nahrung verursacht“, stellt Prof. Kraus fest und rät, man solle abarbeiten, was man gegessen hat.

Bewegungsfaule Kinder werden nicht geboren, sondern durch falsche Lebensweise oder mangelnde Umweltanregung erzogen. Ein Kind will tätig und aktiv sein. Spiel und Sport an frischer Luft vertreibt Müdigkeit und Unlust, da durch Bewegungsübungen vermehrt Ermüdungsstoffe über Haut und Atmung ausgeschieden werden. Schwächliche, appetitarme Kinder erfahren so eine allgemeine Mobilisierung ihrer Körperfunktionen. Im ganzen gesehen wirken Leibesübungen auf alle Organsysteme anregend und ausgleichend.

## Muskelkräftigung, Haltungsförderung

Im Haltungsaufbau des Körpers spielen die Muskeln eine entscheidende Rolle.

> „Wenn die Muskeln aus Mangel an Übung schwach und durch Überreizung gespannt sind, können sie nicht ihren Beitrag dazu leisten, den Körper aufrecht zu halten“ (H. Kraus), und es stellen sich Haltungsfehler und -schäden ein.

Schulanfänger sind besonders gefährdet, da sie in einer Phase gesteigerten Längenwachstums sind und durch den Sitzzwang in der Schule in der muskulären Haltungskraft ihres oft aufge-

schossenen Körpers geschwächt werden. Es ist daher wichtig, daß im Vorschulalter die Grundlage für eine gute Haltung erworben wird.
Durch muskelkräftigende Übungen, welche das Breitenwachstum fördern, soll der „Halteapparat" des Körpers so gefestigt werden, daß Haltungsschäden gar nicht erst auftreten können. Der Schwerpunkt liegt also auf der Vorbeugung. Schon aufgetretene Haltungsschäden müssen vom Arzt behandelt werden.

Das Hauptaugenmerk ist auf die Ausbildung der Rumpf- und Fußmuskulatur zu legen, da ihre Haltekraft die zwei schwächsten Stellen im Aufbau des menschlichen Körpers, Wirbelsäule und Füße, vor krankhaften statischen Veränderungen schützt. (Ausführliche Darstellung in den Kap. „Fußübungen" und „Übungen am Boden – Übungen zur Vorbeugung von Haltungsschäden")
Durch regelmäßig betriebene Leibesübungen muß erreicht werden, daß sich die gute Haltung und die Fußgesundheit der Kinder bis zum Schuleintritt stabilisiert hat und der Schularzt bei den Sechsjährigen keine Fuß- und Haltungsschäden feststellen kann.

Richtig betriebenes Muskeltraining bewirkt immer zweierlei: Kräftigung und Lockerung der Muskulatur mit dem Ziel der Elastizität. Auch hier gilt das Prinzip von Spannung und Entspannung im harmonischen Wechsel. Verspannte Muskeln führen zu Verkrampfungen und Schmerzen, erschlaffte Muskeln zu Müdigkeit und Haltungsverfall.
Einseitiges Krafttraining, auch das „isometrische Training", ist für kleine Kinder nicht geeignet.

> „Das isometrische Training verlangt, daß man einen Muskel anspannt, ohne dabei irgendeine Bewegung der Glieder oder des Körpers hervorzurufen . . . Aber die mögliche Gefahr liegt beim isometrischen Training darin, daß es die Muskeln verhärtet und anspannt . . . Wenn sich ein Muskel nicht lockern kann, bleibt er straff gespannt. Er verliert seine Länge, Geschmeidigkeit und Elastizität." (H. Kraus)

Vor einseitiger Verspannung schützt immer eine schwungvolle rhythmische Übungsausführung.

> „Es ist dieser fließende Rhythmus der sich spannenden und entspannenden Muskeln, der für gleichmäßige und geschmeidige Bewegungen sorgt." (H. Kraus)

Geschmeidige, elastisch arbeitende Muskeln ermöglichen das Zusammenspiel von Sehnen, Bändern und Knochen und damit die Beweglichkeit in den Gelenken. Dadurch vermindert sich die Verletzungsgefahr im Alltag und im Sport. Zur Unfallvorsorge bei Sportarten wie Skifahren, Eislaufen, Geräteturnen sollten auch Kinder durch gymnastisches Vortraining gut vorbereitet werden. Der Erzieher muß wissen, daß unterkühlte Muskeln und steife Gelenke zu Unfällen führen können.

Kräftige Muskelarbeit übt einen Trainingsreiz auf die Blutgefäße aus. Es bilden sich vermehrt Kapillaren im Muskelgewebe, so daß die Durchblutung und damit die Sauerstoffversorgung des Körpers erhöht wird.

Um das Ziel der Elastizität und Geschmeidigkeit zu erreichen, sollen alle Übungen zur Kräftigung und Lockerung der Muskeln und Gelenke, auch die speziellen Haltungsübungen, im dynamischen Bewegungsfluß als Ganzkörperbewegungen und nicht statisch als Einzelbewegungen ausgeführt werden.

## Ausgleich des vegatativen Nervensystems und psychische Harmonisierung
## Hilfe für Behinderte

Die Wirkung von Leibesübungen auf das vegetative Nervensystem und auf die seelische Entwicklung der Kinder wird in Pädagogik und Medizin leider immer noch unterschätzt.
„Bewegung heilt!" (E. Hecker in „Bewegung heilt", Gütersloh 1960) gilt nicht nur für den körperlichen Bereich, sondern auch für viele Gefährdungen und Schäden nervlicher und seelischer Art, die durch Reizüberflutung des modernen Lebens verursacht werden.
Die Überforderung des Nervensystems führt zu Schäden der vegetativen Steuerung, die sich in Funktionsstörungen an inneren Organsystemen, namentlich des Kreislaufs und der Verdauungsorgane, aber auch in psychischen Fehlentwicklungen auswirken können.

> „Die Vorbeugung und die zweckmäßige Behandlung solcher Störungen besteht in Leibesübungen . . ." „Regelmäßige sportliche Bewegung . . . bringt Entspannung sowie Beruhigung

des vegetativen Nervensystems mit sich. Dagegen finden wir durch den Verlust ausgleichender Einflüsse bei Bewegungsarmut nicht nur eine eingeschränkte Leistungsbreite des Organismus, sondern auch Erregungsstörungen im Vegetativum." (W. Heipertz in „Sportmedizin", Stuttgart 1972)

Kleine Kinder sind durch nervliche Überreizungen besonders belastet, da ihr vegetatives Nervensystem noch sehr labil und empfindlich reagiert. Es muß daher vor übertriebenen Leistungsanforderungen durch Lernprogramme und der Unterdrückung des Bewegungsdranges im Vorschulalter gewarnt werden.

„So kann frühe motorische Behinderung zu seelischen Fehlentwicklungen, zu Lern- und Arbeitsstörungen und zu bedingten körperlichen Erkrankungen führen." (K. Singer in „Die behinderte Aktivität", BR-Schulfunk 1972)

Nervliche Überforderung ist die Hauptursache von inneren und äußeren Spannungen, die sich in Aggressionen, Unruhe und Konzentrationsmangel äußern. Hier ist die körperliche Bewegung das geeignete Ventil zur Entladung der Spannungen.

Kräftige Bewegungen, Springen, Hüpfen und Tanzen, Fußballstoßen, Kegelspiel, Balgen und Ringen mit dem Partner, Laufspiele, bei denen man auch rufen und schreien darf, bieten auf natürliche Weise Gelegenheit, Spannungen und Aggressionen abzureagieren und zum Gleichmaß zu finden. Andererseits helfen vom Erzieher mit Einfühlung gelenkte Übungen bei der Überwindung von Ängsten und Hemmungen entwicklungsgestörter Kinder.

„Körperübungen trainieren nicht nur funktionell die Bewegungsfähigkeit, sondern sie wirken auch als integrierender Gesamtentwicklungsreiz, der die gehemmte, gestörte kindliche Persönlichkeit sich entfalten und nachreifen läßt." (E. Kiphard „Erziehung durch Bewegung", Bonn 71)

Natürlich können seelische Störungen, die durch Erziehungsfehler, Konflikte oder ungünstiges häusliches Milieu verursacht werden, nicht allein durch Bewegungstherapie geheilt werden. Neben therapeutischer Beratung der Eltern, Spieltherapie, Aussprache u. a. Möglichkeiten kann die Bewegungserziehung jedoch dazu beitragen, die seelische Grundstimmung und das

Selbstwertgefühl der Kinder zu heben und das psychische Gleichgewicht zu festigen. Die Wirkung von Spiel und Sport in der Heilpädagogik als Regulator bei Fehlentwicklungen wurde durch neuere Forschungen bestätigt.

> H. Rieder hebt die positive Beeinflussung verhaltensgestörter Kinder durch gezielt eingesetzte Leibesübungen hervor. (H. Rieder „Sport und Therapie“ Film) E. Kiphard berichtet von guten Erfolgen mit der psychomotorischen Übungsbehandlung bei gestörten und behinderten Kindern. (E. Kiphard „Erziehung durch Bewegung“, Bonn 71)
> „Über die Motorik bekommen wir Zugang zu den gestörten psychischen Funktionen. Wir sehen, daß dadurch die Selbstheilungstendenzen . . . in einem Maße geweckt werden, wie es durch andere psychotherapeutische Methoden nicht erreicht wird.“ (E. Hecker „Bewegung heilt“, Gütersloh 60)

Körperlich und geistig behinderte Kinder haben genauso wie gesunde Kinder Anspruch auf Förderung und Ausbildung ihrer vorhandenen Anlagen. Selbst bei erheblicher Behinderung sollte mit Geduld und Zuversicht geübt werden, um ausgleichende und regenerierende Kräfte zu mobilisieren. Wie der Versehrtensport zeigt, können Leibesübungen entscheidende Lebenshilfe leisten. Dies gilt auch für behinderte Kinder im Vorschulalter. Der Erzieher sollte, im Einvernehmen mit Eltern und Arzt, versuchen, auch behinderte Kinder im motorischen Bereich zu fördern und während der Übungsstunden in die Gruppe zu integrieren.
Eine Zurückstellung von den Leibesübungen, wie sie in den Schulen leider häufig üblich ist, ist in den seltensten Fällen auf Dauer notwendig. Die Chance zu einer optimalen Ausbildung und Gesundung durch Bewegung wird dadurch wenig genutzt.

Die ausgleichende Wirkung im vegetativen und psychischen Bereich wird verstärkt durch eine rhythmisch-dynamische Übungsweise mit Einbeziehung der Musik, in der die Prinzipien von Ganzheitlichkeit, Rhythmus und Ökonomie in den Bewegungsabläufen beachtet werden.

> „Der Beseitigung alles Falschen in der Bewegung wohnt die hygienische Bedeutung einer Entlastung des Nervensystems

inne, indem der Wechsel von Spannung und Entspannung eine große Ersparnis im Verbrauch der Nervenenergie bewirkt." (R. Bode „Neue Wege in der Leibeserziehung", München 26)

Rhythmisch ablaufende Ganzkörperbewegungen (Schwingen, Federn, Tanzen) fördern die innere und äußere Schwingungsfähigkeit und damit eine frohe und positive seelische Verfassung. Die rhythmischen Übungen vermögen die Unausgeglichenheit sowohl bei unruhigen, aggressiven wie bei gehemmten, ängstlichen und impulsschwachen Kindern überwinden zu helfen. Vom Rythmischen geht eine ordnende, harmonisierende, bildende Kraft aus, die in der Erziehung, namentlich in der Heilpädagogik, stärker eingesetzt werden sollte.

E. Kiphard berichtet in „Erziehung und Bewegung": „Die Wirkung von Musik und Rhythmus sind einerseits beschwingend, beglückend, befreiend und lösend, zum anderen bindend, ordnend und gestaltend. Sie üben . . . eine zwingende Macht, eine fast magische Anziehungskraft aus. Doch dieser Zwang wird von den Kindern nicht als solcher empfunden. Sie unterwerfen sich freiwillig dieser ordnenden Kraft. Das gilt uneingeschränkt auch für die unbeherrschten, hemmungslosen, sozial unangepaßten Schüler."

## Erholung und Abhärtung durch Bewegung in der Natur

Die Bewegung in der Natur ist eine weitere Quelle des Ausgleichs und der Erholung leibseelischer Kräfte.
Das Leben in den „Wohnmaschinen" (Hochhäuser, Großsiedlungen), die Überflutung mit Lärm und technischen Dingen, die unmenschliche Trennung von den natürlichen Lebens- und Bewegungsräumen erzeugt, besonders bei Kindern, körperliche und seelische Störungen. Allgemeine Leistungsschwäche, Appetitmangel, Schlafstörungen stellen sich ein. Der lange Aufenthalt in schlechter Zimmerluft, das Herumsitzen in engen Räumen läßt die Vitalkräfte verkümmern, führt zu Blutarmut und Krankheitsanfälligkeit.
Der moderne Mensch, aus dem Zusammenhang mit den natürlichen Lebensgrundlagen gerissen, braucht den Kontakt zur Natur, um zu regenerieren.

„Der Mensch ist ein Teil der Natur, von der er lebt. Der Mensch kann nicht gegen die Natur leben, er muß sich ihr anpassen, wie alle anderen Lebewesen auch" (Konrad Lorenz in „Ökologisches Manifest" 1972).

Bewegen und Spielen in der Natur ist von hohem gesundheitsförderndem und heilpädagogischem Wert. Es gibt den Kindern das Gefühl der Freiheit und Bewegungsfreude.
Eltern und Erzieher sollten jede Gelegenheit wahrnehmen, bei kleinen Wanderungen, in den Ferien und an Wochenenden mit den Kindern in die freie Natur zu gehen und sie an der frischen Luft spielen zu lassen. (s. Wandern im Kap. „Gehen") Da den Stadtkindern der Zugang zum freien Naturraum kaum mehr möglich ist, muß zu jedem Kindergarten und zu jeder Schule ein dem Naturgelände ähnlich gestalteter Spielplatz gehören. Hier sollen die Kinder wenigstens ein kleines Stückchen Natur vorfinden, wo sie sich frei bewegen können und unmittelbaren Kontakt und Umgang mit Pflanzen, Erde, Sand und Wasser finden können.
Der Aufenthalt an der frischen Luft verschafft dem kindlichen Organismus Wachstums- und Entwicklungsreize und erzielt auf die natürlichste Weise eine allseitige Erholung und Kräftigung.

Der Erzieher sollte es sich zur Pflicht machen, bei jedem Wetter und zu jeder Jahreszeit mit den Kindern täglich hinaus ins Freie zu gehen. Der Verwöhnung in überheizten und wenig gelüfteten Räumen mit schlechter, zu trockener Atemluft kann entgegengewirkt werden durch die milde Reizwirkung von Luft, Sonne, Wind und Regen. Die Lungen können Sauerstoff tanken und über die Haut wird im Kontakt zu kälteren und wärmeren Witterungseinflüssen eine Abhärtung und Widerstandsfähigkeit gegen Erkältungskrankheiten erreicht.

Dabei braucht man bei Kindern nicht so ängstlich zu sein. Da sie immer in Bewegung sein können, erkälten sie sich nicht so schnell wie Erwachsene. Auch Regenwetter macht ihnen nichts aus, wenn sie zweckmäßig gekleidet sind. Bewegung in Regen und Schnee ist für sie eine große Freude und von besonderem gesundheitlichem Wert durch die staubfreie Luft. Wichtig ist natürlich, daß durchnäßte Kleidung gewechselt wird.

Im allgemeinen werden Kinder viel zu warm angezogen. Beim Sport und Turnen muß es, wie in der Schule, auch im Kindergarten eine Selbstverständlichkeit sein, daß die Kinder ihre Tageskleider ablegen und Turnkleidung tragen. Ist der Fußboden nicht zu kalt und wird für genügend Bewegung gesorgt, so sollten die Kinder im Raum und im Sommer draußen barfuß üben und spielen, um auch den Füßen Abhärtung und Kräftigung zukommen zu lassen (s. „Fußübungen").
In der warmen Jahreszeit wirken Sonne und Luft besonders heilsam, wenn die Kinder beim Spielen im Freien nur mit Turn- oder Spielhöschen bekleidet sind. Das Planschen in Wasserwannen und das Durchlaufen durch den sprühenden Gartenschlauch machen Spaß und tragen zur Belebung und allgemeinen Tonisierung bei.

Die Erholung und Abhärtung der Kinder durch Bewegung im Freien ist um so notwendiger, je mehr sie durch Lernprogramme und bewegungsarme Tätigkeiten im Zimmer belastet werden. In Kindergärten und Vorschulen sollen keine „Stubenhocker" herangebildet werden, sondern gesunde, der natürlichen Umwelt aufgeschlossene Kinder. In der Natur gibt es vielfältige, für die Kinder sehr interessante Lernanregungen; sie sollten in der Vorschulerziehung stärker zum Tragen kommen.

## Vermeidung von Überforderung und Unterforderung

Bei der Durchführung von Leibesübungen mit Kindern stellt sich der verantwortungsbewußte Erzieher die Frage nach der Überforderung durch Sport. Sport soll ja der Gesundheit dienen und nicht schaden. Wieweit können Kindern durch körperliche Übungen belastet werden, damit sie keinen Schaden erleiden, und welche Dosierung an Übungsreizen ist notwendig, um ihre gesunde Entwicklung wirksam zu fördern?

Es kann davon ausgegangen werden, daß in der heutigen Zeit Erwachsene wie Kinder nervlich häufig überfordert, im körperlichen und motorischen Bereich jedoch meist unterfordert sind.
Bei mangelndem Bewegungstraining bekommen die kindlichen Wachstumskräfte zuwenig Anreiz, die Leistungsfähigkeit wird geschwächt, die Anstrengungsbereitschaft nicht angeregt.

Die Dosierungsgrade der Übungsreize wurden auf ihre Wirkung hin von der sportmedizinischen Wissenschaft untersucht. A. Mallwitz faßt zusammen: „Übung stärkt, nicht üben schwächt, Übertraining schadet, dosierte Übung heilt." (In W. Heipertz „Sportmedizin", Stuttgart 72)
Der Erzieher muß wissen, daß gelegentliches, selten durchgeführtes Turnen im Kindergarten kaum eine Wirkung hat und die Kinder nicht fördert. Nur regelmäßiges Üben garantiert eine positive Wirkung für das gesunde Wachstum der Kinder.

Wie stark sollen die Übungsreize nach Intensität und Ausdauer sein? Der Erzieher kann das richtige Maß finden, wenn er das „Intervalltraining" der Kinder für seine Übungsstunden übernimmt. Bei seinen ausdauernden Tätigkeiten im Freispiel mit häufigem Wechsel von lebhafteren und ruhigeren Bewegungen hat sich noch kein Kind überanstrengt. Hier wird dem Erzieher ein Hinweis gegeben für die Dauer, Intensität und Folge der Übungen in der gelenkten Turnstunde. Die optimale Wirkung geht von kurzen, in der Intensität wechselnden Übungsreizen aus, aber nur, wenn regelmäßig und kontinuierlich geübt wird. Dabei können mit wachsenden Körperkräften die Anforderungen allmählich gesteigert werden.

Hinsichtlich der Dauer der Übungsstunde braucht man nicht so ängstlich zu sein. Wird in der Übungsfolge nach dem rhythmischen Prinzip von wechselnden Anstrengungsgraden und schwingender Bewegungsausführung vorgegangen, so ist die Belastung für die Kinder auch bei längerer Übungszeit nicht zu groß (s. „Übungszeiten").
Gegen eine Überforderung, die selten vorkommt, wehrt sich ein Kind von selbst. Viel häufiger entstehen Schäden und Krankheit durch Nicht- oder Zuwenigüben, also durch Unterforderung. Ist die Dosierung der Übungsreize zu gering, wird die Chance zu gesunder, kräftiger Entwicklung der Kinder vertan.

## Entwicklung sozialer Verhaltensweisen

Der Kindergarten ist die Gemeinschaft, in der das Kind soziale Kontakte zu Gleichaltrigen knüpfen kann und allmählich die

Fähigkeit zum sozialen Verhalten erlangt durch eine bewußt auf Sozialisation gerichtete Erziehung.

„Das Vorschulalter ist eine erste ganz wichtige Zeit sozialer Eindrücke und Empfänglichkeiten, gekennzeichnet durch die Aufnahme von sozialen Beziehungen außerhalb des engen Familienkreises, aus dem das drei- bis sechsjährige Kind unbewußt mehr und mehr hinausstrebt. Das Kind braucht solche Beziehungen; denn durch die . . . sozialen Wechselbeziehungen zu etwa Gleichaltrigen lernt das Kind die zur Vorbereitung auf die soziale Schulreife so wichtigen Spielregeln des sozialen Verhaltens, die mit der Übernahme einer Rolle, mit der Einordnung in die Gruppe . . . und dem Streben nach Geltung zusammenhängen." (E. Blumenthal in „Die Leibeserziehung" 10/70)

Hierbei kann die Leibeserziehung einen Beitrag leisten und Hilfen geben, die Gemeinschaftsfähigkeit der Kinder allmählich zu entwickeln.

Das kleine Kind wächst heran in der persönlichen Bindung an einen einzelnen Menschen, der für es sorgt und bei dem es sich geborgen fühlt. Schenk-Danzinger (in „Entwicklungspsychologie", Wien 72) betont, daß im „Kontakt zwischen Mutter und Kind die ersten Grundlagen allen sozialen Lernens gelegt werden." Der Übergang in die größere Gemeinschaft des Kindergartens kann im sportlichen Bereich erleichtert werden, wenn die Erzieherin nach Eintritt der Neulinge zusammen mit den Müttern und ihren Kindern gemeinsame Spiel- oder Turnstunden veranstaltet. Das Mutter-und-Kind-Turnen ist besonders gut geeignet, das jüngere Kind an das Zusammensein mit anderen zu gewöhnen. Durch geschickte Aufgabenstellung gelangt es allmählich aus seiner ich-betonten Spielhaltung heraus zu einem „Wir-Gefühl" (s. Kap. „Mutter-und-Kind-Turnen"). Das Kind wird ermutigt, mit Gleichaltrigen zu spielen, zu turnen und teilzunehmen am fröhlichen Gemeinschaftsleben.

Im Kreisspiel erfährt das Kind, daß es einbezogen ist in eine Gemeinsamkeit, die den einzelnen ganz selbstverständlich integriert und ihm das Gefühl des „Dabeiseins" und des „Dazugehörens" vermittelt. Im Rahmen der Spielhandlungen lernt es

am gemeinsamen Geschehen mitzugestalten und mitzubestimmen. Das Übernehmen bestimmter Aufgaben und Rollen (z. B. Auswahl der Mittänzer, Anführen einer Reihe u. a.) stärkt das Selbstvertrauen, das dem Kind die Ängstlichkeit nimmt und die Kontaktaufnahme zu den Spielgefährten erleichtert.
Die soziale Bedeutung der Leibesübungen kommt besonders beim Tanzen und Spielen zum Ausdruck. Tanzen und Bewegen nach Musik vereint alle Beteiligten im gemeinsamen Rhythmus, der auch die gehemmten Kinder lockert und in die schwingende, fröhlich hüpfende Gemeinschaft integriert.
Auch Außenseiter und Ängstliche werden ermutigt, am gemeinsamen Tun teilzunehmen und positive Erfahrungen im Spielverband zu machen.

Eine gut geführte rhythmische Anleitung verhilft den Kindern ohne Zwang zur Anpassung an die Gruppe. Mit zunehmendem Bewegungskönnen gewinnt das Kind Sicherheit und Selbstvertrauen, aus dem heraus die Freude zur Gesellung wächst. Das Selbstwertgefühl wird durch Erfolgserlebnisse gestärkt, die der Sport vermitteln kann. Der Erzieher muß es verstehen, die Begabungen hervorzulocken und die Leistungen, auch die schwächsten, anzuerkennen.
Die „Verstärkung" ihrer Fähigkeiten, der Zuwachs an Kraft, Gewandtheit und Sicherheit in der Bewegung läßt die Kinder den Wert ihrer Individualität spüren. Das macht sie frei und fähig zum sozialen Handeln in ihrer kleinen Gemeinschaft.

Die gemeinsame Übungs- und Spielstunde bietet viele Möglichkeiten zum Erlernen sozialer „Tugenden". Das beginnt schon beim Herrichten des Raumes und der Turngeräte und beim An- und Ausziehen der Turnkleidung. Hierbei sollten die Kinder mithelfen und sich gegenseitig unterstützen. Wenn diese Vorbereitungen gut eingespielt sind, können die Kinder versuchen, es ganz alleine zu schaffen. So wird ihre Selbständigkeit im Praktischen und ihre Fähigkeit zu gemeinsamer Aktion gefördert. Das gelingt natürlich nur bei guter pädagogischer Vorbereitung, überlegter Organisation, schrittweisem Üben und kleinen Gruppen (s. „Organisationsmethoden"). Bei solchen Gemeinschaftsaufgaben werden bald „Führungskräfte" in der Kindergruppe hervortreten. Meist sind es die älteren Kinder, die den jüngeren gegenüber die Rolle des Helfers und Beschützers und als erfahrene „Organisatoren" die Leitung schon vertrauter Tätigkeiten übernehmen.

Während der Übungsstunden werden soziale Verhaltensformen bewußt erprobt und geübt:

Rücksichtnahme, z. B. beim Durcheinanderlaufen ohne anzustoßen, beim Reifentreiben und Ballspielen,
Anpassung an den Partner, z. B. bei Paarübungen, beim Tanzen,
Einfügen in die Gruppe, z. B. Warten, bis man an der Reihe ist, Anerkennen von Regeln, Anpassen an den Rhythmus und die Bewegung im Tanzkreis, Zurückstellen eigener Wünsche im Interesse der Gruppe,
Hilfsbereitschaft, z. B. den jüngeren und behinderten Kindern während schwieriger Übungen oder beim Umkleiden helfen,
Über- und Unterordnung, z. B. durch Übernahme von vorübergehenden Führungsaufgaben: Angabe des Rhythmus durch Schlaginstrument oder Vorschlag einer neuen Übung, nach dem sich alle bewegen sollen, – Anführen einer Gruppe.

Die Aufnahme einzelner behinderter Kinder in die Kindergartengruppe wirkt sich vorteilhaft auf die Entwicklung des Sozialverhaltens aus.

Im Freispiel ergibt sich eine Vielfalt sozialer Beziehungen. Hier muß jedes Kind lernen, seine eigenen Interessen mit anderen abzustimmen, Konflikte zu lösen, Kompromisse zu suchen und sich auf Situationen und Mitmenschen in seiner nächsten Umgebung einzustellen, – aber auch sich selbst zu behaupten, ohne andere zu unterdrücken. Beim freien Üben und Spielen auf der Wiese und im Turnspielgarten besteht die Freiheit der Wahl von Mitspielern und Tätigkeiten. Es bilden sich oft spontan kleine Gruppierungen, bei denen die Mitglieder noch häufig wechseln. Sind größere Kinder mit dabei, so entstehen organisierte Gruppenspiele, in denen sich bald Rangordnungen ausbilden. Mit Phantasie werden gemeinsame Unternehmungen und Spiele erfunden. Die Kinder regen sich gegenseitig an, lernen voneinander, vergleichen, messen ihre Kräfte und entwickeln bestimmte

Regeln für ihr Spiel. Im Wetteifer kommt es häufig zu Rivalität und Streitigkeiten, bei denen die Kindergärtnerin nur eingreifen soll, wenn die Gefahr von Unfällen oder Verletzungen gegeben ist.

„Das Austragen von Zwistigkeiten gehört mit zum sozialen Übungsfeld des Kindes. (G. Hundertmarck „Soziale Erziehung im Kindergarten", Stuttgart 72)

Der Sinn für Wetteifer und Wettbewerb erwacht mit etwa 4 Jahren. Dann gewinnen einfache Turnspiele mit Wettbewerbscharakter an Bedeutung. Hierbei lernen die Kinder das Einhalten von Regeln, das ehrliche, faire Spiel und auch das Ertragen von Mißerfolgen beim Verlieren.

Kleine Spielgruppen mit Kindern verschiedener Altersstufen erleichtern den jüngeren, neueingetretenen Kindern die Integration in die Gemeinschaft. In der Partnerschaft zu den größeren Spielgefährten erfährt der Neuling beim Turnen und Spielen Anregung und Hilfe, lernt durch Beobachten und Nachahmen, verliert seine Ichbezogenheit und wächst allmählich im geselligen Spiel in die Kindergartengemeinschaft hinein.

# II

## DAS ÜBUNGSPROGRAMM

**Die unbewußten Selbstübungen der Kinder**

**Freies Üben und motorisches Experimentieren**

**Inhalt der gelenkten Übungsstunden**
- **Die Grundformen der Bewegung**
- **Übungen mit und an Geräten**
- **Variationsmöglichkeiten der Grundformen**
- **Bewegungskombinationen, Bewegungsfolgen, Tänze**
- **Bewegungsimprovisation und Bewegungsgestaltung**
- **Darstellungsformen**
- **Turnspiele**

**Aufbau einer Übungsstunde**

**Übungszeiten**

# DAS ÜBUNGSPROGRAMM

Die Überlegungen über den Bildungsinhalt der Leibeserziehung im Vorschulalter orientieren sich an den angegebenen Aufgaben und Zielen. Bei der Auswahl des Übungsstoffes muß von den Bewegungsbedürfnissen, den Bewegungseigenarten und der motorischen Bildungs- und Leistungsfähigkeit dieser Altersstufe ausgegangen werden.
Was sollen Vorschulkinder auf motorischem Gebiet lernen? Welche Übungen, Bewegungs- und Spielformen müssen im Programm enthalten sein, damit die Kinder in ihrer gesunden Entwicklung optimal gefördert werden und sie zu Freiheit, Sicherheit und Können in der Bewegung gelangen?

## Die unbewußten Selbstübungen der Kinder

Der aufmerksame Erzieher kann beobachten, daß Kinder in den einzelnen Entwicklungsphasen bestimmte Bewegungen von sich aus immer wiederholen, bis sie darin Sicherheit erreicht haben und sich weiteren Bewegungsaufgaben zuwenden.
Diese unbewußten Selbstübungen, die L. Diem in ihren Schriften ausführlich darstellt (s. Literaturverzeichnis), beginnen schon im Säuglingsalter und sind auch bei Vorschulkindern besonders ausgeprägt. Das Kind bildet hierbei bestimmte Bewegungsfunktionen und körperliche Kräfte aus, die zur Erreichung der jeweils folgenden „Bewegungsstufe“ notwendig sind.

Beispiele: Das Strampeln des Säuglings, das Heben des Köpfchens in Bauchlage, das Kriechen und Krabbeln kräftigen die Muskulatur zur Aufrichtung zum Sitz und Stand. Wippen und Federn stärkt Muskeln und Gelenkfunktionen der Beine zur Fortbewegung im aufrechten Gang und sicheren Lauf (s. Kap. „Federn“). Dreijährige erproben das Hüpfen in vielen Variationen und in vom Erwachsenen meist unbeachteten Lernschritten vom Leichten zum Schweren (s. Kap. „Hüpfen und Springen“).

In gewissen Entwicklungsphasen üben die Kinder mit großem Eifer das Herunterspringen, das Balancieren, das Klettern und

Hangeln, später das Werfen auf Ziele, das Kurvenfahren auf Kinderrädern u. a. mehr.
Diese Selbstübungen der Kinder soll der Erzieher beobachten und als Grundlage in das Übungsprogramm aufnehmen, denn hier kommen Lernprozesse in Gang, die weiterentwickelt werden sollen:
im täglichen Freispiel, in der gelenkten Übungsstunde.

Diese beiden Bereiche bilden den Handlungsrahmen für die praktische Durchführung des Übungsprogramms.

## Freies Üben und motorisches Experimentieren

Im täglichen Freispiel müssen den Kindern diese Möglichkeiten zum vielseitigen, frei gewählten und selbsterdachten Üben und Spielen geschaffen werden.
Die Bewegungserziehung findet nicht nur „Im Saale" statt, d. h. sie darf sich nicht auf einige rhythmische Übungen im engen Raum beschränken. Kindergartenkinder gehören nicht unter eine „Glasglocke", sondern brauchen „Auslauf" in frischer Luft und freien Bewegungsraum, – eine anregende Umwelt, die sie zu selbständigem Handeln, zu spontanen Spieleinfällen und zur Bewältigung differenzierter Situationen anreizt.

Dieses Betätigungsfeld motorischer Aktivitäten bietet ein phantasievoll gestaltetes Freigelände des Kindergartens, zu dem eine große Spielwiese mit genügend Auslauffläche und ein Turnspielgarten mit vielseitigem Geräteangebot gehören.
Hier wird den Kindern eine Vielfalt von Wahlmöglichkeiten zum Erfinden neuer Übunsformen, zu selbsterdachten gemeinsamen Bewegungsspielen, zur tätigen Auseinandersetzung mit der gegenständlichen Umwelt (Geräte) geboten. Durch Sammeln von Erfahrungen und wiederholtes Erproben selbstgestellter Bewegungsaufgaben entwickeln sich unmerklich erweitertes Bewegungskönnen, persönliche Selbständigkeit und soziales Verhalten.
Das freie Üben und motorische Experimentieren sind daher ein wichtiger Teil des Übungsprogramms und müssen den Kindern täglich ermöglicht werden.

Welche motorischen Übungs- und Spielformen sind im Freigelände des Kindergartens zu fördern? Was kann wo geübt werden?

Auf der Spielwiese:
Auslaufen (auch Barfußlaufen), Laufspiele, Wettläufe, Hindernisläufe, Slalomläufe am Hang, Bewegungsgruppenspiele, Versteckspiele, Anschlagspiele, Indianerspiele, Krabbeln, Kriechen, Rollen, Balgen auf dem Rasen, am Kullerhang, Springen, Hüpfen, Seilspringen, Hupfballspringen, Ball werfen: hoch, weit, auf Ziele, in Körbe, an Wände, Ball rollen: mit Hand, Fuß, durch Tore, im Slalom, Ball prellen und fangen, Tennisringe rollen und werfen, Reifen treiben, drehen, schwingen, durchschlüpfen, Stelzengehen, Pferdchenspiel, Schussern, Kegeln, Kleingolf, Kricket, Federball, Boccia (für geübte Kinder).

Im Turnspielgarten an den Geräten:
Klettern, Hangeln, Klimmen, Balancieren, Durchkriechen, Verstecken, Überspringen, Tiefspringen, Weitspringen, Schwingen und Schaukeln.

Im Winter:
Üben und Spielen im und mit Schnee, Schliddern, Rutschen, evtl. Eislaufen (ält. Kinder) auf gespritzter Bahn, Rodeln vom Hügel.

Wandern:
Das Wandern mit kleinen Gruppen in der Umgebung des Kindergartens sollte auch in das Übungsprogramm mit einbezogen werden, um den Aktions- und Gesichtskreis der Kinder zu erweitern. Nichtberufstätige Mütter unterstützen die Erzieherin. Man kann mit öffentlichen Verkehrsmitteln zu nahegelegenen Parks oder Wäldern fahren, dort die Natur erwandern und kennenlernen und vielerlei Spiele im natürlichen Gelände erfinden.

## Inhalt der gelenkten Übungsstunden

In den regelmäßigen, vom Erzieher gelenkten Übungsstunden muß nach einem klaren Konzept vorgegangen werden.
Da auch die Ziele sehr umfassend angesetzt sind, soll das Übungsangebot vielseitig und abwechslungsreich sein.

Aus dem weiten Gebiet der menschlichen Bewegung von den motorischen Tätigkeiten im täglichen Leben bis zu den sportlichen Übungen und den Spiel- und Tanzformen werden die Grundlagen im Vorschulalter erarbeitet.

## Die Grundformen der Bewegung

Das Kleinkind entwickelt durch sein unbewußtes selbsttätiges Üben die motorischen Grundfunktionen, die ihm die Erweiterung seines Persönlichkeitsbereiches ermöglichen. Diese elementaren Bewegungsformen sind im Vorschulalter noch nicht zur vollen Bewegungssicherheit und Elastizität ausgebildet. Mangelnde Übungsmöglichkeiten und eingeengter Bewegungsraum vermindern die Lernchancen so sehr, daß viele Menschen ihr Leben lang steif, ungeschickt und unelastisch bleiben.

Die Vorschulerziehung muß daher den Kindern Lernhilfen geben, damit sie bis zum Schuleintritt sicheres Bewegungskönnen in allen motorischen Grundformen erreicht haben.

Die Grundbewegungsarten, die der Mensch im Laufe des Lebens weiter entwickeln, formen und kultivieren soll, bilden den Kern des Lerninhaltes in den Turnstunden des Kindergartens. Sie sind in jeder Übungsstunde in vielfältiger Form mit verschiedenen Variationen und Kombinationen zu üben.

Die Grundformen der freien Bewegung:
Laufen, Gehen, Federn, Hocken, Schwingen, Kriechen, Rutschen, Rollen, Hüpfen, Springen, Drehen.

Ausgleichs- und Ergänzungsübungen sind Zweckübungen mit lokalisierter physiologischer Wirkung auf den Körper, wie sie z. B. zur Vorbeugung von Haltungs- und Fußschäden eingesetzt werden. Da sie nicht immer den Forderungen nach Ganzheitlichkeit im Bewegungsablauf entsprechen, muß man mit bewegungsreicheren Übungen abwechseln. Die Ausgleichsübungen sind um so weniger notwendig, je mehr Möglichkeiten zum intensiven Üben in allen natürlichen Bewegungsformen geschaffen werden, da dies der beste Schutz vor krankhaften Veränderungen ist.

## Die Übungen mit und an Geräten

Motorische Fähigkeiten wie Gewandtheit, Geschicklichkeit, sensomotorische Steuerung und Koordinationsvermögen werden besonders in der tätigen Auseinandersetzung und im Umgang mit Handgeräten und an größeren Geräten gefördert. Diese angewandten Bewegungsformen der Objekthantierung und -meisterung bilden die Grundlage zu den sportlichen Übungsformen.

Hier bietet sich eine Fülle an Übungsstoff:
Übungen mit Bällen, Reifen, Seilen, Stäben, Tennisringen, an Langbänken, Leitern, Rundbalken, Sprossenwand, Turnkästen, Möbeln und auf Matten.

Hierbei lernen die Kinder:
Rollen, Prellen, Hochwerfen, Weitwerfen, Zielwerfen, Fangen, Heben, Tragen, Ziehen, Schieben, Durchkriechen, Rutschen, Steigen, Klettern, Balancieren, Hangeln, Schaukeln, Schwingen, Weitspringen, Überspringen, Tiefweitspringen u. a.

## Variationsmöglichkeiten der Grundformen

Der ganze Reichtum an Bewegungsfähigkeiten wird erzielt durch Üben der vielfältigen Variationen der Bewegungsarten. Die Übungsangebote sind fast unerschöpflich, wenn man die Abwandlungsformen kennt. Das Lehrprogramm kann so in differenzierten Lernstufen aufgebaut werden.

Wie findet man neue Übungen und welche Veränderungsmöglichkeiten der Grundformen gibt es?

Jede Bewegung läßt sich abwandeln

| | |
|---|---|
| in der räumlichen Dimension | (räumliche Veränderung), |
| im zeitlichen Ablauf | (rhythmische Veränderung), |
| im Krafteinsatz | (dynamische Veränderung), |
| in der gestalteten Form | (Darstellungsform, Bewegungsgestaltung) |
| im Gemeinschaftsbezug | (Paar- und Gruppenformen) |

An der Grundbewegungsart Laufen sollen die Variationsmöglich-

keiten durch Beispiele aus der Übungspraxis verdeutlicht werden:
Räumliche Veränderungen:
Laufen in Kurven, Laufen vor- und rückwärts, seitlich, Ziellaufen
Rhythmische Veränderungen:
Laufen mit schnellen Schritten, mit Unterbrechung, Laufen im Dreier-Rhythmus
Dynamische Veränderungen:
Laufen mit kräftigem Anziehen der Knie, Laufen mit sprungartigen Schritten
Darstellungsformen, Bewegungsgestaltung:
Laufen als „Radfahrer“, „Hubschrauber“, „Vöglein“, „Leicht-Schwer“-Laufen
Paar- und Gruppenformen:
Laufen zu Paaren in Zweihandfassung hintereinander „Kutsche“, Laufen in kleinen Gruppen im Kreis, in der Reihe

## Bewegungskombinationen, Bewegungsfolgen, Tänze

Durch Kombinationen der verschiedenen Variationsformen ergeben sich weitere unzählige Möglichkeiten zu neuen Übungen.

Beispiel: Schlußsprünge im Zickzackkurs (räumliche Veränderung)
mit und ohne Nachfedern (rhythmische Veränderung)
mit wechselndem Krafteinsatz in die Höhe und Weite (dynamische Veränderung)

In der Aneinanderreihung und Verbindung von verschiedenartigen Bewegungen entstehen Bewegungsfolgen, die besonders das Bewegungsgedächtnis und die geistige Steuerung fördern.
In einfachster Form mit Vorschulkindern geübt, bereiten sie das motorische Können in den Sportarten und Tanzformen vor.

Beispiele: Abwechselnd Vorwärtshüpfen und Hüpfen mit Drehen, abwechselnd Laufschritte und Sprünge oder Anlauf – Sprung, Ball vorwärts prellen, dann auf ein Ziel werfen

Tänze sind Bewegungsfolgen, die die Gemeinschaft im rhythmischen Bewegen miteinander verbindet. Sie können aus den verschiedenen Variationsformen entwickelt und zusammengestellt werden und nach Liedern oder geeigneter Musik selbst erfunden werden.

Diese selbstgestalteten Tänze sind den heutigen Vorstellungen meist angepaßter als die alten Kindertänze und Kreisspiele. Eine gute Sammlung von Kindertänzen erhält das Buch „Tanzkarussell" von A. Gaß-Tutt (Fidula-Verlag, Boppard), wozu es auch Schallplatten gibt.

## Bewegungsimprovisation und Bewegungsgestaltung, Darstellungsformen

Das Erfinden neuer Übungen und Bewegungsformen soll nicht nur dem Erzieher und Übungsleiter allein überlassen werden. Die Kinder können in jeder Übungsstunde angeregt werden, selbst Übungen zu erfinden. Besonders im Umgang mit Handgeräten entfalten sie erstaunliche Kreativität. Oft ergeben sich an neu angeschafften Geräten, Gegenständen oder Möbeln im Kindergarten ganz überraschende Übungsmöglichkeiten. Der Erzieher soll sich durch die Erfindungslust der Kinder anstecken lassen und selbst mitimprovisieren und neue anregende Spielsituationen mitschaffen.

Das Improvisieren der freien Bewegung wird durch Musik und rhythmische Begleitung angeregt. Nach einfachen Rhythmen durch Orff-Stabspiele, Instrumentalspiel, Tonband oder Schallplatte versuchen die Kinder passende Bewegungen zu finden oder ganz einfach nach der Musik zu hüpfen, zu drehen, zu tanzen, wie sie Lust dazu haben. Besonderer Wert sollte dabei auf die freie Improvisation der Arm- und Handbewegungen gelegt werden, um die Schultern zu lockern und die Ausdrucksfähigkeit der Hände zu fördern. Auch das Improvisieren zu zweien oder zu dreien kann versucht werden.

Aufgaben, in einer Bewegung bestimmte Eigenschaften darzustellen, wie z. B. lustig – traurig, wild – ruhig, weit – eng, erweitern das motorische Vorstellungs- und Gestaltungsvermögen.

Das Vorschulalter ist die günstigste Zeit zur Entfaltung der Bewegungsphantasie. Doch sollte die Freude der Kinder am Gestalten vom Erzieher nicht mißverstanden werden, indem in jeder Turnstunde sog. „Bewegungsgeschichten" erzählt werden,

wobei zu erdachten Bewegungshandlungen durch sog. „Nachahmungsübungen“ physiologische Zwecke erreicht werden sollen. Das sog. „Erlebnisturnen“ bietet zuwenig ganzheitliches Körpertraining und umfassende Bewegungsbildung und entspricht nicht einer modernen Leibeserziehung. Unsere realistisch und nüchtern empfindenden Kinder brauchen zum Turnen keine Märchenerzählungen oder weit herbeigeholte Vorstellungsbilder.
Woran sie Freude haben sind Darstellungsformen aus den Bereichen des täglichen Lebens. Hierbei können sie ihre an Personen oder Gegenständen gemachten Beobachtungen reflektieren und im Rollenspiel nachvollziehen.
Diese Darstellungsformen können ab und zu in das Übungsprogramm mit aufgenommen werden, wenn die Kinder dabei Gelegenheit haben, sich ausgiebig zu bewegen und ihre originellen Einfälle zu realisieren.

Themenbeispiele von geeigneten Darstellungsformen: „Fahrzeuge“, daraus Verkehrsspiel entwickeln. „Tiere“, erweitern zum Thema „Zoo“. „Zirkus“, „Oktoberfest“, „Musikkapelle“: Darstellungsspiel der verschiedenen Instrumente mit Dirigent. „Die Musikkapelle geht durch die Stadt.“

## Turnspiele

Die Auswahl der Turnspiele für das Vorschulalter richtet sich nicht nur nach den räumlichen Gegebenheiten, sondern vor allem nach dem Grad der sozialen und geistigen Reife der Kinder in der jeweiligen Spielgruppe.
Dreijährige Kindergartenneulinge sind bei manchen Spielen überfordert, die Fünfjährigen keine Schwierigkeiten bereiten. Der Erzieher muß überlegen, wieweit die Kinder fähig sind, die Spielhandlung zu verstehen und die Spielregeln einzuhalten.
Für den Kindergarten können die Turnspiele aus dem Grundschul-Lehrplan nicht ohne weiteres übernommen werden. Viele Spiele müssen vereinfacht und für diese Altersstufe abgewandelt werden. Wettspiele sollen nicht in Staffelform, sondern als Wettbewerb zwischen einzelnen Spielern durchgeführt werden, da es den jüngeren Kindern noch schwer fällt, sich nacheinander in der Reihe und für die Gruppengemeinschaft einzusetzen.

Die Fähigkeit zum kooperativem Handeln soll auch im Turnspiel allmählich vom Leichten zum Schweren in Lernschritten entwickelt werden.

Welche Spiele sind für das Vorschulalter geeignet?
Am Anfang des Spiel-Programms stehen die sog. Sammelspiele, die den Kindern die räumliche Orientierung und das Erlernen verschiedener Gruppierungs- und Ordnungsformen vermitteln.
Laufspiele im Kreis helfen besonders den Kindergartenneulingen, sich in der Spielgemeinschaft zurechtzufinden und das Spielgeschehen verfolgen zu können. Diese Spiele, wie z. B. Katze und Maus oder Komm' mit, lauf weg!, haben jedoch den Nachteil, daß meistens nur zwei Kinder in Bewegung sind, während die anderen stehen müssen. Bewegungsarme Spiele können daher nie zu lange gespielt werden, da der Bewegungsdrang der Kinder ungenügend befriedigt wird, sie unruhig werden und der Kreis sich bald auflöst.
Laufspiele, bei denen alle Kinder in Bewegung sind, sollten daher bevorzugt gespielt werden, sobald auch die Kleineren und Ängstlichen Sicherheit und Freude am Mittun in der Spielgruppe gefunden haben.
Fangspiele haben besonderen Reiz, wenn sie mit Frage-und-Antwort-Rufen zwischen Gruppe und Fänger eingeleitet werden. Das laute rhythmische Rufen erhöht die Spannung und läßt überschüssige innere Kräfte abreagieren.
Wettspiele sind im Vorschulalter erst möglich, wenn die Kinder von sich aus beginnen, um die Wette zu laufen, d. h. wenn der natürliche Sinn für Wettbewerb erwacht. Die geeignete Spielform ist hier, wenn alle Kinder der Gruppe um die Wette laufen, springen, rollen usw.
Viele in der Übungsstunde erarbeiteten Bewegungsformen werden am Schluß der Stunde im Wettbewerb noch einmal erprobt. Wettläufe zu zweien, bei denen jeweils mehrere Paare nebeneinander laufen, erfordern größere Anpassung als Einzelwettbewerbe.
Gruppenwettläufe sind die Fortsetzung der Sammelspiele. Es ist immer die ganze Gruppe auf einmal in Aktion. Dabei kommt es weniger auf die exakte Ausführung an, sondern auf das gemeinschaftliche schnelle Handeln.

Geschicklichkeitsspiele können aus den Übungsformen mit Bällen, Reifen, Seilen und anderen Handgeräten entwickelt werden.
Ballspiele mit Zuspielen und Fangen des Balles sind erst sinnvoll, wenn die Fangfähigkeit der Kinder schon gut ausgebildet ist. Die Lernschritte zur Erreichung dieser Fähigkeit werden in den Kap. „Übungen mit Bällen" und „Ballspiele" beschrieben.

## Aufbau einer Übungsstunde

Die Übungsstunde soll sich harmonisch in den Tagesablauf des Kindergartens einfügen und je nach den vorhergehenden oder folgenden Beschäftigungen verschieden aufgebaut und gestaltet werden. Die Tagessituation und die körperliche und seelische Verfassung der Kinder wird berücksichtigt. Die allgemeinen Ziele der Bewegungsentfaltung, der Ausbildung des motorischen Könnens, Förderung der Gesundheit und Entwicklung sozialer Fähigkeiten verlangen Vielseitigkeit und Abwechslungsreichtum in den Übungsstunden.
Zur Erreichung von Teilzielen wird der Übunsstoff in Zeitabschnitte beispielsweise von ¼ oder ½ Jahr aufgeteilt. So kann auch für die einzelnen Stunden ein überschaubares Programm geplant werden.

Schriftliche Vorbereitung
Der Erzieher, namentlich der Berufsanfänger, sollte sich für jede Turnstunde gut vorbereiten und die Übungen mit Angabe von Übungsart und Übungswert schriftlich skizzieren.
So erhält er ein Gerüst für den Ablauf einer Übungsstunde und es kommt weniger zu Leerlauf und Stockungen. Dieses Konzept dient als Grundlage des Unterrichts. Je nach Notwendigkeit und Situation kann im Laufe der Turnstunde ausgebaut, abgewandelt und geändert werden.
Nach Beendigung der Stunde werden die Erfahrungen kritisch durchdacht und in die Planung der nächsten Übungsstunde mit einbezogen. So ist eine kontinuierliche Bildungsarbeit gewährleistet.
Die Übungsgruppen
Um in der Fülle des Stoffangebotes eine klare Übersicht für die

Turnstunde zu erhalten, ist es zweckmäßig, die Bewegungsaufgaben nach Übungsgruppen einzuteilen. Von jeder Übungsgruppe werden 5–6 Übungen vorbereitend überlegt, von denen die geeignetsten für die jeweilige Situation in der Übungsstunde verwendet werden. Es ist besser, zuviel als zuwenig Übungen vorzubereiten. Aus einem reichhaltigen Übungsangebot kann ausgewählt und variiert werden.

Die Grundbewegungsarten sollen in jeder Übungsstunde in vielfältigen Abwandlungen wiederkehren. Die Variationsformen bewirken, in Lernschritten dargeboten, die Zunahme des motorischen Könnens. Wiederholen des in der vorigen Stunde Erlernten festigt den Lernerfolg. Die Anforderungen werden allmählich gesteigert.

In der Anordnung der Übungsgruppen hat sich folgende Einteilung in der Praxis bewährt:

1. Laufen und Gehen
   Am Beginn einer jeden Turnstunde steht das Laufen, da es die wichtigste Bewegungsart der Kinder ist und sie dabei ihren großen Bewegungsdrang stillen können. Kreislauf, Herz und Atmung werden angeregt und der Körper durchblutet. Lauf- und Gehübungen wechseln miteinander ab, werden variiert und kombiniert.
2. Federn und Fußübungen
   Sind die Muskeln erwärmt, wird die Federkraft und Elastizität entwickelt. Die anstrengenden Federungsübungen wechseln mit Fußübungen, die auch im Sitzen durchgeführt werden können, ab.
3. Schwingen und Bodenübungen
   Die in den Federungsübungen vorbereitete Schwingungsfähigkeit wird auf Rumpf, Arme und Beine übertragen. Die Schwungübungen wechseln mit den haltungsfördernden Übungen am Boden.
4. Hüpfen und Springen
   Diese Übungen können nicht zu lange ausgeführt werden. Sie wirken lockernd und entwickeln in besonderem Maße die in den vorhergehenden Übungen vorbereitete Bewegungsfähigkeit, das rhythmische Gefühl und die Bewegungskoordination. Entspannungs-, Beruhigungs- und Konzentrationsübungen können nach Bedarf eingefügt werden.

5. Paar- und Gruppenformen, kleine Tänze oder Spiele

Sie bilden den Abschluß der Übungsstunde, können jedoch auch als eigenes Thema in einer Stunde erarbeitet werden.

Die Übungsstunde mit Geräten wird in ähnlicher Übungsfolge aufgebaut.
Bewegungsreiche einfache Übungen oder freies Experimentieren mit dem Gerät kommen an den Anfang.
Darauf folgen besonders kräftigende, die Muskeln beanspruchende Übungen, die mit Fuß- und Lockerungsübungen abwechseln.
Im Mittelpunkt der Übungen mit Geräten steht die Ausbildung der sportlichen Bewegungsfähigkeiten wie Rollen, Werfen, Fangen, Springen, Schwingen und Klettern, die in verschiedenartiger Aufgabenstellung in jeder Übungsstunde mit Geräten wiederholt werden.
Haben die Kinder in diesen Übungsformen eine sichere Beherrschung erlangt, können daraus einfache Spiele entwickelt werden, die die Turnstunde abschließen.

Schwerpunkte der Übungsstunde

Die Zielsetzung einer Übungsstunde kann sich auch schwerpunktmäßig auf die Erarbeitung von wichtigen einzelnen Bewegungsformen oder -funktionen konzentrieren.

Beispiele: Erlernen des Purzelbaumes, Beweglichkeit und Kräftigung der Füße, Entwicklung der Schwingungsfähigkeit in Rumpf und Armen, Sicherheit im Werfen und Fangen u. a.

Die schwerpunktmäßige Arbeit ist besonders günstig und erfolgreich in kleinen Gruppen, bei denen sich der Erzieher intensiver einzelnen Kindern, auch entwicklungsgestörten oder behinderten zuwenden kann. Auch hier wird in Lernschritten vorgegangen.

Flexibilität

Je erfahrener die Kindergärtnerin im Abhalten von Turnstunden ist, um so besser wird es ihr gelingen, die geplante Übunsfolge situationsgerecht und nach pädagogischer Notwendigkeit umzustellen und flexibel abzuändern, ohne die Ziele aus den Augen zu verlieren. Sie wird auch die Einfälle und Bewegungserfindungen der Kinder in das Übungsprogramm mit einbeziehen.

Gesamtrhythmus im Ablauf einer Übungsstunde

Aufbau und Ablauf einer Übungsstunde können nicht schematisch

vorgeschrieben werden. Vielmehr muß der Übungsleiter ein gutes Gespür für den rhythmischen Wechsel von Belasten und Entlasten und für den Bewegungscharakter der verschiedenen Übungen haben, um die jeweils sich ergänzenden und zusammenpassenden Übungen aufeinander folgen zu lassen.
Hier muß noch einmal auf die Selbstübungen der Kinder und ihr unbewußtes „Intervalltraining“ hingewiesen werden.

Stets erneutes Beobachten der Bewegungseigenarten und Bewegungsbedürfnisse der Kinder weisen dem Erzieher den Weg, um Maß und Mischung für den Übungsaufbau richtig zu finden.

## Übungszeiten

Nur in regelmäßiger, kontinuierlicher Erziehungsarbeit können die Bildungsziele der Leibeserziehung im Vorschulalter erreicht werden. Dazu sind ausreichende Übungszeiten erforderlich, die bei der Aufstellung von Übungsprogrammen fest mit eingeplant werden.

Folgende Zeitangaben können als Grundlage für die Planung und Durchführung von Übungsprogrammen empfohlen werden:

1. Freies Üben und motorisches Experimentieren im Freigelände:
   Täglich 1 Stunde (möglichst bei jedem Wetter), bei Ganztagskindern am Vor- und Nachmittag. Für gelegentliche Wanderungen steht diese Zeit zur Verfügung.
2. Die gelenkte Übungsstunde:
   Regelmäßig 2 mal wöchentlich je 40–60 Minuten (in Turnkleidung).
3. Zwischenübungen:
   Mehrmals täglich 10 Minuten nach sitzender Beschäftigung.

Diese Mindestforderungen an die Übungszeiten sollten in den Rahmenrichtlinien zur Kindergarten- und Vorschulerziehung als bindend angegeben werden, zumal die Häufung intellektueller Vorschulprogramme befürchten läßt, daß die Entfaltung und Ausbildung der Bewegungsfähigkeiten der Kinder zu kurz kommen.

# III

# ÜBUNGSRÄUME UND IHRE AUSSTATTUNG

## ÜBUNGSRÄUME UND IHRE AUSSTATTUNG

Die materielle Grundvoraussetzung zu einer wirksamen Leibeserziehung sind ausreichende Übungsräume mit vielseitigen Übungsmöglichkeiten.

Was heißt ausreichend? In vielen Kindergärten mangelt es leider an der notwendigen Anlage und Einrichtung. Der Grund liegt nicht immer am fehlenden Geld und Platzangebot, sondern oft auch am mangelnden Verständnis der Planer und der Pädagogen für die Bewegungsbedürfnisse der Kinder. Bewegungsentwöhnte Erwachsene, auch so manche Architekten, scheinen der Ansicht zu sein, daß kleine Kinder weniger Lebensraum als Erwachsene brauchen. Das zeigt sich darin, daß meist der kleinste Raum in der Familienwohnung als Kinderzimmer vorgesehen ist.

> Wann endlich treten die Eltern, Pädagogen und maßgeblichen Planer ein für „das Recht des Kindes auf einen nicht an den Bedingungen der Erwachsenen orientierten Lebensraum" (Unesco)?
>
> Wann schreiben Gesetze vor, daß Kinderspielplätze vor Autoparkplätzen rangieren?
>
> Wann werden die Grundrechte des Kindes auf Spielraum, Spielfreiheit und Spielanregung verwirklicht?

Jeder Erzieher muß wissen: Bewegungsraum ist für die Kinder Lebensraum, d. h. Lebensnotwendigkeit! Ohne die Möglichkeit zum Ausbewegen und freien Spielen verkümmern sie an Leib und Seele.

Es ist daher zu fordern, daß die Richtlinien und gesetzlichen Vorschriften für die Anlage und Einrichtung von Kindergärten sich stärker an den kindlichen Bewegungs- und Spielbedürfnissen orientieren.

Übungsprogramme und Rahmenlehrpläne für die Vorschulerziehung müssen verbindliche Angaben über Mindestgröße der Innen- und Außenräume und Hinweise zur Grundausstattung enthalten.

Es kommt darauf an, für die Kinder optimale bewegungsfreundliche Umweltbedingungen als Lernanregung anzustreben.

## Grundforderungen für die Anlage und Einrichtung von Übungsräumen

Für Kindergärten und Vorschulen mit 2–3 Gruppen:

Außenanlage: Gesamtfläche mindestens 20 qm pro Kind, Mindestgröße 1000 qm, bestehend aus:
Spielwiese mit großer Rasenfläche, Rodelhügel und Sandkästen,
Turnspielgarten mit Geräteausstattung,
Überdachte Terrasse (Offene Spielhalle) mit Hartboden, Gerätekammer.

Innenräume:
Mehrzweckhalle als Turn-, Gymnastik- und Spielraum. Mindestfläche 90–100 qm, mit Schwingfußboden und Geräteausstattung, Umkleide- und Waschnebenräume, Gerätekammer.

## Gestaltung des Freigeländes

### Erfüllung der pädagogischen Aufgaben

Das Freigelände des Kindergartens ist der Bewegungs- und Spielraum, der den Kindern die natürliche Landschaft ersetzen muß und ihnen ein Stück Natur in das Alltagsleben bringt.
Es muß entsprechend vielgestaltig angelegt werden, um den pädagogischen Aufgaben einer weitgehenden Entfaltung und Förderung der Kinder gerecht zu werden:

- Stätte der Erholung und gesunden Entwicklung,
- Freiraum zum Ausleben vitaler Bewegungsbedürfnisse,
- Betätigungsfeld zu spontanen Aktionen, zu selbständigem und kreativem Spiel, zu kooperativem Tun,
- Bewegungsraum zum Üben, Spielen und motorischen Experimentieren,
- Garten zur Naturbegegnung und Naturbeobachtung.

### Gemeinsame Planung

Um eine differenzierte Ausgestaltung des Freigeländes mit vielfältigen Spielangeboten zu erreichen, wäre es wünschenswert, wenn Erzieher und Gartenarchitekten gemeinsam planen würden, damit alle Erfahrungen, pädagogischen Absichten und Einfälle bei der Anlage berücksichtigt werden. Auch Eltern sollten ein Mitspracherecht haben. So käme eine durchdacht geplante, vielgestaltige Anlage zustande, die allen Ansprüchen gerecht würde und nicht der öden Norm üblicher Kinderspielplätze verfiele.

### Hinweise und Vorschläge für die Gesamtanlage des Freigeländes

- Der Spielplatz darf nicht in unmittelbarer Nähe von abgasreichen Verkehrsstraßen und Industriebetrieben liegen.
- Die Gegenbenheiten des vorhandenen Geländes (Hügel, Mulde, Gräben, Bäume, Natursteine u. a.) werden in die Gestaltung mit einbezogen.
- Der Aushub des Baugrundes für das Kindergartengebäude wird für einen Rodel- und Kullerhügel verwendet.
- Das Gelände wird durch Bepflanzung mit Bäumen und Sträuchern gegen die Außenwelt abgeschirmt.
- Eine vielgestaltige Geländemodellierung gibt Anregung zu differenzierten Spielaktionen. Am Spielverhalten der Kinder zeigt sich die Qualität eines Spielplatzes, welcher besinnlichen Gestaltungsspielen ebenso wie Bewegungsspielen und sozialen Beziehungsspielen Raum geben muß. Damit sich diese Spiele ungestört entwickeln können, sollte die Zone für Bewegungsspiele von der Zone für Gestaltungsspiele z. B. Sandspielplatz und den Blumenanpflanzungen voneinander getrennt werden.
- Durch kulissenartige Bepflanzung entstehen Spielnischen, die das Spiel in kleinen Gruppen ermöglichen. Sträucher ragen zungenartig in das Gelände. Hier können sich Kinder geheime Räume schaffen, Versteckspielen oder ungestört bauen.
- Eine Art Robinsonspielplatz im bescheidenen Umfang kann in einem kleinen Stück Wildnis am Rande des Geländes entstehen. Verschiedenes Material wie Holz, Steine, Decken, Zeltplane, Bindfäden u. a. sollten den Kindern zu kreativem Spiel zur Verfügung stehen.
- Bäume werden möglichst zu Baumgruppen angepflanzt. Sie spenden nicht nur Schatten, sondern ermöglichen Gruppenspiele (z. B. Bäume wechseln), Klettereien, Anhängen von Seilen und Hängematten, Bauen von Hütten.

·freie Fläche (möglichst keine Bäume)

## Spielwiese

Die Auslauffläche der Spielwiese muß groß genug sein, damit die Kinder, ohne sich gegenseitig zu hindern, genügend Platz haben zu Laufspielen, Reifentreiben, Seilspringen, Ball rollen und werfen und anderen im Übungsprogramm angeführten Bewegungsspielen.

Der Rasen wird auf durchlässigem Untergrund (Mischung von Humus und Sand) angelegt und muß strapazierfähig sein. Doch sollte in Kauf genommen werden, daß er durch das Spielen abgenutzt und nicht so gepflegt aussieht wie Parkrasen. Er muß jedoch frei sein von Glasscherben, Löchern und anderen Verletzungsursachen, um das *Barfußlaufen* zu ermöglichen.
Am Rand der Spielwiese werden *Zielwurfwände* aufgestellt, wozu auch vorhandene Mauern benutzt werden können. In verschiedenen Höhen angebrachte Körbe, Ringe oder Tore fordern zu gezielten Wurfübungen auf. An anderen Stellen verlocken Malwände zu Gestaltungsspielen.

Der *Rodel- und Kullerhügel* wird an einer Seite der Wiese so angelegt, daß der Auslauf beim Rodeln und Kullern frei ist. Verschiedene Höhen, auch Mulden regen zu verschiedenartigen Abfahrten unterschiedlicher Schwierigkeitsgrade an. Im Sommer können die Kinder auf dem kurzgeschnittenen Rasen den Abhang hinunterrollen, wälzen, purzelbaumschlagen, Bälle kugeln, im Slalom um eingesteckte Stangen laufen u. a.
*Sandspielkästen* schließen sich an die überdachte Terrasse an. Für die Einfassungen wird splitterfreies Holz oder Klinker mit abgerundeten Kanten verwendet.
Ein Wasseranschluß in der Nähe des Sandspielkastens ermöglicht das Bazen, Modellieren und Bauen mit dem feuchten Sand. Sommerliche Spiele und Erfrischungen lassen sich mit Hilfe des sprühenden Wasserschlauchs oder aufgestellter Wannen hygienischer durchführen als in Planschbecken, die schwer zu reinigen sind. Es gibt jetzt für Kindergärten gut geeignete kleine Mehrzweckbecken für Wasser und Sand.
*Wasserspielanlagen* sollten nur dort geplant werden, wo durchfließendes sauberes Wasser, evtl. von einem Bach abgeleitet, garantiert ist.

• Geräte müssen fest verankert sein
• genügend Auswahl
• genauer Abstand

## Der Turnspielgarten

Die „tägliche Turnstunde", die von Ärzten und Pädagogen seit langem gefordert wird, kann im Turnspielgarten verwirklicht werden.
Die Idee der „Turnspielgärten" setzte Gerhard Franke vor Jahren in den „Oldenburger Schulturngärten" in die Praxis um. Er hatte den Gedanken, die eintönigen Schulhöfe nach sportpädagogischen und gesundheitserzieherischen Gesichtspunkten in Übungsplätze umzugestalten, die den Kindern in den Unterrichtspausen und am Nachmittag zum freien Üben zur Verfügung stehen. Die Geräte wurden durch Bäume und Sträucher in einen Naturrahmen gesetzt, so daß „Turngärten" entstanden, die den Kindern tägliches Üben und motorisches Experimentieren in einem natürlichen Betätigungsfeld ermöglichen.
Es zeigte sich eine positive Beeinflussung der gesundheitlichen, körperlichen wie seelischen Entwicklung der Kinder, die Zunahme der motorischen Eigenschaften Gewandtheit, Geschicklichkeit und Koordinationsvermögen, ebenso die Wirkung des täglichen Trainings auf die Haltung. Die Freude an der eigenen Leistung erhöht die Selbstsicherheit. So wurden kaum Unfälle registriert, weil die Kinder unbewußt in dosierten Lernschritten üben und sich die Aufgaben auswählen, die ihren Kräften entsprechen.
In neuerer Zeit setzt sich der bekannte Kinderarzt Prof. Hellbrügge für die Schaffung von Turnspielgärten ein.

Für Kindergärten und Vorschulen sollte daher die Anlage von Turnspielplätzen in den Richtlinien vorgeschrieben werden, um die Forderung nach einer gesunden allseitigen Frühförderung zu erfüllen. Das übliche Geräteangebot in den Kindergärten ist völlig unzureichend.
Es kommt bei der Anlage von Gerätespielplätzen darauf an, den Kindern eine Viefalt von Übungs- und Spielmöglichkeiten zu schaffen. Geräte, die zu aktiver sportlicher Tätigkeit auffordern, sind solchen vorzuziehen, die nur passives Geschehen zulassen wie Rutschbahn und Karussell.
Variable Geräte wie z. B. der Rundbalken, die immer wieder neu kombiniert werden können, sind besser als perfektioniertes Spielgerät. Wichtig ist der Anreiz zu verschiedenartigen Übungsformen durch ein differenziertes Geräteangebot.

## Die Geräteanlage

Die Anlage der Geräte wird vom übrigen Spielplatz abgetrennt. Die Geräte sind so verteilt, daß die Kinder sich beim Üben nicht behindern und eine gute Übersicht für die Erzieherin möglich ist. Bei großem Geländeangebot ist als Spielgrund ein Sandplatz zweckmäßig, sonst können die Geräte auch auf dem weichen Rasenplatz eingelassen werden. Vorschriftsmäßige tiefe Verankerung im Boden ist notwendig, ebenso regelmäßige jährliche Sicherheitskontrolle durch einen Fachmann.
Stabile aus Holz gebaute Geräte sind im Gebrauch günstiger und auch variabler zu gestalten als die klischeehaften fertig gelieferten Geräte aus Stahlrohr. Von diesen sollten nur rostfreie Markenartikel angeschafft werden. Die Hersteller werden aufgefordert, Geräte zu entwickeln, die von den Benutzern selbst in verschiedenen Kombinationen zusammengestellt werden können. Zu kleine Geräte, z. B. zu niedrige Gitterwände, Leitern, Klettertaue langweilen selbst Dreijährige nach kurzer Zeit, da die Schwierigkeitsgrade und damit die Anreize zum Lernen zu gering sind.

Folgende Geräte gehören zur Grundausstattung:

A. Fest verankerte Geräte

### Hangelbogen

Übungs- und Spielmöglichkeiten:
Hangeln, Schwingen, Schaukeln, Klettern, Klimmen, Abspringen. Variationen durch Anhängen von Seilen, – Gruppenspiele: durch Verkleidung des Gerätes mit Decken entsteht ein Haus.

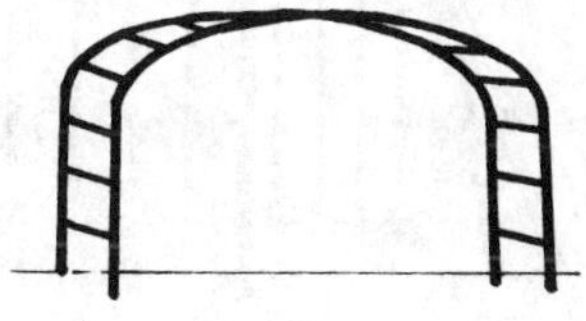

### Kinderreck

in 3 verschiedenen Höhen oder als Sechseckreck.
Übungs- und Spielmöglichkeiten:
Hangeln, Schaukeln, Klimmen, Aufschwung, Umschwung, Abschwung, Variationen durch Anhängen von Seilen, Reifen, als Tore, Verkleidung mit Decken.

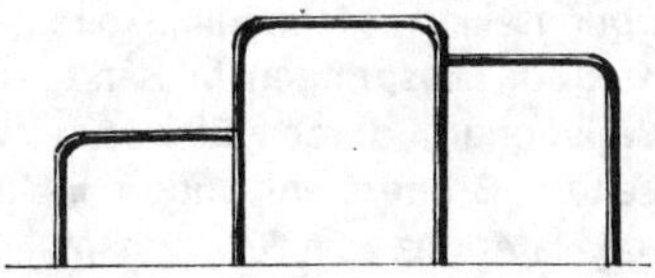

## Kletterhaus, Kletterdach aus Holz

Übungs- und Spielmöglichkeiten: Klettern, Abspringen, Durchkriechen. Variationen durch Einhängen von Leitern, Rutschbrett, Verkleiden mit Decken für Versteck- und Gruppenspiele.

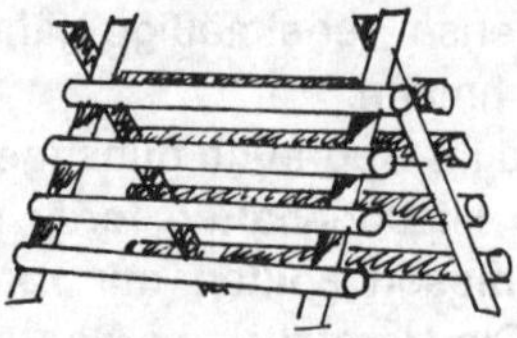

## Hohes stabiles Gerüst

mit 4 Hängetauen und Schaukeln. Übungs- und Spielmöglichkeiten: Schwingen, Schaukeln, Klimmen, Klettern. Variationen durch Zusammenknoten der Taue, Anbinden von Autoreifen.

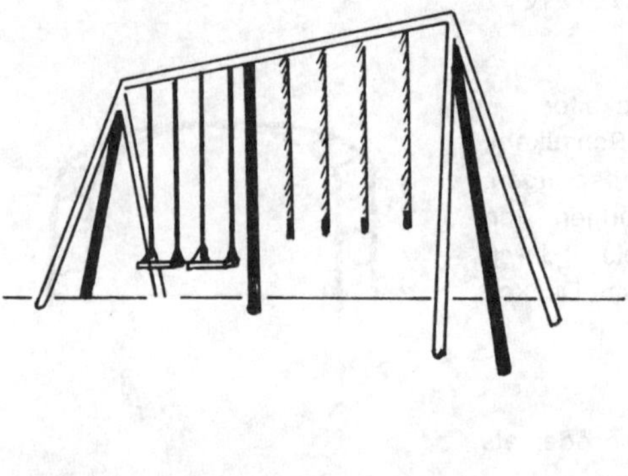

## Holzpyramide

Übungs- und Spielmöglichkeiten: Klettern, Abspringen in Sandgrube. Variationen durch Einbezug von Leitern, Brettern und anderem Material als Anreiz zum Gruppenspiel.

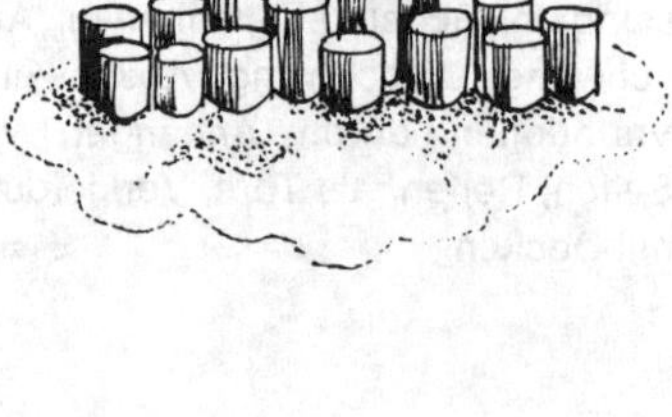

## Zielwurfwand

mit Körben, Toren und Markierungen.
Übungs- und Spielmöglichkeiten:
Zielwurfübungen, Vorübungen zu Korbball und Fußball.

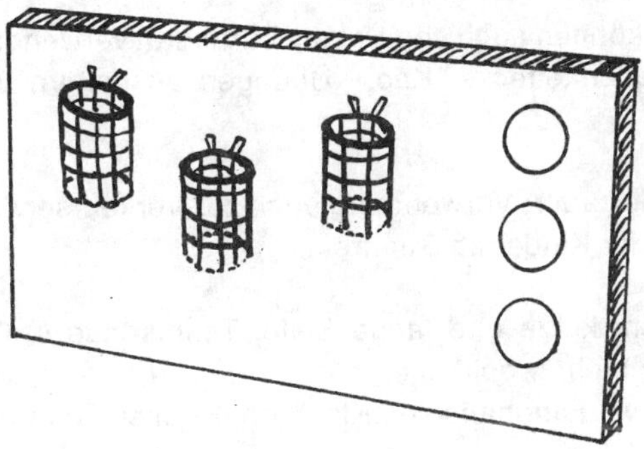

## Balancierbalken

in verschiedenen Formen und Breiten.
Übungs- und Spielmöglichkeiten:
Balancieren, auch mit Gegenständen, – Abspringen, Übersteigen, Überspringen, Durchkriechen. Variationen durch Einbezug anderer Geräte wie Leitern, Rutschbretter, Bälle, Reifen u. a.

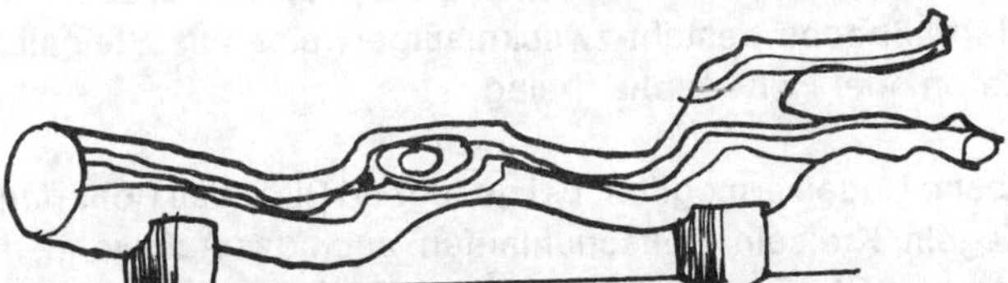

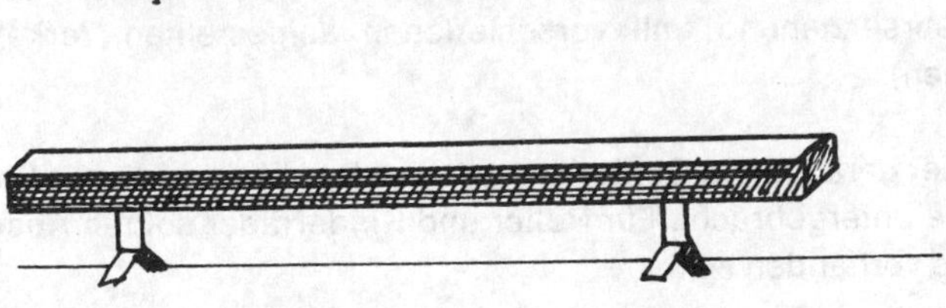

B. Bewegliche Geräte

Rundbalken mit 2 Leitern, bestehend aus 2 Ständern, 1–2 Rundbalken zum Einhängen in 3 verschiedenen Höhen, 2 Leitern zum Anhängen an den Balken, evtl. 1 Rutschbrett.

Die Leitern können auch separat als Turngerät verwendet werden. Übungsmöglichkeiten s. Kap. „Übungen an Leitern und Rundbalken".

Roller, Kinderräder: Verwendung auch zur Verkehrserziehung.
Rollschuhe für Kinder ab 5 Jahre.

Bälle, Reifen, kurze und lange Seile, Tennisringe s. Grundausstattung der Mehrzweckhalle.
Hüpfbälle, evtl. Fangballspiel, Kleingolf, Kricket, Federball.

## Überdachte Terrasse (Offene Spielhalle)

Bei schlechtem Wetter, in der kalten Jahreszeit oder bei hochsommerlicher Hitze bietet die offene, überdachte Terrasse, die im Anschluß an die Gruppenräume angelegt wird, Schutz und zugleich Möglichkeit zum Aufenthalt und Spiel in frischer Luft.

Hier können Stühle und sonstige Kleinmöbel zu variablen Sitzecken zusammengestellt werden, bei Regen Gymnastikstunden abgehalten, Feste gefeiert und manche Spiele, die auf dem Rasen oder im Zimmer nicht durchführbar sind, gespielt werden.
Der Hartfußboden besteht zweckmäßigerweise aus Steinplatten, aus Beton oder Heiß-Asphaltbelag.

Der ebene Boden ermöglicht bei genügend Platz das Rollerfahren, das Kegeln, Kreiseln, Rollschuhlaufen, auch das Aufzeichnen von Bahnen und Straßen zu Hüpfspielen (Himmel und Hölle) und zur Verkehrserziehung (mit verschiedenen aufgestellten Verkehrszeichen).

In einer geräumigen Gerätekammer werden die Garten- und Spielgeräte untergebracht. Für Roller und Kinderräder sollten Abstellplätze vorhanden sein.

## Beispiel für die Anlage des Freigeländes

Je nach Form und Größe des Geländes, das zur Verfügung steht, und entsprechend den Ansprüchen und individuellen Einfällen der Beteiligten, wird die Gesamtanlage verschieden gestaltet werden. Die Skizze will nur die Grundelemente aufzeigen. Dabei wurde die Bepflanzung mit Bäumen, Sträuchern und Blumen, auch das Stück „Wildnis" auf der Zeichnung weitgehend weggelassen, um die Geräteausstattung um so deutlicher zu machen. (Siehe Skizze auf Seite 68.)

Grundsätzlich sollte das Freigelände ein nach gärtnerischen und pädagogischen Gesichtspunkten vielseitig gestalteter Spielgarten für die Kinder sein.

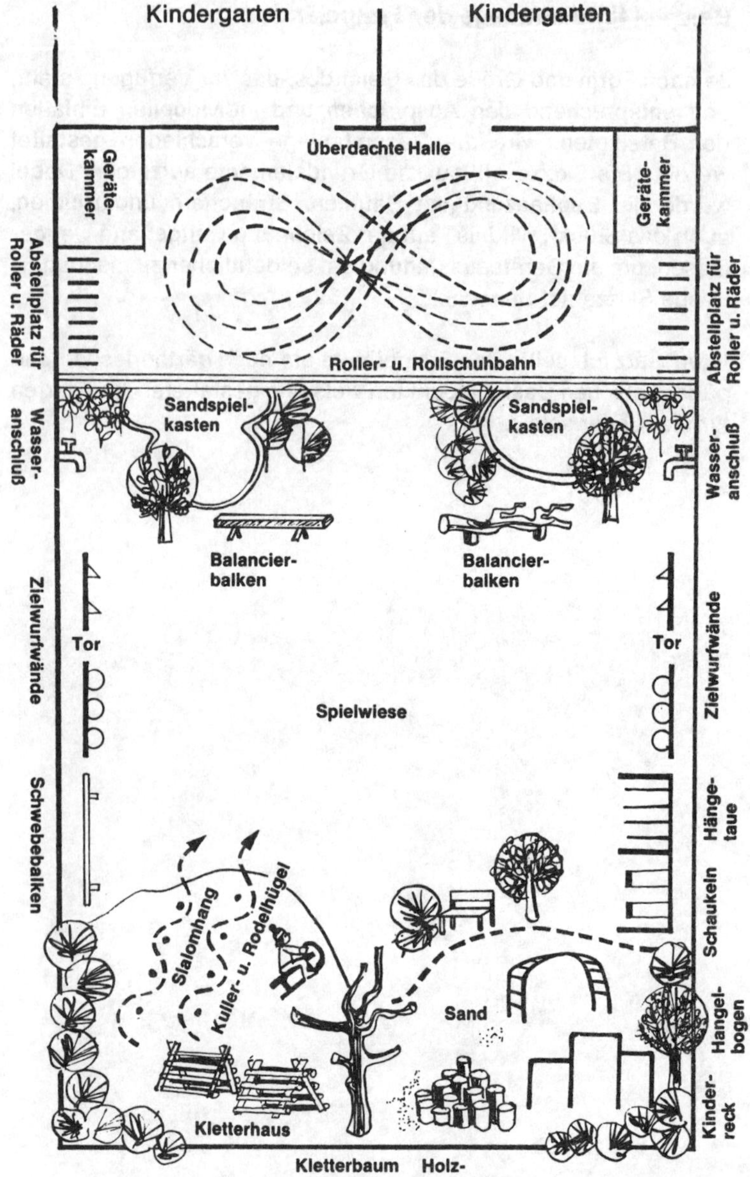

Kindergarten
Kindergarten
Überdachte Halle
Geräte-kammer
Geräte-kammer
Abstellplatz für Roller u. Räder
Abstellplatz für Roller u. Räder
Roller- u. Rollschuhbahn
Sandspiel-kasten
Sandspiel-kasten
Wasser-anschluß
Wasser-anschluß
Balancier-balken
Balancier-balken
Zielwurfwände
Tor
Tor
Zielwurfwände
Spielwiese
Schwebebalken
Hänge-taue
Schaukeln
Slalomhang
Kuller- u. Rodelhügel
Sand
Hangel-bogen
Kinder-reck
Kletterhaus
Kletterbaum
Holz-pyramide

ab hier nicht mehr lernen!

## Die Mehrzweckhalle

Den größten Teil des Jahres wird die Erziehungsarbeit in den Innenräumen des Kindergartens stattfinden. Auch hier sind die Voraussetzungen zu einer wirksamen Leibeserziehung im Vorschulalter oft nicht gegeben. Der Gruppenraum ist für die meisten Übungen zu eng. Ein gezieltes Übungsprogramm kann nur durchgeführt werden, wenn genügend Platz zur Verfügung steht. Auch für andere Spielaktivitäten wie großflächiges Malen und Bauen, Tanzen, Theaterspielen u. a. ist ein großer Aktionsraum notwendig. Es ist daher zu begrüßen, daß in neueren Richtlinien zur Anlage von Kindergärten eine Mehrzweckhalle für Kindertagesstätten mit 2–3 Gruppen vorgeschrieben wird.
Eine Mindestgröße von 90–100 qm Fläche sollte nicht unterschritten werden.

Die Benutzung der Mehrzweckhalle für Turn-, Gymnastik- und Rhythmikübungen und Spiele erfordert folgende praktische Gegebenheiten hinsichtlich Anlage und Einrichtung des Raumes:

- Ausreichende Lüftungsmöglichkeiten durch Fenster. Kellerräume mit behelfsmäßiger Lüftungsanlage sind nicht geeignet.
- Der Fußbodenbelag muß rutschfest, gut zu reinigen und schwingfähig sein. Die normalen, für die übrigen Kindergartenräume vorgesehenen Fußböden sind für Turn- und Gymnastikübungen zu hart und können Fußschäden begünstigen. Zu empfehlen ist ein Schwingboden mit Kunststoffbelag, den man täglich feucht wischen kann.
  Da es um die Fußgesundheit der Kinder geht, sollte hieran nicht gespart werden, eher an der Erstausstattung der Räume, die später ergänzt werden kann.
- Die Halle soll so angelegt und eingerichtet sein, daß Wurfübungen mit Bällen und Tennisringen und lebhafte Bewegungsspiele möglich sind.
- Geräumige Gerätekammer mit Regalen zum Unterbringen der Spiel- und Turngeräte.
- Ausreichende Umkleide- und Waschgelegenheit in Nebenräumen (evtl. Duschraum, Fußwaschbecken).

# Geräte – Grundausstattung

| A. Kleingeräte |
| --- |
| Bälle in verschiedenen Größen und Gewichten:<br>25 Gymnastikbälle (2 verschiedene Farben)<br>25 Tennisbälle<br>10 bis 15 Medizinbälle à 1000 g bis 1500 g<br>4–5 größere Hohlbälle<br>4–6 Hüpfbälle<br>Luftballons<br>30 Reifen aus Plastik in 2 verschiedenen Farben<br>25 Stäbe je 70 cm lang<br>50 Klangstäbchen<br>30 Wurfringe (Tennisringe aus Gummi) in 2 verschiedenen Farben<br>25 kurze Springseile<br>4–5 Langseile<br>2–3 Schwungseile<br>Hilfsmittel für Fußübungen: Tücher, Sandsäckchen, Stöckchen, Steinchen, Kastanien, Kiefernzapfen |
| **B. Großgeräte** |
| Sprossenwand für etwa 8 Kinder<br>Langbänke, 2–3 große à 4,50 m lang oder 4 kleine à 2,80 m lang<br>Rundbalken mit 2 Ständern, 2 Balken, 2 Leitern, evtl. 1 Rutschbrett<br>Turnmatten 4–5 Stück in Normalgröße<br>Turnkästen 1–2 große (Normalgröße) und 2–3 kleine |
| **C. Instrumente zur Bewegungsbegleitung** |
| 1 Klavier (auf Rollen z. Platzwechseln)<br>2–3 Rahmentrommeln<br>Orff – Instrumentarium<br>1 Plattenspieler<br>1 Tonbandapparat |

# Behelfsmäßige Übungsräume

## Der Gruppenraum

Das Turnen im Gruppenraum kann nur ein Behelf sein, da die Enge des Raumes die notwendige Bewegungsentfaltung und Förderung nicht ermöglicht. Eine bessere räumliche Lösung muß vom Erzieher mit Hilfe des Trägers und der Vorgesetzten angestrebt werden.

Im Kindergartenzimmer kann nur mit kleinen Gruppen geturnt werden. Gemeinsam mit den Kindern werden Stühle und Tische zur Seite gestellt, die Fenster geöffnet und der Fußboden kurz durchgewischt. Sauberkeit und gute Lüftung sind die hygienischen Voraussetzungen für gesundheitsfördernde Leibesübungen.

Ist keine Garderobe mit Kleiderhaken für das Umkleiden der Kinder vorhanden, nimmt sich jedes Kind einen Stuhl, auf den es ordentlich seine Kleider ablegt. Die Enge des Raumes erfordert eine gewisse Ordnung und vorbereitende Überlegung der räumlichen Aufteilung. Die Möbel können in das Turnen mit einbezogen werden. Sie sollten bei der Anschaffung der Einrichtung des Kindergartens auf diese Verwendung hin ausgewählt werden, damit sie stabil genug sind.

Bei geräumigem Gruppenzimmer ist zu empfehlen, an einer Seite eine kleine Sprossenwand anzubringen. Ferner sollten 2–3 kurze Schwebebänke angeschafft werden, die zugleich als Sitzmöbel und als Turngerät verwendet werden können.
Eine Turnmatte oder ein dickerer Teppich kann in einer Spielecke untergebracht werden. Mit etwas Phantasie lassen sich weitere Möglichkeiten und Behelfe zur Bewegungserziehung im Gruppenraum finden.

In vielen Kindergärten steht der Schlafraum zum Turnen zur Verfügung. Hier gelten die gleichen Empfehlungen zur Einrichtung. Da nicht soviele Gegenstände herumstehen, sind im beschränkten Maße auch Übungen mit Handgeräten wie Bälle und Reifen möglich. Doch die wichtigsten Bewegungsformen wie Werfen, Reifentreiben, Laufen u. a. können nicht befriedigend

entwickelt werden, da die Bewegungsfläche auch in diesem Raum noch zu gering ist.
In manchen Fällen muß auch auf den Gängen geturnt werden. Hier kann man nur hin und her üben, evtl. kleine Wettspiele durchführen. Der Erzieher sollte sich mit diesen unzureichenden Raumverhältnissen nicht abfinden und nach besseren Übungsmöglichkeiten suchen.

## Die Benutzung der Schulturnhalle

Kindergärten und Vorschulgruppen, die in Schulgebäuden oder in der Nähe einer Sporthalle untergebracht sind, muß die Benutzung der Turnhalle von vornherein genehmigt werden. Dies sollte in den Richtlinien zu Kindergartenrahmenplänen für alle Kindergärten, die noch keine Mehrzweckhalle haben, in entsprechenden Vorschriften gesichert sein.

Bis zur Realisierung dieses Vorschlages ist es Aufgabe des einzelnen Erziehers, mit dem Rektor der Schule oder mit der betreffenden Sportbehörde zu vereinbaren, daß die Turnhalle dem Kindergarten 1–2 mal wöchentlich zur Verfügung steht. Diese Turnstunden müssen am Beginn des Schuljahres bei der Erstellung der Belegungspläne von vornherein mit berücksichtigt werden. Auch sollte schriftlich vereinbart werden, welche Geräte verwendet werden dürfen. Um die Anschaffung spezieller Geräte für die Kindergartengruppe, z. B. Rundbalken, Handgeräte, sollte sich die Erzieherin selbst bemühen.

Bei regelmäßiger mindestens 2 mal wöchentlicher Benutzung der Turnhalle ist die volle Durchführung des Übungsprogramms möglich. Die Größe der Bewegungsfläche gibt genug Raum zur Bewegungsentfaltung der Kinder. Auch in der Halle muß für einen sauberen Fußboden gesorgt werden.

# IV

## DER ERZIEHER ALS ÜBUNGSLEITER

**Die fachpädagogische Ausbildung**

**Das erzieherische Verhalten**

**Lehr- und Lernmethoden**
- **Lernen durch Experimentieren, Erfinden, Improvisieren**
- **Lernen durch Beobachten, Absehen, Nachahmen**
- **Lernen durch Wiederholen, Üben**
- **Lehren durch Aufgabenstellung**
- **Lehren durch Bewegungsbeschreibung, -erklärung, -anweisung**
- **Die rhythmisch-dynamische Lehrmethode**
- **Die rhythmische Bewegungsbegleitung**
- **Lernschritte – Phasen des motorischen Lernens**
- **Lernerfolge durch positive Verstärkung**

**Organisationsmethodische Hinweise zur Übungspraxis**
- **Gruppenformen und Raumaufteilung**
- **Die Turnkleidung**
- **Erläuterung der Fachausdrücke**

# DER ERZIEHER ALS ÜBUNGSLEITER

## Die fachpädagogische Ausbildung

Die Bestrebungen nach einer verbesserten, praxisorientierten Ausbildung zum sozialpädagogischen Erzieher konzentrieren sich z. Z. mehr auf die psychologischen und soziologischen Fächer, während den musisch-pädagogischen Fächern, einschließlich der Sport- und Leibeserziehung, in den Bildungsplänen zuwenig Bedeutung zugemessen wird. (Sie werden teilweise nur als Wahlfächer am Rande geführt.) Es wird übersehen, daß diesen Erziehungsgebieten in der Vorschul- und Sozialpädagogik ein weit höherer Stellenwert zukommt als in anderen Schulbereichen, da sie ja zum „täglichen Brot" in der pädagogischen Praxis des Kindergartens gehören.

Der Vorschulerzieher muß daher in den musischen Bildungsbereichen mehr können und vielseitiger ausgebildet werden als der Grundschullehrer, dem meistens der Fachlehrer zur Seite steht.
Ein bißchen „Beschäftigung", etwas Bewegung und gelegentliche Turnübungen genügen nicht in der modernen, an Zielvorstellungen ausgerichteten Elementarerziehung. Dem zukünftigen Erzieher müssen in der Ausbildung fachlich fundierte Kenntnisse vermittelt werden, die ihn befähigen, planvoll und erzieherisch wirksam mit den Kindern zu arbeiten.
Es ist daher notwendig, daß für die Vorschulerziehung spezielle Fachdidakten und -methoden in den musischen Bereichen entwickelt werden. An dieser pädagogischen Arbeit sollten sich vor allem die Fachdozenten der Ausbildungsstätten beteiligen, in enger Zusammenarbeit mit erfahrenen Kindergärtnerinnen und Sozialpädagogen. So wird es gelingen, den Unterricht praxisbezogen aufzubauen und den Studierenden die fachpädagogischen Grundlagen für die zukünftige berufliche Arbeit mitzugeben.

Das Fach Leibeserziehung/Sport, welches in den Lehrplänen als Pflichtfach mit 2 Wochenstunden während der zweijährigen Grundausbildung geführt wird, vermittelt

die theoretischen Fachkenntnisse,
die Praxis der Übungs- und Spielformen,
die Methoden der pädagogischen Anwendung.

Das Ziel der Ausbildung ist:
Die Fähigkeit des Erziehers, mit Kindern zielgerichtet Leibesübungen betreiben zu können. Im einzelnen soll durch den Unterricht erreicht werden:

1. Ausbildung der eigenen Bewegungsfähigkeiten und -fertigkeiten der Studierenden.
2. Erkennen des Wertes der Leibesübungen als Erziehungs- und Bildungsmittel, – Verständnis wecken für die kindlichen Bewegungsbedürfnisse und Bewegungsmerkmale in den Entwicklungsphasen.
3. Kenntnisse der für das Vorschulalter geeigneten Übungs- und Spielformen.
4. Erlernen der fachspezifischen Methoden, Erarbeitung methodischer Beispiele für die Praxis in Kindergarten und Vorschule.

Das eigene Bewegungskönnen des Erziehers ist die notwendige Voraussetzung zur erfolgreichen pädagogischen Arbeit. In den wichtigsten Übungs- und Spielformen soll er Fertigkeiten erreichen, um den Kindern Bewegungsabläufe und -techniken vormachen zu können. Die Beherrschung eines umfangreichen Bewegungsrepertoires in den freien und angewandten motorischen Grundformen mit vielfältigen Variationen ermöglicht abwechslungsreiche Übungsprogramme für die Kindergartenarbeit. Die gesundheitliche Wirkung von regelmäßigen Leibesübungen soll erkannt und persönlich erfahren werden und sich positiv auf die Lebensführung auswirken.

Durch Beobachten von Kinderbewegungen wird das Verständnis für die Bewegungseigenarten, die Bewegungsbedürfnisse und die Leistungsfähigkeit der Kinder in den einzelnen Entwicklungsphasen geweckt. Die Fähigkeit, Bewegungsabläufe zu erkennen, nachzuvollziehen und qualitativ zu werten, ist notwendig, um die

Kinder in ihrer psychomotorischen Entwicklung fördern zu können. Der Schwerpunkt des Unterrichts liegt in der fachdidaktischen und -methodischen Ausbildung. Die fachlichen Kenntnisse und das praktische Können werden in pädagogisches Handeln umgesetzt. In Lehrübungen werden Beispiele für Übungsstunden mit Kindern erarbeitet und die Methoden praktisch erprobt. Dazu müssen Versuchs-Kindergärten zur Verfügung stehen.

Die Fachbezeichnungen der verschiedenen Übungsformen sollen den Studierenden geläufig sein, um auch nach angebotener Fachliteratur selbständig arbeiten zu können.

In Arbeitsgemeinschaften können die Studierenden auf sportlichen Spezialgebieten je nach Neigung, Eignung und örtlichen Gegebenheiten ihr eigenes Bewegungskönnen erweitern und vertiefen, z. B. Schwimmen, Leichtathletik mit der Erlangung des Sportabzeichens, Volleyball, Basketball, gymnastische und tänzerische Gestaltung, Wanderführer- und Skikurse u. a.
Schwimmkurse mit Vorschulkindern sind dort möglich, wo ein Lehrschwimmbecken zur Verfügung steht. Die notwendige Voraussetzung ist der Erwerb des Grundscheines im Rettungsschwimmen.
Das Erlernen der Bewegungsbegleitung auf einem Musikinstrument ist zu empfehlen.

Zur Weiterbildung für alle Erzieher, die im Beruf stehen, eignen sich Hospitationen in Turnvereinen (besonders Kleinkind- und Mutter-und-Kind-Turnabteilungen), Besuche von Kursen und Fachtagungen, Information durch Fachliteratur und Fernsehsendungen (Kinderturnen) und Erfahrungsaustausch mit Kollegen.

## Das erzieherische Verhalten

Den Fragen nach dem pädagogischen Warum, Wozu und dem Was des Lernens folgt die Überlegung über das methodische Wie.
Wie soll sich der Erzieher verhalten, wie muß er in der Praxis vorgehen, um das Übungsprogramm wirksam werden zu lassen und die Kinder in ihrer Entwicklung optimal zu fördern?

Die angegebenen Erziehungsziele und Bildungsinhalte geben Hinweise zum erzieherischen Verhalten. Die beiden Hauptaufgaben der Leibeserziehung, freie Bewegungsentfaltung und gezielte Ausbildung der kindlichen Bewegungsfähigkeiten, finden ihre beste Verwirklichung in einem pädagogischen Weg der Mitte, der den ausgeglichenen Wechsel von Freiheit und Lenkung verfolgt.
Zur Entwicklung einer selbständigen Persönlichkeit soll soviel Freiheit wie möglich gewährt werden, – Erziehung zum sozialen Verhalten, zum Leben in der Gemeinschaft erfordert Einhalten von bestimmten Regeln und Anerkennung eines notwendigen Maßes an Ordnung.

Diese Synthese von Freiheit und Bindung entspricht einem Grundprinzip menschlichen Zusammenlebens. Auch in der Erziehung muß versucht werden, die Spannungen zwischen Individualität und Gemeinschaft, zwischen den Wünschen des einzelnen und den Ansprüchen der Gruppe in ein Gleichgewicht zu bringen. „Erziehung ist die Kunst der Mitte." (Schenk-Danzinger „Entwicklungspsychologie", Wien 72)
Pädagogische Rezepte gibt es nicht, extreme Erziehungsstile haben sich nicht bewährt. Jeder Erzieher wird den besten Weg suchen müssen. Es können hier nur Hinweise zu pädagogischen Grundhaltungen und spezielle in der praktischen Erfahrung bewährte Handlungsweisen für die Leibeserziehung gegeben werden.
Eine fröhliche Grundstimmung erwächst aus der positiven Einstellung zum Leben, aus der Liebe zum Kind und aus der Freude am lebendigen Bewegungsgeschehen. Leibeserziehung dient der Entfaltung des Lebendigen und soll dem heranwachsenden Menschen Hilfen mitgeben und Kräfte vermitteln, dem Leben positiv zu begegnen und es selbständig zu gestalten.

Lebendige Führung der Kindergruppe und das persönliche Engagement des Erziehers geben dem Ablauf der Übungsstunden Frische und Spannung, die dem Tätigkeitsdrang und der Bewegungsfreude der Kinder entspricht. Eine flotte Übungsfolge, interessante Bewegungsaufgaben lassen weder Langeweile noch Rüpeleien aufkommen. Viele Erziehungsschwierigkeiten lösen sich durch sinnvolles Tun.

Als Übungs- und Spielpartner, aber auch als Vorbild braucht der Erzieher eigene Beweglichkeit, innere und äußere Elastizität und Ausstrahlungskraft, um den Kindern Impulse zu eifrigem Mittun, zur Fortentwicklung ihres Bewegungskönnens und zum Erlernen neuer Übungen durch Absehen und Nachmachen zu geben.
Die freundliche Zuwendung, das Ansprechen der Gruppe auch zwischen den Übungen, das Eingehen auf Vorschläge der Kinder schafft Vertrauen und Geborgenheit. Besonders wichtig ist dies bei Ängstlichen und Neulingen im Kindergarten. Diese sollen zum Mitüben nicht gezwungen werden, sondern durch Zuschauen und fein dosierte Anregung zum Nachahmen und Mitmachen ermuntert werden.
Ermutigung, Lob und Anerkennung verstärken das Selbstwertgefühl und den gesunden Leistungsoptimismus der Kinder. Auch kleinste Erfolge sollen bestätigt und das schwächste Bemühen anerkannt werden.

Während der Erzieher in der Übungsstunde die Bewegungsbildung bewußt lenkt, um die Kinder planvoll zu fördern, beschränkt er sich im Freispiel mit der Rolle des Beobachters und des mehr passiven Anregers, indem er Übungsmöglichkeiten schafft, die die Kinder zu Eigenaktivitäten herausfordern.
Hierbei wird er nur vorsichtig lenkend eingreifen, beispielsweise um einzelnen Kindern kleine Anregungen zu geben, Entmutigten zu Selbständigkeit, Außenseitern zum Mitspielen zu verhelfen, – aber auch um Unfälle zu vermeiden und schwere Streitereien der Kinder zu klären. Die Kinder sollen im Freispiel Gelegenheit haben, eigene Erfahrungen zu sammeln beim motorischen Experimentieren und eigene Entscheidungen zu treffen im Gruppenspiel und im Bewältigen der Umwelt. Sie lernen Konflikte untereinander selbst zu lösen; bei schwerem Streit macht der Erzieher Vorschläge zur Lösung, für die die Kinder sich dann frei entscheiden können.

Aggressionen einzelner Kinder sind häufig die Folge unterdrückter Bewegungsbedürfnisse, verursacht durch räumliche Einengung und Verbote verständnisloser Erwachsener.
Es ist bei Pädagogen und Psychologen zuwenig bekannt, daß Bewegung und Sport ein vorzügliches pädagogisches Mittel ist zum kontrollierten Abreagieren von Aggressionen. Tägliches

Ausbewegen in genügend großen Freiräumen vermeidet einen Stau des Bewegungsdranges und löst Spannungen. Wenn Kinder „toben", so ist das ein Zeichen, daß sie ihre überschüssigen Kräfte loswerden wollen. Durch ausgiebiges Bewegen und regelmäßiges Üben werden Disziplinschwierigkeiten vermindert, da die Kinder mit zunehmendem Bewegungskönnen lernen, ihre Bewegungen zu beherrschen und zu kontrollieren.

Das Zusammenleben in jeder menschlichen Gemeinschaft verlangt von den Gruppenmitgliedern gegenseitige Rücksichtnahme und das Einhalten von Regeln, ohne die ein fruchtbares Miteinanderwirken nicht möglich ist. In der Leibeserziehung sind bestimmte Ordnungsmaßnahmen notwendig, um Gefahrenquellen, die bei sportlichen Tätigkeiten nicht ganz auszuschließen sind, zu vermindern, – ferner um optimale Übungsmöglichkeiten für alle Kinder zu schaffen und auch den Schwächeren in der Gruppe Chancengleichheit zu ihrer Entfaltung zu sichern, d. h. zu verhindern, daß sie von anderen zurückgedrängt werden.
Im Wettspiel verhelfen Regeln zu fairem Verhalten und gerechten Bedingungen für alle. Je enger der Übungsraum ist und je größer die Kindergruppe, um so mehr muß die Erzieherin das lebhafte Bewegungsgeschehen ordnend lenken, damit sinnvolles Üben möglich ist.
Bei allen Maßnahmen ist zu beachten, daß Ordnung nicht um ihrer selbst willen geübt wird, sondern als Schutz und Hilfe für gemeinsames, sinnvolles, unfallfreies sportliches Tun, das allen Teilnehmern Gewinn und Freude bringen soll.

Für die gegebenen Anordnungen soll der Erzieher durch Begründung und Erklärung, warum sie notwendig sind, bei den Kindern Verständnis und Mitdenken wecken. So wird das Angeordnete nicht als Zwang empfunden, sondern durch Einsicht in die Notwendigkeit innerlich angenommen. Positiver wird sich die gemeinsame Aufstellung von Regeln, bei denen die Vorschläge der Kinder berücksichtigt werden, auf die Einsicht und das demokratische Verhalten auswirken. Die Kinder unterwerfen sich leichter Regeln, die sie selbst mit aufgestellt haben. Sie werden dann auch mithelfen, daß die Regeln im Interesse der Gemeinschaft eingehalten werden und daß Störenfriede ihr Verhalten ändern.

Die Kinder erwarten vom Erzieher Klarheit und Konsequenz in der Anordnung und Verfolgung von Erziehungsmaßnahmen. Diese Haltung schafft eine Atmosphäre der Sicherheit und Überschaubarkeit, die in der Leibeserziehung besonders wichtig ist.
Zur Unfallverhütung sind klare Anordnungen erforderlich, die vor den betreffenden Übungen gegeben werden, so daß sie alle Kinder verstanden haben. Wo es um die Gesundheit und die Unversehrtheit der Kinder geht, muß die Einhaltung der Regeln konsequent und mit Nachdruck verfolgt werden.
Die Erzieherin ist verpflichtet, durch vorsorgliche Maßnahmen die Kinder vor Schaden zu hüten, ohne sie jedoch einzuengen und ängstlich zu machen. Das Vorschulkind zeigt oft eine unbekümmerte Unternehmungslust, es will die Umwelt „erforschen" und sich selbst erproben. Der Erzieher hilft ihm, seine Grenzen zu erkennen und zeigt, wie man sich richtig verhält, um Gefahren zu begegnen.
Das Kind braucht Sicherheit, jedoch auch zunehmende Selbständigkeit. Das Vertrauen in die eigenen Fähigkeiten muß geweckt werden. Deshalb bedeuten Hilfestellungen, z. B. bei Übungen an Geräten, Hilfen zur Selbsthilfe und sollen nur dann gegeben werden, wenn sie unbedingt notwendig sind. Besser ist es, das Kind selbst eine seinen Kräften und Fähigkeiten angemessene Lösung der Bewegungsaufgabe finden zu lassen, bei der es keine Hilfe benötigt, um die Übung zu meistern. Der Erzieher bleibt in der Nähe des Kindes und gibt ihm dadurch das Gefühl der Sicherheit und Anerkennung. Geduldiges Eingehen, keine Hektik im Übungsbetrieb, klare Übersicht tragen mit dazu bei, Unfälle zu vermeiden.
Wenn der Erzieher in der Leibeserziehung eine mittlere Linie zwischen möglicher Freiheit und notwendiger Ordnung verfolgt, wird er den Ansprüchen sowohl nach individueller Entfaltung wie nach Sicherheit gerecht werden.

## Lehr- und Lernmethoden

Die große Aufnahme- und Lernbereitschaft der Vorschulkinder soll nicht dazu verleiten, die schulischen Lehrmethoden ungeprüft auf diese Altersstufe zu übertragen. Die Gefahr liegt darin, Teilgebiete, z. B. Lesenlernen, isoliert von der Gesamterziehung

in differenzierten Lernprogrammen an das Kind heranzutragen, ohne die Elementarbedürfnisse des Kindes zu beachten.
Das Prinzip der Ganzheitlichkeit muß in den vorschulischen Lehrmethoden zum Tragen kommen. Das erfordert vom Vorschulerzieher subtile Einfühlung und Beobachtungsgabe und besonderes Geschick, dem Kind gemäße Lehrmethoden anzuwenden.

Gesunde Kinder wollen lernen, sie streben ständig danach, ihren Erfahrungsschatz zu erweitern, um selbständig und freier zu werden. Der Erzieher bietet ihm Lernhilfen an und versucht, das natürliche Streben zu unterstützen, ohne zu forcieren. Das kann auf verschiedene Art und „Lehrweise" geschehen.
Für die Leibeserziehung im Vorschulalter können folgende in der Praxis bewährte Lehr- und Lernarten empfohlen werden, die vom Erzieher je nach pädagogischer Absicht, Übungsform und erzieherischer Situation ausgewählt werden können:

## Lernen durch Experimentieren, Erfinden, Improvisieren

Diese elementare Form des Lernens ist für den Vorschulbereich besonders geeignet, da das Kind in selbstgewählter eigener Tätigkeit, ohne Einwirkung des Erwachsenen Erfahrungen sammeln kann und dadurch neue Einsichten in die eigenen Fähigkeiten und Grenzen erhält und zu Selbständigkeit, Sicherheit und Bewegungskönnen gelangt. Erfinden und Improvisieren entwickelt Kreativität und Gestaltungsfreude und die Fähigkeit, Umweltsituationen zu bewältigen.

## Lernen durch Beobachten, Absehen, Nachahmen

Im sog. „Imitations- oder Modell-Lernen" bewährt sich die gute Beobachtungs- und Einfühlungsgabe der Vorschulkinder und das Streben, es anderen „nachzumachen und die Rolle des Erwachsenen, älteren Kindes, eines Tieres oder Gegenstandes zu spielen. Das Vorbild des Erziehers hat eine prägende Wirkung. Bewegungsabläufe und Übungen können in der Turnstunde vom Erzieher oder einzelnen Kindern vorgemacht werden. Je deutlicher dies gezeigt wird, um so schneller stellt sich der Lernerfolg ein.
Die ausgeprägte Fähigkeit zum Nachmachen abgesehener Be-

wegungsvorgänge ermöglicht es bewegungsgewandten Kindern, auch relativ schwierige sportliche Bewegungsformen wie z. B. Skifahren erstaunlich leicht nur durch Absehen zu erlernen. Das Kind nimmt die Bewegungsvorgänge immer in ihrer Ganzheit und nicht in Einzelteilen in sich auf.

## Lernen durch Wiederholen, Üben

Motorisches Lernen ist ohne Üben nicht denkbar. Schon im Säuglingsalter beginnt das Kind mit seinen unbewußten Selbstübungen. Wiederholung führt zu Bewegungssicherheit und Können. Abwechselnde Aufgabenstellung, variationsreiche Abwandlungen bieten Anreiz zu erneutem Üben einer bestimmten Bewegungsform.

Methodische Übungsreihen geben Lernhilfe zum Aneignen von Bewegungsfertigkeiten, z. B. Erlernen des Purzelbaumes, Überspringen von Hindernissen.
Nur regelmäßiges Üben führt zum Erfolg und zeigt seine Wirkung auf die qualitative und quantitative Steigerung der Bewegungsfähigkeiten und der Gesundheit.

## Lehren durch Aufgabenstellung

Der Erzieher oder ein Kind stellt eine Bewegungsaufgabe, z. B. „Wie kann man durch die Bank kriechen, ohne sie zu berühren?" oder „Versucht, das Seil mit den Zehen hochzunehmen!" oder „Wie kann man den Ball durch die Stühle rollen?" oder „Wer kann sich zu zweien angefaßt drehen?"

Die Methode der „Bewegungsaufgabe" regt die Kinder an, selbständig Lösungen zu finden und kreativ zu denken und zu handeln. Die Form der Übung ist nicht vorgeschrieben, die Kinder haben Entscheidungsfreiheit zu differenzierter Ausführung.

Originalität und Bewegungsphantasie kommen zum Ausdruck. Der Erzieher lernt die Kinder in ihren individuellen Fähigkeiten kennen. Gehemmte werden zu Eigenaktivität ermuntert, besonders wenn die Bewegungsaufgabe in Verbindung mit Handgeräten gestellt wird.

## Lehren durch Bewegungsbeschreibung, -erklärung, -anweisung

Diese Lehrmethode stellt höhere Anforderungen an die Aufmerksamkeit, das Mitdenken und das Vorstellungsvermögen der Kinder. Der Übungsleiter beschreibt eine Übung rein verbal, ohne sie vorzuturnen, z. B.: „In Rückenlage die Beine langsam heben und senken" oder „Stellt euch zu zweit mit einem Reifen gegenüber. Ein Kind hält den Reifen fest, das andere Kind kriecht hindurch" oder „Lauft zur Bank, steigt auf und springt leise herunter!"
Für die jüngeren Kinder ist es oft schwer, nur nach sprachlicher Beschreibung eine Übung praktisch auszuführen. Hier eignet sich mehr die anschauliche Methode des Vor- und Nachahmens. Doch geübten, älteren Kindern kann der Erzieher gelegentlich rein verbale Übungsanweisungen geben. Dies fördert die geistige Mitarbeit und die Fähigkeit, das Gehörte in denkendes Handeln umzusetzen. Die Kinder lernen die Namen und Bezeichnungen von Übungsformen kennen. Auch kann man ihnen durchaus die gesundheitliche Bedeutung einer Übung erklären, z. B. bei Haltungs- und Fußübungen. Das Verständnis für den gesundheitlichen Wert von sportlichen Übungen wird so in jungen Jahren geweckt.

## Die rhythmisch-dynamische Lehrmethode

Die rhythmisch-dynamische Lehrweise ist die Methode der Wahl für die vom Erzieher gelenkte Übungsstunde.
Sie hat den Vorteil, daß sie stärker als andere Methoden den Menschen ganzheitlich anspricht und Körper und Seele in Schwingung zu versetzen vermag. Der allen natürlichen Bewegungen innewohnende Rhythmus wird zur Entfaltung gebracht. Die Bewegungen werden harmonischer, schwunghafter, dynamischer und von falschen Hemmungen und Verkrampfungen befreit. Der Lernerfolg stellt sich dadurch schneller ein. Auf die ausgleichende und heilpädagogische Wirkung der rhythmischen Bewegungserziehung wurde bereits hingewiesen. Außer in der gymnastischen und tänzerischen Bewegungsbildung hat sich die rhythmisch-dynamische Lehrweise auch bei anderen Sportarten (Geräteturnen, Skilauf) als Trainingsmethode bewährt. Sie ist,

wie alle Lehrmethoden, im fachspezifischen Methodikunterricht erlernbar und nicht an Begabung gebunden, verlangt jedoch persönliche Beweglichkeit, Engegement und inneres Mitgehen des Übungsleiters, der durch klangliche und musikalische rhythmische Begleitung die Bewegungen der Übenden lenkt.

## Die rhythmische Bewegungsbegleitung

Eine gute rhythmische Anleitung gibt starke Impulse für das Bewegungsgeschehen und unterstützt den dynamisch fließenden Ablauf der Übungen.
Welche akustischen Hilfen und klanglichen Mittel kann der Übungsleiter anwenden?

Möglichkeiten der rhythmischen Bewegungsbegleitung:

- durch die Stimme (Sprechen, Lautieren, Singen),
- durch Hände und Füße (Klatschen, evtl. Fingerschnalzen, Stampfen),
- durch Schlaginstrumente (Handtrommel, Tamburin, Klangstäbe u. a.),
- durch Instrumentalspiel (Klavier, Akkordeon, Flöte, Orff-Instrumentarium),
- durch Musikwiedergabe von Tonband und Schallplatte.

Bei allen Begleitungsformen kommt es darauf an, daß der klangliche Rhythmus und der Bewegungsrhythmus einheitlich erfaßt werden. Denn „Klang und Bewegung bilden eine Struktureinheit" (R. Bode „Musik und Bewegung", Stuttgart 1967), die dem einheitlich leibseelischen Bewegungserleben entspricht.
Für die Lehrpraxis bedeutet es, daß der Übunsleiter den Bewegungsablauf genau erkennen muß, um den Bewegungsrhythmus klanglich durch Klatschen, Sprechen oder musikalisch wiederzugeben. Das erfordert gute Beobachtungsgabe und feines Bewegungsempfinden. Je beweglicher der Erzieher selbst ist, um so leichter wird es ihm gelingen, durch lebendige Rhythmusangabe die Übungen mit Schwung anzuleiten und den Kindern zu Elastizität und Bewegungsfähigkeit zu verhelfen. Ohne innere Beteiligung und Freude an der Bewegung ist die rhythmische Lehrweise wirkungslos.

Der Übungsleiter muß sich in die Bewegungen der Kinder einfühlen. Für den Vorschulerzieher ergeben sich oft Schwierigkeiten, weil der Bewegungsrhythmus der kleinen Kinder, aufgrund ihrer kürzeren Gliedmaßen, anders abläuft als sein eigener. Immer wieder wird der Fehler gemacht, daß der Erwachsene den Kindern seinen eigenen langsameren Rhythmus aufzwingt (z. B. bei Kreisspielen) und die Kinder Mühe haben, und sich dabei auch verkrampfen, mit ihren kurzen Beinen „Schritt zu halten".
Der Erzieher muß durch Mitüben und Beobachten versuchen, den Ablauf und Rhythmus der Kinderbewegungen zu erfassen und in der klanglichen und musikalischen Begleitung wiederzugeben.
In den Übungen des sog. Mutter-und-Kind-Turnens, die sich in der Ausbildung zum Erzieher sehr bewährt haben, lernt der Studierende, auf die Bewegungen der Kinder einzugehen und sich ihrem Rhythmus anzupassen.

Die Stimme ist das elementarste Klangmittel der Bewegungsbegleitung. Schon das Kleinkind verstärkt seine Bewegungen durch Laute. Der Kinderreim ist mit passenden Bewegungen verbunden; zum Tanz wurde ursprünglich gesungen und gerufen. Durch die Sprache kann das Bewegungsgeschehen der Übungen rhythmisch gelenkt und unterstützt werden, z. B. durch Zuruf beim Strecken und Beugen: „Und hoch – und tief!" oder durch Lautierung beim Hüpfen: „Ta – tam, ta – tam!"
Dabei wird mit den zurufenden Worten zweifache akustische Lernhilfe gegeben: einmal durch in Stichworten ausgedrückte Beschreibung der Übung, – zum anderen wird durch die Art der Aussprache der fließende Rhythmus des Bewegungsablaufs unterstützt, z. B. beim Schwingen und Kreisen: „Und hin – und her – und Kreis herum!" Die Worte werden ausgeschwungen, genauso wie der Kreis in der Bewegung weit ausgeschwungen werden soll.

Der Übungsleiter muß also intensiv am Bewegungsgeschehen teilnehmen, auch wenn er nicht unmittelbar mitübt. Die sprachliche Bewegungsbegleitung drückt sich weniger in beschreibender Definition der Übung aus, als vielmehr in tonlichen Lautfolgen, die dem rhythmisch fließenden Bewegungsablauf entsprechen. Die Stimme wird je nach dem Spannungsgrad der Bewegungsphasen angehoben oder gesenkt.

Klare sprachliche Anleitung löst die Bewegungshandlung aus. Der Auftakt muß deutlich gegeben werden, – er ist die Aufforderung zum gemeinsamen Übungsbeginn.
Das etwas gedehnt ausgesprochene Wort „U – nd“ weckt Antrieb und inneren Bewegungsauftakt der Übenden und setzt den Bewegungsablauf in Gang. Auch zwischen den einzelnen Bewegungsphasen gibt das Wörtchen „und“ die Bewegungsauftakte an und lenkt dadurch den rhythmischen Zusammenhang des Bewegungsvorganges, z. B. „Und – Schwung – und – Schwung!“
Der Bewegungseinsatz und die Qualität der Bewegungsabläufe können durch geschickte sprachliche Anleitung wesentlich verbessert werden, z. B. durch besonders akzentuierte oder gedehnte Aussprache von zur betreffenden Bewegungseigenart gut passenden Worten wie „Und – hopp!“ (beim Springen, Federn) oder „Und ho – och – hooch – hooch!“ (b. Streckgang).

Die Übungsanleitung durch die Sprache ist im Vorschulalter besonders wichtig, da sie den unmittelbaren Kontakt zwischen Erzieher und Kind herstellt. Die Ansprache und das Gespräch mit den Kindern in der Übungsstunde gibt Hilfen zur Kommunikation, zur Ermutigung und Verstärkung der kindlichen Bemühungen.

Die Hand als Klangmittel wurde und wird beim Tanzen und Musizieren zur Steigerung der Ausdruckspannung verwendet. Klatschen kann den Bewegungsrhythmus unterstreichen und den Ablauf der Übungen intensivieren. Durch verschiedenartige Bewegungen der aufeinander schlagenden Hände werden variable Tonstärken erzeugt, die den unterschiedlichen Bewegungen angepaßt sind.
Neben der Stimme benutzt der Erzieher auch das Klatschen als Bewegungsbegleitung oder auch als akustische Zeichen, um Anfang und Schluß von Spielen und Übungen zu verdeutlichen. Gemeinsame Klatschrhythmen zu Übungen oder Tänzen fördern das Rhythmusgefühl und die Aktivität der Kinder.

Die Rahmentrommel (Tamburin) sollte im Kindergarten nur sehr sparsam Verwendung finden und auf keinen Fall im engen Gruppenraum während der ganzen Turnstunde benutzt werden.
Als Begleitinstrument ist sie für große Räume und im Freien eine Hilfe, den Bewegungsrhythmus der Gruppe zu lenken. Die Technik

zum rhythmischen und differenzierten Schlagen muß erlernt werden, damit mit dem Instrument nicht nur Lärm erzeugt wird. Eine Lernhilfe ist es für den pädagogischen Anfänger, wenn der Rhythmus der betreffenden Übung beim Vormachen mit Worten gesprochen wird, z. B. „Schritt – Schritt – Sprung!" Dieser Rhythmus wird nun auf dem Tamburin genau nachgeschlagen: „Tam – tam –– taa!"

Bewegungsablauf und Klangrhythmus sollen übereinstimmen. Dies gelingt um so leichter, je weniger steif der Übunsleiter die Trommel handhabt. Die Schultern dürfen sich nicht verkrampfen, der Körper schwingt elastisch mit, die Trommel wird in den Bewegungsablauf mit einbezogen und nicht etwa starr gehalten. Durch steife Haltung beim Schlagen werden abgehackte, harte, unrhythmische Töne erzeugt. Nur durch rhythmisch ausschwingende Töne, die aus einem ganzheitlichen Bewegungsempfinden heraus auf dem Schlaginstrument erzeugt werden, können wirksame akustische Hilfen zur Bewegungsbildung gegeben werden.

Eine wesentliche Verfeinerung der Bewegungsvorgänge wird durch Instrumentalspiel als Begleitung erreicht. Die Musik vermag seelische Impulse zu wecken und innere Schwingungskräfte zu mobilisieren. Sie ist nicht als akustische Untermalung gedacht, sondern soll dem Spannungswechsel der Bewegungen entsprechen. Musik und Bewegung müssen als Einheit erfaßt werden.
Das erfordert flüssiges auswendiges oder improvisiertes Spielen. Die Musik kann sehr einfach sein, muß aber rhythmisch anspornend auf die Übenden wirken. Der Anfänger sollte sich auf leichte Melodienfolgen, Kinderlieder oder Tänze beschränken.

Am besten eignet sich das Klavier als Begleitinstrument, aber auch mit Flöte, Akkordeon und Orff-Instrumentarium können Übungen angeleitet werden.

Der Instrumentalunterricht in der sozialpädagogischen Ausbildung vermittelt die grundlegenden Kenntnisse, die sich jeder Vorschulerzieher aneignen sollte, da die musikalische Bewegungsbegleitung die Entwicklung der Kinder zu harmonischer und elastischer Bewegung entscheidend beeinflußt.

Musikwiedergabe mit Hilfe von Tonband und Schallplatte kann das Instrumentalspiel nicht ersetzen, jedoch ergänzen, besonders bei Bewegungsimprovisation und Tanz.
Geeignet sind alle Musikstücke im geraden Takt mit einfacher Harmonik und klarem Rhythmus. Dabei spielt es keine Rolle, ob es sich um Kinder- oder Wanderlieder, Volkstänze, kleine klassische Musikstücke oder moderne Jazzmusik handelt. Wichtig ist, daß versucht wird, Musikrhythmus und Bewegungsablauf aufeinander abzustimmen.
Für das Erlernen einzelner Übungen und die schrittweise Ausbildung der Bewegungsformen ist Schallplatte und Tonband jedoch nur ein Behelf und die Musikbegleitung auf einem Instrument für die Übungspraxis wesentlich geeigneter.

## Lernschritte – Phasen des motorischen Lernens

In allen Lehr- und Lernmethoden vollziehen sich die Lernvorgänge in Lernschritten.
Auf dem Wege zur Ausbildung und Vervollkommnung der Bewegungsfähigkeiten und -fertigkeiten sind schon bei den unbewußten Selbstübungen der Kinder deutlich Stufungen vom Leichten zum Schweren in den Lernvorgängen zu beobachten. Die Entwicklung der motorischen Fähigkeiten ist besonders im Vorschulalter oft so stürmisch, daß aus Lernschritten Lernsprünge werden.
Die Beobachtung dieser Lernvorgänge gibt dem Erzieher Hinweise zur pädagogischen Anwendung in der gelenkten Übungsstunde. Der Übungsstoff soll in Lernschritten vom Einfachen ausgehend angeboten werden, wobei die Anforderungen weder zu niedrig noch zu hoch gestellt, sondern dem Entwicklungsstadium der Kinder angepaßt und sinnvoll gesteigert werden sollen. Allgemein wird die Lernfähigkeit und Lernbereitschaft der Vorschulkinder unterschätzt. Die Lernangebote müssen zur Weiterentwicklung des motorischen Könnens anreizen.
In methodischen Übungsreihen kann das Lernprogramm planvoll aufgebaut werden. Beispiele sind aus den Kap. „Hüpfen und Springen“, „Übungen mit Bällen“, „Übungen an der Langbank“ u. a. zu ersehen. In Lernschritten kann z. B. das Ballwerfen und -fangen, die Hockwende, das Durchschlüpfen durch den rollenden Reifen entwickelt werden.

## Die Phasen des motorischen Lernens im Vorschulalter

1. Ausprobieren, Kennenlernen verschiedener Bewegungen
   Hierbei ist die Tätigkeit an sich wichtiger als die Form der Ausführung. Dieser Phase muß in dieser Altersstufe breiter Raum gegeben werden und darf besonders bei Dreijährigen nicht zu früh durch formale Aufgaben unterbrochen werden.
2. Erwerb der motorischen Grobform
   Durch die in der 1. Phase gesammelten Erfahrungen bildet sich die Grobform der Bewegung aus, d. h. die Bewegungsabläufe werden in ihrer Grundlage „verstanden", man „kennt" sie (das Kind sagt „Ich kann den Hampelmann", „ich kann den Galoppsprung"). Doch wird erst die Grobform beherrscht. Es fehlt die volle Sicherheit in der Koordination, im Bewegungsfluß und in der Geschicklichkeit.
3. Entwicklung zur Feinformung
   Durch wiederholtes Üben, Anbieten von Lernhilfen (besonders rhythmische Lehrweise) vervollkommnen sich die Bewegungsabläufe. Sie werden zunehmend sicherer und feiner aufeinander abgestimmt, so daß sie „spielend" beherrscht werden und daraus die Fähigkeit zu differenzierten und verfeinerten Bewegungsformen erwächst.
4. Erweiterung der Grundformen zu Bewegungskombinationen und Bewegungsfolgen
   Bei vielseitigen Lernangeboten und ausreichenden Übungszeiten erreicht das Kind gegen Ende des Vorschulalters einen motorischen und körperlichen Entwicklungsstand, der es befähigt, mit entsprechender Förderung auch schwierigere motorische Bewegungsformen, z. B. in Tänzen und einzelnen Sportarten zu erlernen.

Der Prozeß des motorischen Lernens ist, wie andere Lernprozesse, nie abgeschlossen und kann durch das ganze Leben führen. Im Vorschulalter werden jedoch die entscheidenden Grundlagen gelegt. Die erlangten Bewegungsfähigkeiten und -fertigkeiten müssen gepflegt, erweitert und kultiviert werden.
Leider verkümmern sie bei vielen Menschen, auch schon im Schulalter, durch langes Sitzen in Schule, Beruf und Freizeit, so daß die allgemeine Beweglichkeit und Bewegungskultur der Menschen im Rückschritt begriffen ist.

## Lernerfolge durch positive Verstärkung

Die Lernerfolge im motorischen Bereich sind nicht an Begabung gebunden, sondern abhängig von den Lernangeboten und Lernanregungen, die Erziehung und Umwelt geben. Der Erzieher wird für die verschiedenen Übunsformen und Altersstufen die geeignete Lernmethode anwenden.
Einen wesentlichen Einfluß auf die Erreichung der angestrebten Ziele hat die Art der erzieherischen Einwirkung auf die Lernbereitschaft und das Lernverhalten der Kinder.
Durch positive Bekräftigung aller Art: Zustimmung mit Worten, Ermuntern, Loben, Anerkennen, auch des geringsten individuellen Fortschrittes, wird das Selbstwertgefühl der Kinder gestärkt, wodurch die Lernfreude und Lernbereitschaft zu weiteren Aufgaben angeregt wird. Die freundliche Ansprache und Zuwendung bekräftigt das Verhalten der Kinder; sie sollen das Gefühl haben, daß das, was sie tun, vom Erzieher mit Interesse verfolgt und anerkannt wird.
Geschickte individuell abgestimmte Aufgabenstellung verhilft auch den Schwächeren zu Erfolgserlebnissen, Ängste und Unsicherheit werden abgebaut und die Bahn zu fortschreitendem Können und Selbständigkeit freigemacht.

Lob und Anerkennung sollen dem individuellen Leistungsvermögen der Kinder gerecht werden. Das erfordert vom Erzieher Beobachten und Erkennen des jeweiligen Reifegrades des betreffenden Kindes.
So ist es beispielsweise für ein ungeübtes, jüngeres Kind ein Erfolg, wenn es ihm gelingt, den Reifen rollend in Schwung zu bringen. Für diese Leistung wird es gelobt.
Geübten größeren Kindern ist diese Bewegungsaufgabe schon ganz geläufig, ihre Bewältigung bedarf keiner „Verstärkung".
Diese Kinder erhalten lobende Anerkennung, wenn ihnen eine weitergehende Bewegungsleistung gelingt, z. B. durch den rollenden Reifen durchschlüpfen.

> „Als Regel für richtiges Lob sollte gelten: Nicht der absolute, sondern der relative Fortschritt ist anerkennend hervorzuheben . . . Zu häufiges Lob büßt seine Wirksamkeit rasch ein."
> (Hederer/Schiefele/Tröger „Pädagogik I" Begleitmaterial z. Telekolleg für Erzieher, München 1973)

Fehlerhafte Übungsausführung oder Verhaltensweise der Kinder sollte nicht in negativer Form korrigiert werden („Du machst es falsch!"), sondern durch Hervorheben des Richtigen unmerklich beeinflußt werden. Hierbei wirkt das Bewegungsvorbild des Erziehers oder eines Kindes sehr einprägend, z. B. soll das „leise" federnde Laufen und Springen immer wieder gezeigt und geübt werden. Das Bemühen der Kinder, es gut nachzumachen, wird durch Anerkennung solange verstärkt, bis dieser Bewegungsvorgang „in Fleisch und Blut" übergegangen ist und zur selbstverständlichen Bewegungsgewohnheit geworden ist. Das Lernziel des „federnden Laufens" ist somit erreicht, darauf aufbauende erweiterte Bewegungsaufgaben können folgen. So werden fortschreitende Lernprozesse der Bewegungsbildung in Gang gesetzt.

## Organisationsmethodische Hinweise zur Übungspraxis

Die praktische Verwirklichung der pädagogischen Absichten ist in der Leibeserziehung sehr vom Raumangebot abhängig. Es kommt darauf an, wie der Erzieher den zur Verfügung stehenden Raum für die praktischen Übungen und Spiele nutzt.

Vor jeder Übungsstunde sind daher vorbereitende Überlegungen über Raumeinteilung, Geräteaufbau, Kindergruppierung und Unfallvorsorge notwendig.

Die Bedeutung einer guten Organisation auf eine wirksame Bildungsarbeit, auf Lernatmosphäre und die Lernfortschritte der Kinder ist nicht zu unterschätzen. Eine durchdacht geplante Übungsstunde soll einen reibungslosen Ablauf garantieren und allen Kindern optimale Übungsmöglichkeiten bieten. Der Erzieher wird erst nach längerer beruflicher Erfahrung die geeignetsten organisatorischen Lösungen für die ihm zur Verfügung stehenden Übungsräume und Geräte finden, um sie den jeweiligen pädagogischen Absichten anpassen zu können. Berufsanfänger und Studierende sollten Gelegenheit erhalten, in der Kindergartenpraxis bei erfahrenen Praxisleitern Lehrmethoden und bewährte Organisationsformen kennenzulernen und zu erproben.

Die organisatorische Planung geht aus von Ziel und Inhalt der Übungsstunden und bereitet die praktischen Maßnahmen vor, die die günstigsten Möglichkeiten zur Realisierung bieten.

Vor jeder Stunde sollte der Gesamtablauf überdacht und Einzelheiten überlegt werden, z. B.

Welche Hilfsmittel brauche ich? Wo plaziere ich die Geräte? Wie gruppiere ich die Kinder bei den verschiedenen Übungen? In welcher Richtung üben wir bei dieser Übung? Wann übe ich mit oder vor, wobei helfe ich? Wo sind Gefahren, wie werden Unfälle vermieden?

Grundsätzlich gilt:

1. Möglichst alle Kinder gleichzeitig üben lassen, auch an Geräten nur kurze Einzelübungen, mit gemeinsamen Übungen häufig abwechseln.
2. Kleine Gruppen von 8–12 Kindern ermöglichen individuelle Förderung, freie Entfaltung und soziale Kontakte in Gemeinschaftsformen und Spielen.
3. Gute Übersicht: Der Erzieher muß bei allen Übungen und Spielen sich so plazieren, daß er alle Kinder sehen und das Bewegungsgeschehen verfolgen und lenken kann.
4. Sicherheitsvorkehrungen zur Vermeidung von Unfällen sind bei allen organisatorischen Maßnahmen hinsichtlich Raumeinteilung, Geräteaufbau, Gruppenaufstellung, Bewegungsrichtung zu beachten.

## Gruppenformen und Raumaufteilung

Die im Schulsport üblichen Gruppierungsformen wie Einteilung in Riegen und Mannschaften sind in der Vorschulerziehung weitgehend nicht möglich und nötig. Hier kommt es vor allem darauf an, daß alle Kinder genug Freiraum haben, um ungestört und ohne sich gegenseitig zu hindern üben zu können.

Das Üben in loser Aufstellung ohne festen Ordnungsrahmen ist die geeignete Gruppierungsform für die meisten Übungen ohne Geräte. Die Kinder stellen sich so auf, daß sie vom Übungsleiter gesehen werden können. Die Kindergartenneulinge bleiben in der Nähe der Erzieherin.

Nach einigen Übungen muß immer wieder dafür gesorgt werden, daß die Kinder genügend Raum um sich haben, da erfahrungsgemäß alles zusammendrängt.

Die Richtungsangabe ist notwendig bei Übungen in Fortbewegung, z. B. „Lauft alle dem Peter nach", oder „Hüpft in diese Richtung", – die Bewegungsaufgabe kann auch heißen: „Lauft durcheinander, ohne anzustoßen!"
Eine weitere Hilfe zur Raumorientierung ist: „Wer findet nach dem Lauf wieder seinen Platz?"

In den sog. Sammelübungen lernen die Kinder im Spiel die verschiedenen Aufstellungsformen, z. B.: „Nach dem Laufen (Hüpfen, Springen) treffen sich alle in dieser Raumecke, auf dieser Linie, in diesem Kreis." Die Sammelpunkte sind Ruhepunkte zwischen den bewegungsreichen Übungen, sie geben den Kindern Orientierungshilfen im lebhaften Bewegungsgeschehen und ermöglichen aufmerksames Zuhören bei der Ansage neuer Übungen.

Das Üben mit Seitenwechsel von einer Sammelinie zur anderen hat sich bei den Fortbewegungsarten mit Geräten bewährt, z. B. Rollen mit Bällen und Reifen, Überspringen und Durchkriechen von Langseil und Langbank.
Die Erzieherin zeigt den Kindern zunächst vor, wie es von einer Seite zur anderen geht und wo man sich wieder sammelt. Dann übt sie mit den Kindern mit. Wenn diese es gut verstanden haben, stellt sich die Kindergärtnerin seitlich in der Mitte der Bahn auf, um das Hin-und-her-üben übersehen zu können. Die nächste Übung wird erst angesagt, wenn alle Kinder fertig sind, ihren Ball oder Reifen in der Hand haben und ruhig zuhören können. Das muß auch geduldig geübt werden, damit es kein chaotisches Durcheinander gibt, wodurch Unfälle begünstigt und sinnvolles Tun verhindert wird.

Üben und Spielen auf der Umkehrbahn, – d. h. sich von einer Sammellinie aus zur gegenüberliegenden Seite des Raumes oder Spielfeldes bewegen und gleich wieder umkehren und zurück zur Ausgangslinie – eignen sich nur für Gruppen mit geübten, gleichaltrigen Kindern, die ungefähr auf dem gleichen

Ausbildungsstand sind. Wenn jüngere unerfahrene Kinder dabei sind, so werden sie leicht von den zurückstürmenden geübten Kindern umgerannt und verlieren die Freude an solchen Übungen und Spielen.

Die Übungsform im Kreis stellt höhere Anforderungen an die Raumerfahrung und Bewegungssteuerung und ist erst sinnvoll, wenn die Kinder die Fähigkeit zur Übersicht und Einordnung in eine (Klein-)Gruppe erlangt haben.
Im Kindergarten ist es nicht nötig, daß die Kinder sich nach jeder Übung geordnet im Kreis aufstellen. Die Kreisfassung jedoch hilft den Kindern bei Tänzen und Spielen sich in einer Gemeinschaftsform, wo jeder jeden sehen kann und mit allen in Verbindung ist, zu bewegen und spielerisch einzuordnen.

Bei Fortbewegungen in Kreisrichtung zeigt die Kindergärtnerin am besten selbst vor oder macht mit, in welcher Richtung es gehen soll. So werden Zusammenstöße vermieden.

Aufstellungen in der Reihe hintereinander sollen im Vorschulalter selten verlangt werden, da es den Kindern Mühe macht, sich einzuordnen und lange zu warten, bis sie sich bewegen dürfen. Übungs- und Gruppierungsformen, wobei alle Kinder gleichzeitig in Bewegung sind, haben Vorrang.

Bei einigen Übungen an Geräten kann nur einzeln nacheinander geübt werden, z. B. Rutschen in Bauchlage auf der Langbank. Hier hat sich das Üben im Strom bewährt (s. Zeichnung), wobei es zügig nacheinander vorangehen muß und auch das Zurückgehen oder -laufen in die Ausgangsstellung (Reihe) in den Übunsablauf einbezogen wird. Diese Übunsform ist nur in kleinen Gruppen möglich und muß mit den Kindern geduldig geübt werden.

Einzelübungen an Geräten sollen nie zu lange dauern und öfter mit gemeinsamen Übungen abwechseln. Damit alle Kinder das einzelne Kind am Gerät beobachten können, sitzt die Gruppe nicht in der Reihe hintereinander, sondern in Linie nebeneinander vor dem Gerät, am besten in Schneidersitz, einer guten Ruhehaltung.

Das Üben muß nicht unbedingt in der Reihenfolge vor sich gehen, die Erzieherin kann einzelne Kinder, die z. B. nicht mehr stillsitzen können oder die sich melden, als nächste aufrufen. Die übrigen Kinder sollen zum aufmerksamen Beobachten und Vergleichen angeregt werden und sich eigene Erfindungen ausdenken, die sie vorturnen dürfen.

Die Einteilung in 2 oder 3 Gruppen bei großer Kinderzahl oder engen Platzverhältnissen kann am schnellsten durch Namensaufruf der Kinder, nach der Farbe der Turnkleidung oder auch durch Gruppierung von Buben und Mädchen erreicht werden. Wenn genügend Zeit zur Verfügung steht, dürfen die Kinder selbst wählen, in welcher Gruppe sie mitmachen wollen.

Handgeräte sollten möglichst in zweierlei Farben angeschafft werden, so lassen sich bei Übungen mit Geräten schnell 2 Gruppen nach der Farbe des Gerätes (Ball, Reifen) einteilen.

Die Gruppenaufteilung nach Alters- oder Entwicklungsstufen ist in altersgemischten Kindergärten gelegentlich sinnvoll. Besonders bei großer Kinderzahl können ältere und jüngere Kinder in getrennten Übungsgruppen individueller gefördert werden. Doch die gemeinsame Turnstunde hat auch ihre Vorteile: Es werden wertvolle gegenseitige Anregungen, Hilfen und soziale Kontakte ermöglicht (s. Partnerübungen). Einzelne jüngere Kinder können auch einmal bei den größeren zuschauen, das gibt Anreiz zum Mittun und Nachahmen.

Der Geräteaufbau muß so erfolgen, daß möglichst viele Kinder üben können und sich gegenseitig nicht behindern. Bei überlegter Organisation und besonnener Führung dürfen die Kinder mithelfen beim Aufbauen. Die Geräte müssen auf Standfestigkeit und Sicherheit geprüft, Verletzungsgefahren vor dem Üben ausgeschaltet werden. Die Kinder werden auf mögliche Gefahren aufmerksam gemacht und es wird ihnen gezeigt, wie man sich verhält, damit kein Unfall geschieht.

Bei Hilfestellungen an Geräten stellt sich der Übungsleiter so, daß er auch die nichtübenden Kinder im Auge behält. Die erfahrenen Kinder können den jüngeren auch einmal helfen.

Das Einteilen und Aufstellen der Gruppen und Geräte soll möglichst schnell und unkompliziert vor sich gehen und darf nie länger als die eigentliche Übung oder das Spiel dauern. Es soll kein unnützes Herumstehen geben. Bei Erklärungen, die etwas länger dauern, sitzen die Kinder im Schneidersitz, so daß sie gut zuhören und sich auf das Kommende konzentrieren können.

## Die Turnkleidung

Das Anziehen der Turnkleidung gehört mit zur Erziehungsaufgabe im Kindergarten und ist in jeder Übungsstunde schon aus hygienischen und gesundheitlichen Gründen notwendig.
Auch hier hilft überlegte Organisation, die vor allem bei jüngeren Kindern und größeren Gruppen schwierige Unternehmung erfolgreich durchzuführen. Der Erzieher soll die große Mühe nicht scheuen, mit den Kindern geduldig das Aus- und Anziehen der Kleidung zu üben. Geht er dabei von Anfang an konsequent und überlegt vor, so spart er sich in Zukunft viel Zeit und Nervenkraft, denn je öfter es geübt wird, um so schneller werden die Kinder selbständig und lernen Verantwortlichkeit für ihre persönlichen Dinge. Wichtig ist, daß jedes Kind ausreichend Platz für seine Sachen hat und die Kleidung ordentlich auf einem Stuhl oder an einem Haken unterbringen kann. Die Schuhe und Strümpfe werden am Platz so hingestellt und gelegt, daß man sie nach dem Turnen gleich findet. Die Kinder lernen Strümpfe, Strumpfhosen und Ärmel gleich nach rechts umzudrehen, dann geht das Anziehen nach dem Turnen müheloser.

Wie in Schulen, sollte auch im Kindergarten das Turnen auf Strümpfen nicht erlaubt sein, da die Unfallgefahr zu groß und auch sorgfältiges Üben nicht möglich ist.

Der Turnanzug kann einteilig, besser aber zweiteilig sein, bestehend aus Turnhose und Turnhemd. Trikots aus Baumwolle sind hautfreundlicher und luftdurchlässiger als Trikots aus Kunstfaser, die meist sehr einengen.

Auch im Winter genügen in der Halle bei ausgiebiger Bewegung Turnhemd und Turnhose ohne Unter- und Überkleidung, welche beim Schwitzen nur stören und die Haut verwöhnen. Im Sommer können die Kinder nur mit Turn- oder Badehose bekleidet auf der Wiese spielen und turnen.

Sportschuhe zum Schnüren sind für Kindergartenkinder ungeeignet. Ist das Barfußlaufen wegen kalten Bodens nicht möglich, genügen einfache Hallenslipper mit rutschfester biegsamer Sohle.

Das Turnzeug eines jeden Kindes wird in einem mit Namen oder Zeichen versehenen Beutel im Kindergarten luftig verwahrt und soll der Mutter alle 2–3 Wochen zum Waschen mitgegeben werden.

Wenn das Umkleiden jede Woche in den Turnstunden mit Geduld und Ruhe regelmäßig geübt wird, so gelingt es bald auch den Kleinen und Ungeschickten, sich selbständig aus- und anzukleiden. Bis zum Schuleintritt müßten es alle Kinder können. Schwierigkeiten machen meist Reißverschlüsse und Schleifen; die Kinder lernen sich gegenseitig zu helfen.

Die Mütter sollten darauf hingewiesen werden, die Kinder auch zu Hause zum selbständigen An- und Auskleiden zu erziehen. Nach dem Turnen ist für Waschgelegenheit zu sorgen.

## Erläuterungen der Fachbegriffe

### 1. Ausgangsstellungen

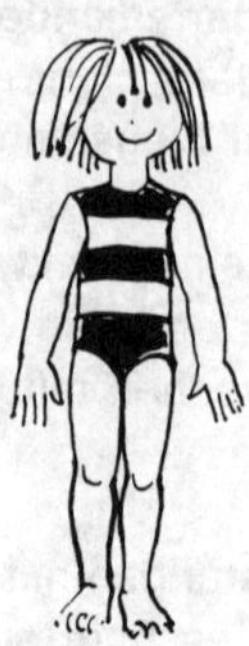

Schluß- oder Grundstellung

Seitgrätschstellung

Schrittstellung

Hockstand

Grätschhockstand

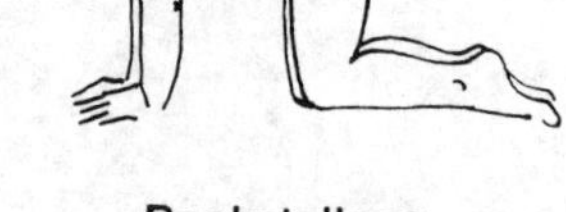

Bankstellung

Liegestütz

Brücke

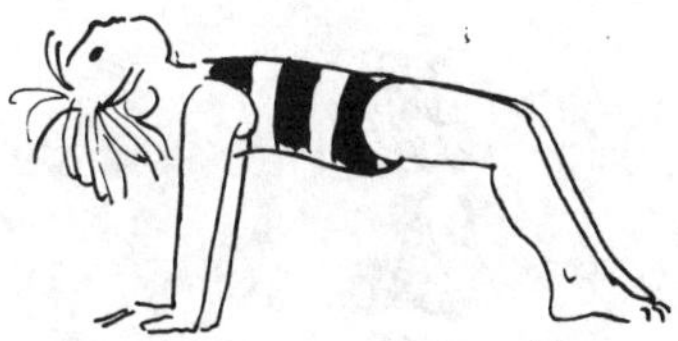

Liegestütz rücklings

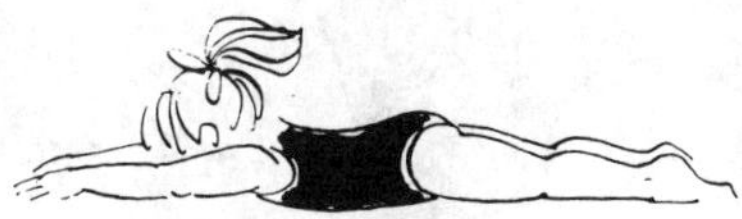

Bauchlage

Rückenlage

Hocksitz

Strecksitz

Schwebesitz

Grätschsitz

Kniesitz

Schneidersitz

Türkensitz

## 2. Paarfassungen

Einhandfassung nebeneinander

Einhandfassung gegenüber

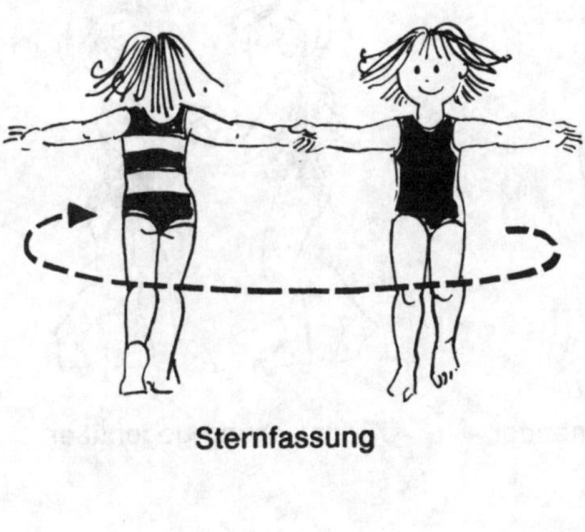

Sternfassung

Zweihandfassung gegenüber

Zweihandfassung hintereinander

Einhängen

Kreuzfassung nebeneinander

Kreuzfassung gegenüber

## 3 Gruppenformen

 = Zeichen für Kind
 = Zeichen für Übungsleiter

lose
Gruppenaufstellung

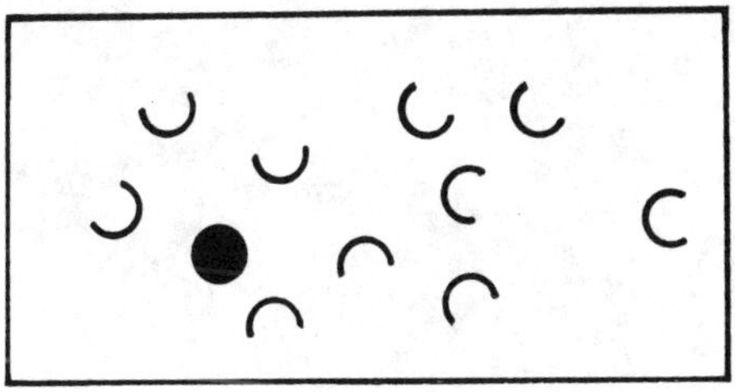

Kreis

Reihe
hintereinander

Linie
nebeneinander

im „Strom“ üben

# PRAKTISCHER TEIL

# MUTTER-UND-KIND-TURNEN
## (Erzieher-und-Kind-Turnen)

### Bewegungs- und Übungslehre

Es hat sich aus fachpädagogischen Gründen sehr bewährt, am Anfang der Ausbildung zum Vorschulerzieher im Sportunterricht mit Studierenden und Kindern gemeinsam Übungen durchzuführen, wie sie im sog. Mutter-und-Kind-Turnen der Vereine mit so großem Erfolg praktiziert werden.

Damit soll erreicht werden:
- daß der Studierende sofort in unmittelbaren Kontakt zu den Kindern kommt und in hautnaher Beziehung das vitale, leibliche Wesen „Kind“ in der Praxis kennenlernt;
- daß er im gemeinsamen Üben das Maß an Kraft und körperlicher Leistungsfähigkeit des Kindes erfährt. Beides wird vom Erwachsenen fast immer unterschätzt;
- daß der zukünftige Erzieher Verständnis für das große Bewegungsbedürfnis der Kinder erlangt und die Einsicht, daß es notwendig ist, seine eigene, oft recht reduzierte Bewegungsfähigkeit durch Üben zu aktivieren, damit er den Kindern ein lebendiger und beweglicher Spielpartner sein kann;
- daß der Erwachsene lernt, auf Ablauf und Rhythmus der Kinderbewegungen zu achten, um den schnelleren Rhythmus seines kleinen Partners aufzunehmen. Das Kind darf nicht gezwungen werden, sich mit Mühe den großen Schritten oder Sprüngen des Erwachsenen anzupassen, sondern es muß umgekehrt sein;
- daß Kind und Erwachsener bei den gemeinschaftlichen Übungen zu einer Partnerschaft kommen, bei der jeder zugleich Gebender und Nehmender ist. Das Kind erlebt hierbei den Erwachsenen nicht nur, wie so oft, als Überlegenen, sondern als Freund, mit dem man zusammen Spaß am gemeinsamen Turnen hat.

Dem ausgebildeten Erzieher, der an sich selbst und an den Kindern die für Leib und Seele heilsame Wirkung gemeinsamer Bewegungsübungen erfahren hat, wird empfohlen, an *Elternabenden* (Spätnachmittag) mit Müttern, Vätern und Kindern öfter eine Übungsstunde in der Art des Mutter-und-Kind-Turnens zu veranstalten, vorausgesetzt ein genügend großer Raum ist vorhanden. Bei dieser gemeinsamen Unternehmung wird sofort der Kontakt zwischen Eltern, Kindern und dem Erzieher hergestellt und das gegenseitige Kennenlernen erleichtert. So kann das Interesse der Eltern an der pädagogischen Arbeit im Kindergarten geweckt werden, – ähnlich sollte es auch mit gemeinsamen Spiel- und Werkstunden versucht werden.

Alle Beteiligten können dabei nur gewinnen: Besonders den berufstätigen Müttern tut die Auflockerung durch Bewegung gut, – ängstliche Kinder, die neu in die Gemeinschaft des Kindergartens eintreten, werden ermutigt, wenn die Mutter zunächst beim Turnen mitmacht, – Eltern und Kindergärtnerin lernen die Bewegungs- und Leistungsfähigkeit der Kinder kennen. Für den Erzieher bedeutet ein gelungener Elternabend in Form einer gemeinsamen fröhlichen Turnstunde oft den Beginn einer fruchtbaren Zusammenarbeit mit den Eltern.

Bei der praktischen Durchführung muß der Übungsstoff so ausgewählt und zusammengestellt werden, daß Erwachsener wie Kind gleichermaßen oder abwechselnd beansprucht und „trainiert“ werden. Bei Bewegungen der Paare im Kreis läßt man die großen Turner außen und die kleinen Turner innen laufen, hüpfen und springen.

## Übungspraxis

1. Mutter (Studierender) und Kind sitzen sich gegenüber, auf Zuruf laufen Mütter weg, Kinder fangen die Mutter.
2. In Einhandfassung nebeneinander im Kreis laufen, – nach Handwechsel (Erwachsener außen, Kind innen) nach der anderen Richtung laufen.
3. Durcheinander laufen, auf Signal zueinander finden.
4. Kind versucht auf die Füße der Mutter zu treten, diese weicht hüpfend aus.
5. In Zweihandfassung gegenüber stehen: Kind stellt sich auf die Füße der Mutter, mit kleinen Schritten vorwärtsgehen (rückwärts).
6. In Zweihandfassung gegenüber: Schlußsprünge am Ort, steigern (leise und federnd auffangen), dann nach links, nach rechts springen.
7. Im „Stern" (Einhandfassung rechts, dann links) am Ort kreisend laufen.
8. Kinder verstecken sich, Mütter suchen die Kinder.
9. In Kreuzfassung gegenüber: „Mühle" am Ort drehend.
10. „Kleiner Mann": In Einhandfassung nebeneinander führt das Kind im Gehen die im Hockgang sich kleinmachende Mutter.
11. In Zweihandfassung gegenüber: langsam zum Hockstand federn, in der Hocke kräftig federn, in der Hocke seitlich nach rechts (links) hüpfen.
12. Mutter in Grätschsitz: Kind springt über die Beine, läuft hinten um die Mutter herum, dann wieder springen.
13. Wie Übung 12: Kind variiert die Sprünge (Schlußsprung, auf einem Bein, mit Anlauf, über beide Beine), Mutter wechselt die Beinstellung (geschlossen, kleine oder weite Grätsche)). Mutter hebt die gestreckten Beine an, Kind steigt darüber ohne Berührung.
14. Kind ist in Schneidersitz und klatscht den Rhythmus, Mutter hüpft im Seitgalopp um das Kind herum.
15. Mutter in Grätschstellung, Kind kriecht in Achterform durch die Beine.
16. „Kettenkarussell": Mutter hält Kind an beiden Händen und schwingt es kreisend durch die Luft.

17. „Flieger“: Die Mutter hält das Kind am rechten Arm und rechten Fußknöchel und schwingt es kreisend durch die Luft.

18. „Blinden führen“: Das Kind führt die Mutter, welche die Augen geschlossen hat, durch den Raum. Rollen wechseln.

19. Fußübung: Mutter und Kind sitzen sich gegenüber und versuchen, einen Gegenstand (Papiertaschentuch, Stäbchen u. a.) mit den Zehen greifend sich gegenseitig „in die Füße“ zu übergeben.

20. Die Zehen „erzählen“ sich etwas, mit den Füßen winkend.

21. Gegenüber sitzen: Mit den Füßen gegeneinander patschen, drücken, „radfahren“.

22. Kind in Bauchlage, Mutter faßt die gestreckten Arme des Kindes und zieht den Oberkörper in die Höhe, dann wieder senken (Rollen tauschen).

23. Mutter in Bauchlage, Kind hält die Füße der Mutter fest. Diese versucht den Oberkörper mit hinter dem Nacken verschränkten Armen hochzuheben und wieder zu senken.

24. Mutter in Bankstellung: Kind steigt seitlich darüber.

25. Mutter macht im Vierfüßlerstand eine „Brücke“, Kind kriecht hindurch. Wechsel von Übung 31 und 32.

26. Kinder in Bauchlage in Abständen im Kreis: Mütter springen nacheinander über alle Kinder 1 mal im Kreis herum.

27. In Zweihandfassung gegenüber stehen: Kind krabbelt mit den Füßen an der Mutter hoch.

Übung 27

28. In Zweihandfassung gegenüber: Kind springt hoch und klammert seine Beine um die Taille der Mutter und neigt mit Lösung der Handfassung seinen Oberkörper zurück, dann wieder hoch.

29. „Autobus“: Hintereinander laufen, Hände auf die Schulter bzw. an die Taille des Vordermannes (auch mit mehreren Paaren).

30. „Schubkarre“: Mutter hält die Oberschenkel (nicht die Fußknöchel) des Kindes, Kind geht in Liegestütz auf den Händen vorwärts.

31. „Reiten“: Mutter in Bankstellung, Kind sitzt im Reitersitz darauf und hält sich fest. Es geht langsam vorwärts.

32. Mutter liegt auf dem Rücken und macht sich steif. Kind versucht die Mutter „ins Rollen zu bringen“ (im Wechsel).

33. „Paket“: Kind macht sich im Schneidersitz ganz steif, Arme umfassen die Beine. Mutter trägt es, wie ein „Paket“, weg.

34. Handstand: Kind in Rückenlage, Mutter faßt die Fußgelenke des Kindes und zieht das Kind in den Handstand hoch, dann läuft das Kind auf den Händen durch die gegrätschten Beine der Mutter und wieder zurück.

35. „Tunnel“: Die Mütter stehen dicht hintereinander in Grätschstellung, die Kinder kriechen durch den „Tunnel“.

36. Spiel „Sonne und Regen“: Die Kinder gehen frei im Raum spazieren, auf Zuruf: „Die Sonne scheint“ gehen die Mütter in Bankstellung, die Kinder setzen sich auf die Bank. Dann erneut spazierengehen (laufen), auf Zuruf: „Es regnet“ machen die Mütter eine Brücke, unter der die Kinder Unterschlupf suchen.
Variationen in verschiedenen Bewegungsarten wie Hüpfen, Galoppsprung, „Radfahren“ u. a.

37. Mutter und Kind in Kreuzfassung nebeneinander: Vorwärtsgehen (laufen) mit Richtungswechsel „Rira – rutsch, wir fahren mit der Kutsch“.

38. „Kutsche“: In Zweihandfassung hintereinander vorwärtslaufen, dann im Galoppsprung.

# VI

## GRUNDFORMEN DER BEWEGUNG

**Laufen**
**Gehen**
**Federn**
**Fußübungen**
**Schwingen**
**Übungen am Boden**
**Hüpfen und Springen**
**Partnerübungen**
**Übungen zur Entspannung und Konzentration**

# LAUFEN

## Bewegungs- und Übungslehre

Das Laufen ist die wichtigste Bewegungsart im Leben des Kindes. Bei spielenden Kindern kann man beobachten, daß sie sich meist im Laufschritt fortbewegen. Der Erwachsene geht an sein Ziel, – ein Kind in seinem viel stärkeren Bewegungsdrang erreicht es laufend. Dieses „Laufenwollen" soll der Erzieher beim Kind nicht unterdrücken, sondern ihm verständnisvoll Möglichkeiten und Gelegenheiten zum „Auslaufen" schaffen. Das Laufen entspricht am weitesten dem vorwärtsdrängenden Bewegungstrieb des Kindes zur „Eroberung" der Umwelt.

Doch das Kind bewegt sich nicht im „Dauerlauf", wie ihn Erwachsene z. B. beim Waldlauf betreiben, sondern läuft mit Unterbrechungen, mit Wechsel der Tempi und Richtungen, schaltet andere Bewegungen dazwischen, kurz – es betreibt ein ideales Intervalltraining. Hier kann der Erwachsene von den Kindern lernen, wie er vorgehen muß bei der Zusammenstellung gezielter Übungen in der Turnstunde.

Im Lauf äußert sich wie in kaum einer anderen Bewegungsart die leibseelische Ganzheitlichkeit des Kindes. Starken inneren Bewegungsimpulsen folgend wird der ganze Körper vorwärtsdrängend in Bewegung gesetzt unter Einsatz ausgreifender Bein- und Armbewegungen. Der Lauf ist eine intensive Ganzkörperbewegung. Er ist nicht nur eine Angelegenheit der Beintätigkeit, sondern der ganze Körper ist daran beteiligt, ja der ganze Mensch ist dabei in Aktion, wie man es bei gesund entwickelten Kindern beobachten kann.

Neben der harmonisch ablaufenden Ganzkörperbewegung kann man folgende Merkmale eines guten Laufstils beobachten:

1. Weites Ausgreifen der Beine.
2. Kräftige Armarbeit. Die Arme unterstützen durch kräftiges Schwingen mit angewinkelten Ellenbogen das schnelle Vorwärtskommen. Arme und Beine arbeiten in Gegenbewegung.
3. Federndes Auffangen der Füße. Der Fuß rollt von der Spitze zur Ferse ab.

**Übungswert:**

Zur Kräftigung von Herz, Kreislauf und Atmung steht das Laufen, besonders in frischer Luft, an erster Stelle aller Leibesübungen. Stubenhocken, mangelndes Bewegungstraining im Freien, Unterdrückung des kindlichen Bewegungstriebes sind die Ursachen von Kreislaufstörungen schon im Vorschulalter. Kindern mit häufig kalten Händen und Füßen soll man genügend Anreiz zu Laufspielen geben; so wird der Körper bis in die Gliedmaßen hinein besser durchblutet als beim Stillsitzen. Gute Durchblutung bewirkt nicht nur körperliches Wohlbefinden, sondern hebt auch die seelische Stimmung.

Laufen ist, neben Schwimmen, Bergsteigen und Singen die beste Atemanregung. Gesunde Kinder, die ausreichend Möglichkeit haben sich „auszulaufen“ (und das sollten sie jeden Tag!) und dabei auch schreien dürfen, wenn sie dazu Lust haben, brauchen keine speziellen Atemübungen.

Die ausgreifenden Beinbewegungen fördern die Beweglichkeit der Hüft-, Knie- und Fußgelenke und die Kräftigung der Beinmuskulatur und wirken belebend auf die Verdauungsorgane.

Besonders wichtig in ihrer Wirkung gegen alle Sitzschäden an Rücken- und Schulterpartien ist die schwungvolle Armarbeit beim Laufen. Sie lockert und kräftigt nicht nur Schultermuskeln und -gelenke, sondern durch die „verwringende“ Gegenbewegung zu der Beinarbeit auch die gesamte Rückenmuskulatur und die Wirbelsäule, und beugt somit Versteifungen und Haltungsschäden vor.

Federndes Auffangen des Fußes bei jedem Laufschritt bewirkt die Beweglichkeit der Fußgelenke und die Kräftigung der Fußmuskulatur. Beides ist beim Kleinkind noch nicht entwickelt. Man kann beobachten, daß viele Dreijährige, die im Kindergarten die ersten Turnstunden mitmachen, „plattfüßig“ laufen, d. h. den Fuß mit der ganzen Sohle gleichzeitig aufsetzen. Wird dieses „plattfüßige“ Laufen ohne Korrektur weiter praktiziert, so wird der Grund für Fußschäden schon in diesem Alter gelegt. Es ist nicht verwunderlich, daß ein hoher Prozentsatz der Kinder bei Schuleintritt erhebliche Fußschäden vorweist. Dringende Aufgabe der Erzieher ist es, die Kinder durch Vormachen des federnden Laufens, durch fleißiges Üben in jeder Turnstunde, durch Aufgabenstellung „Lauft leise!“ zu einem guten Abrollen des Fußes und zur Beweglichkeit der Fußgelenke zu bringen.

Jeder federnde Laufschritt ist eine der gesunden Entwicklung des Fußes dienende Fußübung. Beim Barfußlaufen werden nicht nur Fuß- und Zehengelenke beweglich, sondern zugleich die Muskeln des Fußes gekräftigt, damit sie dem Fußgewölbe Halt und Stütze geben. So werden Senk- und Spreizfüße vermieden.
Der rhythmische Ablauf der ganzheitlichen Laufbewegungen mit seinem Zusammenspiel von Arm- und Beinbewegungen fördert die allgemeine Harmonisierung des Kindes und seine Fähigkeit zur Bewegungskoordination.

Hinweise zur Übungspraxis

- Im Freispiel (täglich vor- und nachmittags) den Kindern viel Bewegungsspielraum und Anregungen geben zu ausgiebigen Laufspielen: Fangen, Verstecken, Pferdchenspiel (mit Seilen), Reifen und Ball treiben, Roller fahren u. a. (s. Turnspiele).
- Den „Laufdrang" der Kinder nicht durch dauernde Verbote hemmen.
- Bei der Durchführung von Turnspielen diejenigen Laufspiele bevorzugen, bei denen alle oder viele Kinder in Bewegung sind und nicht herumstehen müssen.
- Jede Turnstunde mit Laufen beginnen, um den Bewegungsdrang der Kinder zu stillen. Laufübungen und Laufspiele in vielerlei Formen als wichtigstes Bewegungstraining durchführen.
- Die Kinder allmählich in gezielten Übungen zu einem ausgreifenden und federnden Lauf führen. Das Anheben und Ausgreifen der Beine, die Einbeziehung der Armarbeit und das federnde Auffangen der Füße müssen in jeder Turnstunde geübt werden, damit die Bewegungsfähigkeit der Kinder entwickelt und gefestigt wird.

**Lernziel:**
Vom trippelnden, tolpatschigen Schritt des dreijährigen Kindes führt ein kontinuierlich praktiziertes Übungsprogramm zur Beherrschung eines harmonischen und dynamischen Laufstiles. Der Schulanfänger sollte Sicherheit, Kraft und eine gewisse Ausdauer in seiner Laufmotorik zeigen, sein Herz- und Kreislaufsystem muß gefestigt und die Füße frei von Schäden sein. Das Kind ist fähig, nach Rhythmusangabe und Musik den Laufrhythmus zu erfassen und kennt die Spielregeln einer Anzahl einfacher Laufspiele.

## Übungspraxis

1. Laufen der Gruppe mit der Erzieherin in verschiedene Richtungen, laufen zu Sammelpunkten.
2. Kinder fangen die Erzieherin, Erzieherin fängt Kinder.
3. Besonders leise (federnd) laufen.
4. Laufen durcheinander ohne anzustoßen, auf Signal oder Zeichen zu einem Sammelpunkt (Baum, Ecke, Kreis, Erzieher).
5. Laufen mit Unterbrechung: Auf Zuruf oder Aufhören der Musik hinsetzen, hocken, liegen, ruhig stehen o. a. (Die Aufgabe muß vor dem jeweiligen Beginn des Laufens angesagt oder vorgezeigt werden, z. B. Schneidersitz, Rückenlage o. ä.)
6. Laufen in Kurven, laufen in Schlangenlinie (ein Kind führt an).
7. Laufen mit Anheben der Knie, Arme zur Seite halten.
8. Laufen mit Zurückwerfen der Unterschenkel. Wechsel von Übung 7 und 8.
9. Mit kleinen Schritten laufen (federnd trippeln).

Guter Laufstil

Übung 7 und 8

Übung 10

10. Am Platz drehen mit kleinen Laufschritten, Arme an der Seite „fliegen“ lassen (Richtung wechseln).
11. Paarweise nebeneinander laufen mit Einhandfassung, hintereinander laufen: „Trabrennen“.
12. Durcheinanderlaufen, auf Zuruf zu zweien, zu dreien zusammenkommen.
13. Im Laufen Radfahrer, Motorradfahrer, Eisenbahn, Omnibus, Flugzeug darstellen.
14. Als „große und kleine Vögel fliegen“, fallende Blätter, Schneeflocken darstellen.
15. Lauf um und über (unter) Hindernisse.
16. Kleine Wettläufe, Laufspiele (s. Turnspiele).
17. Freies Improvisieren nach Musik: in kleinen federnden Laufschritten „tanzen“, Arme frei bewegen.

Übung 11

# GEHEN

## Bewegungs- und Übungslehre

Im Leben des Kindes spielt die Bewegungsart Gehen nicht die Rolle, die sie im Alltagsleben des Erwachsenen hat. Man sollte daher beim Spazierengehen von kleinen Kindern nicht verlangen, daß sie sich wie die Großen für längere Zeit in einem gleichmäßigen Tempo fortbewegen. Wenn Eltern z. B. am Sonntag mit ihren Kindern im Park spazierengehen, so werden sie Mühe haben, daß das kleine Kind an ihrer Hand bleibt und „Schritt hält". Das Kind reißt sich los und will, seinem Bewegungstrieb folgend, sich auf seine Weise „ausbewegen". Es läuft vor und zurück, findet Steinchen, die es wirft, Stöckchen, mit denen es Striche zieht, – es balanciert, hüpft, ahmt Autos nach usw., – es bewegt sich abwechslungs- und phantasiereicher als der Erwachsene mit seinen eintönigen ermüdenden Schritten. Die Eltern sollten das Kind gewähren lassen und es nur bei Gefahren im Straßenverkehr strikt an der Hand behalten.

Problematischer wird es, wenn die Kindergärtnerin mit ihrer Kinderschar spazierengehen will. Die Größe der Gruppe verlangt es, daß die Kinder lernen, in einer gewissen Ordnung beisammen zu bleiben. Das darf jedoch nicht soweit ausarten, daß die Kinder dauernd ermahnt und reglementiert werden oder sich gar während des Spazierganges an einem Seil festhalten müssen. In einer Erziehung zu Selbständigkeit und sozialem Verhalten müßte es erreichbar sein, daß bei den Kindern Einsicht und Verständnis geweckt wird, bei einer gemeinsamen Tätigkeit in der Gruppe, wie es ein Spaziergang ist, aufeinander Rücksicht zu nehmen und daß jeder zum Gelingen der kleinen Unternehmung beiträgt. Ob sich die Kinder dabei paarweise anfassen oder lose in der Gruppe gehen, ergibt die jeweilige Situation und sollte auch nicht generell vorgeschrieben werden. Die Erzieherin muß immer die Übersicht behalten. Wichtig ist für die Kinder, daß der Spaziergang interessant ist und ihrem Bedürfnis, Neues zu erleben und zu lernen, entgegenkommt. Der Spaziergang mit Kindern dient also nicht nur ihrer Erholung, sondern ist eine Möglichkeit, ihren Gesichtskreis zu erweitern.

Ein Spaziergang in der Stadt kann aber auch der Verkehrserziehung dienen. Die wichtigsten Regeln für Fußgänger, richtiges Verhalten beim Überqueren der Straße, die Bedeutung von Ampeln und Zebrastreifen sollten Vorschulkinder bis zum Schuleintritt lernen. Auch in der Turnstunde kann mit den Kindern in spielerischer Form, wie z. B. „Zebrastreifen", „Schupo und Verkehrsteilnehmer", das richtige Verhalten im Straßenverkehr geübt werden. Ausführliche Hinweise zur „Verkehrserziehung" gibt Gerhard Munsch im „Handbuch für den vorschulischen Erziehungsbereich", München.

Das Wandern mit Vorschulkindern muß gut überlegt und vorbereitet sein. In der Familie werden oft kleine Kinder auf die Wanderungen der Großen mitgenommen, doch führt dies meist zu unerquicklichen Belastungen der Kinder und der Eltern. Nur wenn der Vater bereit ist, das kleine Kind eine gute Strecke des Weges zu tragen, kann dies Unternehmen gewagt werden. Dazu gibt es praktische Tragegestelle, von denen aus das Kind vom Rücken des Vaters die Welt beobachten kann.

Im Kinderheim werden meist täglich kleine Wanderungen unternommen, bei denen es auch darauf ankommt, den Kindern viel Abwechslung an Erlebnissen und Bewegungen zu bieten, z. B. Wanderungen zur Waldwiese (dort Spiele einschalten), zu Bachläufen (kleine Wehre bauen), zum Bauern (Tiere und Maschinen beobachten), in den Wald (mit Naturmaterial bauen und spielen), einen kleinen Berg ersteigen usw. Die kleinen Kinder sollen bei diesen Wanderungen nicht überfordert werden, doch kann man ihre Leistungsfähigkeit allmählich steigern und mit Geübten auch kleine Bergwanderungen unternehmen, zu denen sie zweckmäßige Kleidung (vor allem Wanderschuhe, kleine Rucksäcke) tragen sollen. Beim Wandern mit Kindern richtet sich Tempo und Ausmaß der Strecke nach den Schwächsten der Gruppe, die meist am Anfang gehen. Die Gruppe soll von der Erzieherin immer überschaubar sein.

In Gymnastik und Tanz (Kreisspiele) werden Gehen und Schrittformen geübt, um das Rhythmusgefühl der Kinder zu fördern. Diese Übungen erfordern vom Erzieher gutes musikalisches Einfühlen in den Bewegungsrhythmus der Kinder. Auf keinen Fall darf der Erwachsene seinen eigenen langsameren Schrittrhythmus den Kindern aufzwingen. Schrittübungen sollten mit kleinen Kindern nicht zu lange durchgeführt, sondern immer mit Laufübungen und anderen lebhaften Bewegungen abgewechselt werden. Auch bei Schrittübungen und beim Tanzen muß darauf geachtet werden, daß die Kinder sich nicht „plattfüßig" bewegen, sondern federnd und elastisch, die Arme dabei locker mitschwingen oder mit guter aufrechter Körperhaltung zur Seite nehmen.

**Übungswert:**
Für unsere großen und kleinen Stubenhocker bedeutet das Spazierengehen und Wandern in der Natur das lebenswichtige „Auftanken" mit Sauerstoff. Die äußeren und inneren Lebensgeister werden dabei angeregt, Herz, Kreislauf und Atmung gekräftigt. Die Natur wirkt erholend und harmonisierend auf das vegetative Nervensystem.
Die Beobachtungsgabe und der Erfahrungsbereich werden bei Wanderungen und Spaziergängen erweitert, das richtige Verhalten auf der Straße zur Vermeidung von Verkehrsunfällen geübt. Rhythmische Schrittübungen, Tänze und Kreisspiele fördern den harmonischen Bewegungsablauf, die gute Haltung und das Einfühlen in Musik und Gruppe.

**Lernziel:**
Fünf- bis sechsjährige Kinder sollten ausreichende Organ- und Körperkräfte entwickelt haben, um an kleinen Wanderungen mit Ausdauer, Interesse und Gewinn teilnehmen zu können. Sie sollten die wichtigsten Verkehrsregeln für Fußgänger kennen, um nach gewisser Vorbereitung selbständig zur Schule gehen zu können.
In rhythmischen Übungen und einfachen Tänzen erreichen sie die Fähigkeit zu freier, gelöster Bewegung in guter Haltung.

## Übungspraxis

1. Gehen vorwärts mit Klatschen, mit Klatschen vor und hinter dem Körper, mit Klatschen über dem Kopf.
2. Gehen mit großen Schritten, Arme mitschwingen.
3. Gehen mit kleinen Schritten, Wechsel von großen und kleinen Schritten.
4. Gehen mit Stampfen, leise Schritte, Wechsel von Stampfen und leisen Schritten.
5. „Schleichen", Rückwärtsgehen (Vorsicht), Wechsel von Vor- und Rückwärtsgehen.
6. Auf Zehenspitzen mit hochgestreckten Armen gehen: „Riese" (dabei nicht steif gehen, Kopf hoch).
7. In der Hocke federnd gehen: „Zwergengang", Wechsel von Übung 6 und 7.
8. Langsames Übergehen vom Hock- zum Streckgang und zurück.
9. „Storchengang", Schergang (Beine überkreuz).

Storchengang

Schergang

Übung 10

10. Vorwärtsgehen, dabei Fußknöchel fassen.
11. Gehen im Raum durcheinander, ohne anzustoßen.
12. Gehen mit Unterbrechung auf Signal: Sitzen, Hocken, Liegen, auf einem Bein stehen u. a.
13. Durcheinander gehen, auf Signal verstecken, auf Stuhl oder Bank stellen, unter die Tische kriechen u. á.
14. Gehen, auf Signal Finger (großen Zeh, Ellbogen) auf Holz (Metall, Leder, auf etwas Grünes, Blaues u. a.) halten.
15. Gehen in Schlangenlinie, Schneckenform u. ä. mit Handfassung, ein Kind führt an.
16. Gehen im Kreis mit Handfassung nach links und rechts im Wechsel auch mit Handfassung nach innen und außen im Wechsel.
17. Gehen in zwei Gruppen mit Platzwechsel von einer Seite des Raumes zur anderen, ohne anzustoßen: „Zebrastreifen".
18. Verkehrsspiel: „Straßenkreuzung" (als Rollenspiel: Schupo und die verschiedenen Verkehrsteilnehmer).
19. „Musikkapelle geht durch die Stadt". Gehen mit Bewegungen: Dirigieren, Trommeln, Trompeten, Pauken, Flöten, Ziehharmonika u. a.
20. Verschiedene Kreisspiele und einfache Tänze.

## FEDERN

### Bewegungs- und Übungslehre

Das Federn bildet die Grundlage jeder elastischen Bewegung, sei es beim Laufen, Springen, Tanzen oder Skifahren. Da das kleine Kind noch nicht genügend Federkraft besitzt, wirken seine Bewegungen oft tolpatschig und unbeholfen. Jede Mutter sollte wissen, daß ein Kind das Laufen um so sicherer erlernt, je besser die Federkraft der Beine entwickelt ist. Das Gewicht des Körpers ist beim „Vierfüßlergang" des Krabbelkindes noch auf vier Pfeiler verteilt. So hat das Kind nach der Aufrichtung zunächst Schwierigkeiten, sich auf zwei Beinen zu halten. Doch die Natur kommt ihm zu Hilfe durch den Bewegungsdrang zu einer unbewußten Selbstübung des Federns: Das Kind richtet sich im Bettchen oder Laufstall auf, hält sich fest und federt und wippt mit großer Bewegungsfreude auf und nieder. Wenn der betreuende Erwachsene diese Bewegungen nicht durch Verbote unterbindet, so wiederholt das Kind diese „Übung" mit wahrer Begeisterung, von freudigen Ausrufen begleitet. Diese unbewußte Selbstübung des Kindes ist das erste „Training" zur Erreichung der Federkraft, welche das Kind braucht, um den nächsten Schritt seiner motorischen Entwicklung, nämlich das Laufen, sicher zu bewältigen. Bei diesen Federungen werden die Muskeln und Gelenkfunktionen der Beine gekräftigt, so daß die Beine nun den aufrechten Körper in Vorwärtsschritten tragen können.

Wie kann der verständisvolle Erzieher die Federkraft des Kindes weiter fördern? Außer durch die im Praxisteil angeführten Übungen geben einige Geräte Anreiz zum Trainieren der Federkraft. Für kleine Kinder wurde der sog. Babyhopser erfunden, ein Gerät, das oben an der Zimmerdecke oder am Türbalken befestigt wird. Von dort führt eine Feder zu einem Sitz, in den man das Kind setzt, so daß es sich mit den Füßen vom Boden abstoßen und sich federnd auf und ab bewegen kann.

Kindern im Vorschulalter macht das federnde Hüpfen auf den Hüpfbällen sehr viel Freude, die Federkraft der Beine wird dabei gut trainiert. Auf Matratzen und Matten, später auf dem Trampolin springen die Kinder federnd auf und ab und erleben das Spiel mit der Körperschwere durch federnde Bewegung.
Eine Steigerung erfährt diese spielende Überwindung der Erdenschwere beim Wasserspringen vom federnden Sprunbrett, eine Sportart, die Kinder erlernen können, sobald sie das Schwimmen beherrschen. Durch das Seilspringen wird die elastische Bewegung des federnden Springens intensiv geübt (s. Übungen mit Seilen).

Die Funktion der Federung
Beim Federn bildet der Bewegungseinsatz der drei großen Beingelenke (Hüft-, Knie- und Fußgelenke) eine funktionale Einheit. In ihrer Anordnung zeigen sie deutlich die Aufgabe einer Federung.
Erst das richtige Zusammenspiel dieser drei Hauptgelenke (wobei der Oberkörper leicht vorgeneigt ist) und die Kräftigung der diese Gelenke umlagernden Muskeln ermöglicht den elastischen Ablauf aller Bewegungsvorgänge im Alltagsleben des Menschen, bei allen sportlichen Übungen und beim Tanzen. Einseitiges Federn nur mit Fuß- und Kniegelenk bei Ausschaltung des Hüftgelenkes (mit zurückgelegtem steifem Oberkörper) verhindert den vollen elastischen Einsatz des Körpers und schränkt die Bewegungsfähigkeit ein. Das viele Sitzen in der Schule, im Büro, im Auto und die Reduzierung der körperlichen Arbeit in Beruf und Hauhalt durch technische Apparate lassen die Muskel- und Gelenkfunktionen der Menschen verkümmern, wobei besonders unser größtes Gelenk, das Hüftgelenk mit seinen großen Muskelgruppen, betroffen ist. Während Kinder und Angehörige von Naturvölkern mühelos in der tiefen Hocke spielen und arbeiten können, gibt es viele Menschen, die nicht mehr fähig sind, ihren Körper (z. B. wenn sie vom Boden etwas aufheben wollen) elastisch auf- und abzubewegen, geschweige denn einen Sprung oder Sturz elastisch aufzufangen. Die mangelnde Elastizität ist auch der Grund vieler Unfälle im Haushalt und die Ursache von Sportunfällen untrainierter Anfänger.
Es muß daher die dringende Forderung erhoben werden, die Federkraft des Menschen von frühester Kindheit an zu trai-

nieren. Die wichtigsten Übungen sind die Federungen in der Hocke, die intensiv die Partien des Hüftgelenkes und der Beine trainieren. Nur so kann das Kind die Muskelkräfte zur elastischen Bewegung in Lauf, Sprung, Tanz und anderen Betätigungen im Alltag und Sport erlangen.
Während das Kniegelenk meist eine genügende Beweglichkeit aufweist, muß die Bewegungsfähigkeit der Fußgelenke beim Klein- und Vorschulkind durch gezieltes Üben erst entwickelt werden. Wo dies versäumt wird, kann elastisches Bewegen nie erreicht werden. Denn die leichte, ja „elegante" Bewegung beim Hüpfen, Springen und Tanzen ist abhängig von der Beweglichkeit der Fuß- und Zehengelenke. Der Fuß muß von der Spitze zur Ferse abrollen und soll nicht mit der ganzen Sohle aufgesetzt werden.
Um Schäden am Aufbau des Fußes, der Gelenke und der Wirbelsäule zu vermeiden, muß das Gewicht des Körpers bei besonders stark belastenden Bewegungen (wie Springen, Laufen, Skifahren) federnd auf- und abgefangen werden.

**Übungswert:**
Durch vielfältiges Üben der Federungen wird erreicht: Die Elastizität des Körpers als Grundlage aller Bewegungen, Entwicklung der Federkraft zur Erhöhung der Bewegungssicherheit und zur Vermeidung von Unfällen und Schäden, die Auswirkung körperlicher Elastizität auf geistige Regsamkeit und allgemeine Wendigkeit.

**Lernziel:**
Spielende Beherrschung der Grundübungen und ausreichende Entwicklung der Federkraft und damit Festigung der Körperstruktur vor Eintritt in den Gestaltwandel.
Entfaltung von Geschicklichkeit und Sprungkraft als Ausgangslage zum Erlernen schwierigerer Bewegungsabläufe beim Turnen (Geräte) und im Sport (Hoch- und Weitsprung, Skifahren, Wasserspringen u. a.). Wendigkeit und Elastizität in allen Bewegungen des Alltags, beim Spiel und Wetteifern in der Gruppe.

## Übungspraxis

Tieffederungen:

1. Schlußstellung: Federn im Stand, Hände auf den Knien.
2. Wie Übung 1 als Partnerübung mit Zweihandfassung. Übung in verschiedenen Rhythmen.
3. Vom Streckstand (Arme hoch) locker zur Hocke fallen und wieder langsam zum Streckstand „wachsen".
4. Im Hockstand locker federn, Fingerspitzen dabei am Boden.
5. Wie Übung 4: 3 mal federn, dann Beine strecken, Kopf nach unten zum „Katzenbuckel", dann wieder federn.

Übung 1

Übung 2

Übung 5

Übung 6

6. „Hoppelhupf": aus dem Hockstand Hände vor auf den Boden stützen, mit den Füßen nachhüpfen.

7. „Hoppelhupf" im Zickzack: Hände greifen abwechselnd nach links und rechts, Körper springt nach.

8. Im Hockstand federn wie Übung 4, dabei abwechselnd rechtes und linkes Bein nach hinten strecken (mit Nachfedern). Für Fortgeschrittene in schnellem Wechsel ohne Nachfedern.

9. Wie Übung 8, jedoch Beine abwechselnd zur Seite nach links und rechts strecken, mit und ohne Nachfedern (für Fortgeschrittene).

10. Aus dem Hockstand zum Liegestützt federn und zurück (für Fortgeschrittene), mit Nachfedern.

11. Vom Stand in Stufen langsam zum Hockstand federn, im Hockstand federn, Arme vorhalten, Fersen am Boden lassen.

12. Wie Übung 11 als Partnerübung in Zweihandfassung oder in Grätschhocke (für Fortgeschrittene).

13. In der Hocke vorwärtsspringen „Häschenhupf" (leise, nicht plattfüßig!), „Häschenhupf" in Zickzack vorwärts.

14. „Froschsprung": aus der Grätschhocke mit großem Sprung vorwärts (elastisch auffangen!).

Hochfederungen:

15. Aus der Schlußstellung kleine federnde Sprünge hoch (leise auffangen!).

16. Wie Übung 15, Sprünge steigern, mehrmals hochfedern, dann auf Zuruf in den Hockstand fallen.

17. Wie Übung 15, dabei am Ort drehen (Richtung wechseln).

18. Wie Übung 15, jedoch in Vorwärtsbewegung.

19. Wie Übung 18, dabei abwechselnd nach links und rechts federn: „Skigymnastik" (für Fortgeschrittene).

20. Wie Übung 18, jedoch rückwärts federn (Vorsicht!), auch als Partnerübung in Zweihandfassung für Fortgeschrittene federnd seitlich springen.

Übung 19

Schrittfederungen:

21. Auf der Stelle Füße abwechselnd federnd abrollen (Hüftgelenk mit einsetzen!).

22. Wie Übung 21, jedoch vorwärts mit kleinen federnden Schritten.

23. Schrittfederung rückwärts (für Fortgeschrittene).

24. Vom Federn zum Laufen. Einige federnde Laufschritte, auf Zuruf in den Hockstand springen und nachfedern, dann wieder anlaufen.

25. Kreisfassung: seitliche federnde Laufschritte nach links und nach rechts (für Fortgeschrittene).

# FUSSÜBUNGEN

## Bewegungs- und Übungslehre

Die Entstehung von Fußschäden
Als Folge der Aufrichtung besitzt der Mensch an zwei Stellen seines Körpers, am Fuß und an der Wirbelsäule, eine Disposition zu Schäden, die beim freilebenden Wirbeltier nicht vorhanden ist, da sich bei ihm das Gewicht des Rumpfes auf die vier Pfeiler der Füße verteilt. Beim Menschen muß das ganze Körpergewicht von den zwei relativ schwachen Füßen getragen werden.
Am Skelett kann man die Zartheit der Fußknochen erkennen, welche je Fuß nur etwa 125 g wiegen.
Der gesunde Fuß zeigt an der Innenseite den ausgeprägten Bogen des Längsgewölbes und am Vorderfuß den kleineren Bogen des Quergewölbes.

Am Abdruck des Fußes in feuchtem Sand kann man gut erkennen, ob die Bogen der Fußgewölbe noch vorhanden sind. Senkt sich das Längsgewölbe, so entsteht der Senkfuß, – die Sohle liegt dabei flach auf dem Boden.

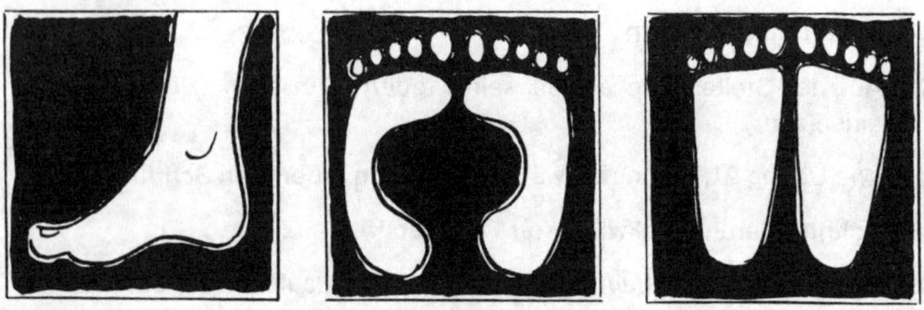

Bei Senkung des Quergewölbes verbreitert sich der Vorderfuß und es entsteht der Spreizfuß.
Treten beide Schäden gleichzeitig auf, und das ist meistens der Fall, so spricht man von Plattfüßen.
Häufig nehmen in Verein mit der Veränderung im Aufbau des Fußes auch die Gelenke eine Fehlstellung ein und es zeigen sich der Knickfuß und die X-Beinstellung.

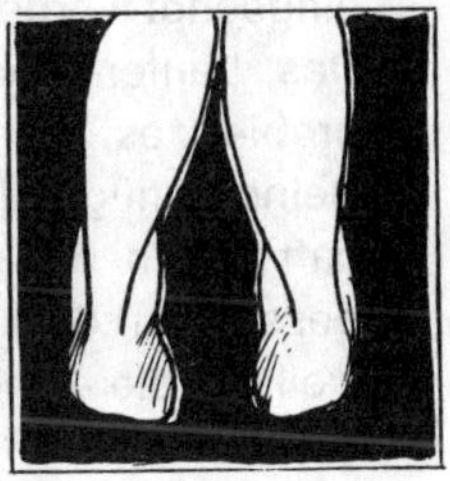

Die Hauptursache von Fußschäden ist in Bindegewebs- und Muskelschwäche zu suchen. Der gesamte Aufbau des Fußes mit seinen Fußgewölben und vielen feinen Knochen und Gelenken kann nur durch kräftige Muskeln und Bänder gehalten werden. Fehlt diese Haltekraft, so senkt sich die „Brückenkonstruktion" und die normale Struktur des Fußes zerfällt.
Alle Fußschäden führen mit zunehmendem Alter und Gewicht und bei stärkerer Belastung, wie langes Stehen und Gehen, Springen und schweres Heben, zu Beschwerden, die die Bewegungsfähigkeit und -freiheit des Menschen erheblich einschränken.
Es ist Aufgabe jeden Erziehers, durch vorbeugende Maßnahmen zu verhindern, daß Fußschäden schon bei Kindern auftreten.

Vorbeugung von Fußschäden

1. Die Vorbeugung muß schon im frühesten Kindesalter beginnen. Das Zehenspiel des Säuglings soll durch die Mutter angeregt und gefördert werden, denn durch die Greif- und Beugebewegungen bildet sich die Haltekraft der Fußmuskeln und die Beweglichkeit der Zehen aus. Im Spiel mit dem Kind gibt die Mutter mit ihren Fingern den Füßen Anreiz zu diesen Greifübungen, die in das tägliche Programm der Säuglingsgymnastik gehören. Am beweglichen Kinderfuß kann man

seine ursprüngliche Funktion als Greiforgan erkennen, welche bald durch Einschränkung der Bewegungsfreiheit verloren geht.

2. Im Krabbelalter sollte das Kind Gelegenheit haben, sich nicht nur ausgiebig auf ebenem Boden fortzubewegen, sondern auch über kleine Hindernisse, umkletternd „auf allen Vieren" die Greiffähigkeit der Füße weiter zu üben. Die Bewegungsfreiheit der Füße darf auf keinen Fall zu früh durch Schuhe eingeengt werden.
3. Das Laufenlernen sollte nicht forciert werden. Das Kind probiert es, wenn die Halte- und Federkräfte der Füße und Beine genügend entwickelt sind (s. Federn). Es wäre vorteilhaft, wenn die Kinder barfuß auf dem Teppich oder, noch besser, auf dem Rasen die ersten Laufschritte üben könnten, weil so die Zehen bei jedem Schritt angeregt werden, sich zusammenzuziehen. Mit zunehmender Laufleistung schwindet die Fettschicht des Kinderfußes, die Bogen der Fußgewölbe werden nun deutlicher sichtbar und müssen durch Muskeln, die sich in täglicher ausgiebiger Bewegung entwickeln, gestützt werden.
4. Richtiges Schuhwerk spielt eine entscheidende Rolle in der Vorbeugung von Fußschäden. Der Kinderschuh muß besonders vorne weit genug sein, damit die Zehen sich auch im Schuh bewegen, d. h. sich zusammenkrümmen und ausstrekken können. Um dem Fuß das Abrollen bei jedem Schritt zu ermöglichen, muß die Sohle biegsam sein. Durch zu enge Schuhe kommt es schnell zu Fußverbildungen, besonders zu Verkrümmungen der Zehen. Der noch sehr weiche Kinderfuß sollte nicht in zu feste Stiefel gezwängt werden. Die Bänder und Muskeln erschlaffen und verlieren so die Stützfunktion. Im Sommer, im Raum zu Hause und im Kindergarten können Kinder Sandalen tragen, die die Beweglichkeit der Zehen fördern. Den ganzen Tag über Haus- und Turnschuhe zu tragen, wie man es häufig im Kindergarten praktiziert, ist nicht förderlich für die Füße.
5. Das Barfußlaufen ist die wirksamste Vorbeugung gegen Fußschäden, jedoch nicht auf hartem, ebenem Boden wie Asphalt, Beton oder Steinplatten, sondern auf dem unebenem Boden der Wiese, im Garten und Wald und am Strand. Gräser, Moos, Sand und Steine geben dem Fuß Anreiz zu greifenden

und abrollenden Bewegungen und wirken anregend und massierend auf die Durchblutung des Fußes. Im Sommer gehört das Barfußlaufen beim Spiel im Freien zum täglichen Gesundheitsprogramm im Kindergarten.
Eine weitere Hilfe, den Füßen die Beweglichkeit zu erhalten, bieten Kletterbäume und andere Klettergeräte.

6. Schwingböden in Turnhallen und Gymnastikräumen tragen mit dazu bei, die Füße der Übenden zu schonen, da sie die Bewegungen „schwingend" auffangen. Bei Neubauten von Kindertagesstätten sollten sie für diese Räume mit eingeplant werden. Sie sind kein Luxus, man könnte an unwichtigeren Einrichtungen sparen. Auf dem Schwingboden können auch die Vorschulkinder ohne Schaden barfuß turnen, wobei die Erzieherin bei allen Lauf-, Hüpf- und Sprungübungen immer auf den federnden Bewegungsablauf achten muß. Läßt sie die Kinder plump und „plattfüßig", d. h. mit dem ganzen Fuß aufsetzend laufen und springen, werden Fußschäden geradezu „gezüchtet". Jeder federnde Lauf- und Hüpfschritt ist als Fußübung aufzufassen.
7. Spezielle Fußübungen nutzen wenig, wenn die Kinder in der Turnstunde und im Freispiel nicht zu federnder Bewegung beim Laufen und Springen angehalten werden. Die Fußübungen sind eine Ergänzung zu den die Ganzheitlichkeit des Kindes erfassenden Grundformen der Bewegung. Sie sollen häufig mit bewegungsreichen, lockernden Übungen abwechseln, um Verkrampfungen zu vermeiden. In spielerischer Form, auch mit Hilfe von Naturmaterial wie Kastanien, Kiefernzapfen, Steinchen und Stöckchen, von Papiertaschentüchern, Sandsäckchen, Seilen und Bällen wird die Bewegungsfähigkeit der Füße weiter entwickelt, unterstützt durch Kletterübungen an Leitern und Sprossenwänden und Balancieren auf Balken. Schon vorhandene Fußschäden können nur durch tägliches Üben gebessert werden. Die Erzieherin sollte lernen, die auffälligsten Fußschäden zu erkennen und das Kind dann dem Arzt zuführen. Er muß entscheiden, welche Übungen förderlich und ob Einlagen notwendig sind. Einlagen können jedoch keine Fußschäden heilen, da sie zwar die Fußgewölbe stützen, die Muskeln aber nicht gekräftigt werden.
9. Gesunde Ernährung hat auch einen gewissen Einfluß auf den Aufbau der Knochen, Muskeln und des Stützgewebes des

Körpers. Überernährte Kinder belasten unnötig die Tragfähigkeit ihrer Füße. Das überflüssige Fett verhindert spannkräftige Muskelarbeit. Schuld ist die Überfütterung der Kinder mit Süßigkeiten und Weißmehlprodukten. Zum Aufbau von Knochen, Muskeln und Bindegewebe ist eine vitamin- und mineralstoffreiche (besonders kalkreiche) Kost mit Milch, Quark, Obst, Gemüse und Vollkornbrot notwendig. Hinzu muß eine ausreichende Sonneneinwirkung auf den sich bewegenden Körper kommen, um rachitische Veränderungen am Knochensystem (O-Beine) zu verhindern.

10. Bei Elternabenden kann die Kindergärtnerin auf die vorbeugenden Maßnahmen zur Vermeidung von Fußschäden hinweisen. Nur in Zusammenarbeit mit den Eltern wird es möglich sein, fußgesunde Kinder aufzuziehen. Filme, Lichtbilder oder Vorträge von Ärzten können das Verständnis für die Überwindung der Fußschwächen und -schäden wecken und vertiefen.

**Lehrziel:**
Das Ziel ist die Fußgesundheit der Kinder.
Die Erzieherin im Kindergarten muß mithelfen, daß der bis jetzt noch so hohe Prozentsatz an fußkranken Kindern, wie er bei Schuleintritt der Sechsjährigen von den Schulärzten festgestellt wird, deutlich absinkt.
Die Festigung des Fußes muß vor Eintritt des Gestaltwandels gesichert sein. Einlagen sollen bei Kindern nur eine Ausnahme sein.

## Übungspraxis

In Fortbewegung:

1. Federnd laufen, auf Zuruf oder Signal hoher Zehenstand.
2. Auf Zehenspitzen vorwärts und rückwärts gehen.
3. Wechsel von Zehen- und Fersengang (kurz wechseln).
4. Federnd seitlich laufen nach links und rechts (Übersetzschritte).
5. „Storchengang".
6. Mit großen Schritten rückwärts gehen.
7. Mit federnden Schritten drehen, nach rechts und nach links (Wechsel).
8. Wechsel von Sohlenstand mit Hochzehenstand (mit Nachfedern).
9. „Fußabdruck": Füße abwechselnd von der Spitze zur Ferse abrollen.
10. Füße „ausschütteln". Anbeugen der Zehen und strecken.
11. Im Vierfüßlergang vorwärts gehen und laufen, im Vierfüßlerstand eine „hohe Brücke" bilden, mit den Füßen abspringen und leise auffangen.
12. Im Vierfüßlergang über die Sprossen einer liegenden Leiter gehen. Eine schräg hängende Leiter oder die Sprossenwand erklettern.
13. Über den Schwebebalken balancieren.

Nicht auf den Fußkanten gehen, da Knickfußbildung!

Übung 11

I m  S i t z e n (zunächst mit Handaufstützen, dann im Schwebesitz):

14. Vom Hocksitz zum Strecksitz die Füße vorlaufen lassen, Zehen dabei zusammenkrümmen und strecken: „Raupengang".

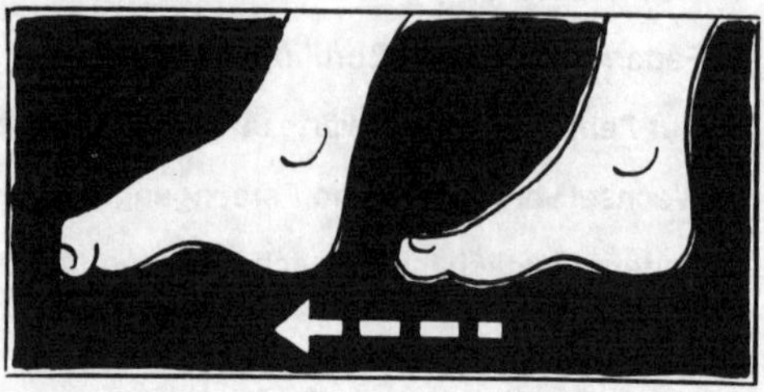

Übung 14

15. Mit den Füßen „winken": Füße beugen und strecken in der Luft. Füße kreisen lassen in der Luft.
16. Mit den Zehen „winken", Fersen dabei aufsetzen. Spreizen der Zehen.
17. Die beiden Füße „erzählen" sich etwas. Übung auch als Partnerübung.

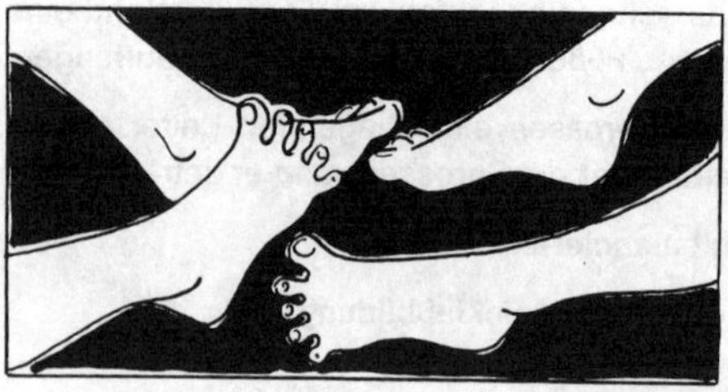

Übung 17

18. Die Füße „tanzen": abwechselnd mit Spitze und Ferse auf den Boden tippen, dabei gut abfedern (in verschiedenen Rhythmen).
19. Wie Übung 18, jedoch Füße in Gegenbewegung: mit dem einen Fuß die Spitze, mit dem anderen Fuß die Ferse auftippen.

Übung 19

20. Im Sitz drehen, mit den Zehenspitzen im Kreis auftippen.

21. Schneidersitz: Mit den Händen die Knie nach unten drücken, dabei auf dem Gesäß leicht hin und her schaukeln. Die Füße nicht überkreuzen, sondern die Fußsohlen gegeneinander drücken, dabei leicht auf dem Gesäß hin und her schaukeln (gegen X-Beine).

22. Im Sitz: Die Fußspitzen „tanzen" mit mehreren kleinen Schrittchen abwechselnd überkreuz und zurück.

23. „Regenspiel": (im Hock- oder Schwebesitz)

| | |
|---|---|
| Zu dem gesprochenen Vers | werden folgende Bewegungen gemacht: |
| „Es tröpfelt, es tröpfelt, – | leichtes Auftippen der Zehen abwechselnd links und rechts, |
| es regnet, es regnet, – | die Klopfbewegungen werden kräftiger |
| es gießt, es gießt, – | mit den Füßen abwechselnd auf den Boden patschen, |
| es blitzt! | Zickzackbewegung mit Fuß oder Hand, |
| es donnert . . . | mit den Fersen auf den Boden trommeln, |
| und dann scheint die Sonne wieder." | in gerader Haltung mit den Armen einen großen Bogen über dem Kopf beschreiben. |

24. Die Füße spielen „Kasperltheater". Jeweils zwei Kinder sitzen gegenüber, zwischen sich eine Langbank oder einen niedrig gespannten Vorhang. Mit lebendigen Bewegungen „unterhalten" sich die Füße der Partner, zunächst jeder mit einem Fuß, dann mit beiden Füßen. Daraus kann ein kleines Spiel mit vier „Personen" werden.

Übungen mit Hilfsmitteln (Kiefernzapfen, Kastanien, Steinchen, Stöckchen, Korken, Tücher, Papiertaschentücher, Sandsäckchen, Bälle, Stäbe, Seile, Reifen)

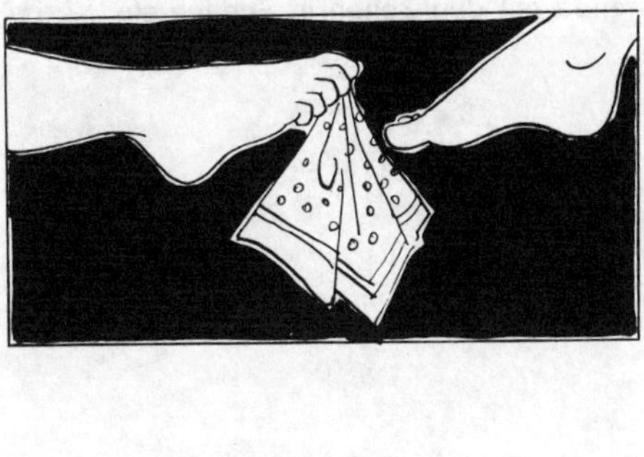

Übung 26

Im Sitzen: Um Verkrampfungen zu vermeiden, alle Übungen mit häufigem Wechsel durchführen.

25. Gegenstände mit den Zehen ergreifen, hochheben und wieder ablegen (Fußwechsel), dann mit beiden Füßen gleichzeitig.
26. Partnerübung: 2 Kinder sitzen sich gegenüber und geben sich abwechselnd die Gegenstände in die Füße.
27. Kleinen Gegenstand mit den Zehen ergreifen und über ein Hindernis (Stab, Seil) legen, auch mit Fortwerfen, dann im Sitz nachrutschen (Richtung angeben).
28. Stäbchen im Zangengriff mit den Zehen ergreifen, in der Luft etwas „malen oder schreiben". (Diese Übung wirkt gegen die Schiefstellung der Großzehe.)
29. Papiertaschentuch mit den Zehen zerreißen. Tüchlein mit den Zehen ergreifen, winken, dem Partner übergeben.
30. Tuch mit den Zehen zusammenlegen und wieder auseinander glätten.
31. Fußübungen mit Bällen, Seilen, Stäben, Reifen u. a.

Im Stand:

32. Tuch mit Zehen ergreifen, auf 1 Bein hüpfen (Fußwechsel).
33. Sandsäckchen auf einen Fuß legen, vorsichtig vorwärtsgehen.
34. Schlußstellung: Papiertaschentuch „aufessen", d. h. durch Zusammenkrümmen der Zehen beider Füße das Tuch unter der Sohle verschwinden lassen.
35. Kiefernzapfen mit Zehen ergreifen, weit fortwerfen. (Am besten Linienaufstellung, in eine Richtung werfen; Fußwechsel.)
36. Mit Stöckchen im Zangengriff auf Sand malen oder schreiben.
37. Gemeinschaftsaufgabe: aus Steinchen, Kastanien oder Stöckchen mit den Zehen eine Figur (Haus, Stern oder Phantasiegebilde) legen.
38. Zum Schluß alle Gegenstände mit den Zehen in Schachteln, Körbe oder Beutel einsammeln.

# SCHWINGEN

## Bewegungs- und Übungslehre

Schwingende Bewegungen kommen im Alltags- und Arbeitsleben, in fast allen Sportarten und beim Tanzen vor. Man spricht von einem „beschwingten" Menschen oder sagt von jemand mit Bewunderung: „Der hat Schwung!" Man meint damit eine gewisse Leichtigkeit und Dynamik, mit der jemand in Aktion tritt. Innere und äußere Schwungkräfte sind der Motor zur Bewältigung von Aufgaben, sie sind die Voraussetzung einer lebendigen Bewegungsentfaltung.
Schwunghaftes Bewegen ist daher auch im Vorschulalter beim Turnen zu üben. Beispiele von unbewußter Selbstübung der Kinder geben dem Erzieher Anregungen zu dem Übungsprogramm. Kinder drehen sich und lassen dabei ihre Arme „fliegen", – sie hüpfen und schwingen kreisend ihre Arme hoch, – sie lassen Stöcke durch die Luft sausen und vollführen mit Tasche oder Beutel große Kreisschwünge.
An diesen unbewußten Kinderbewegungen kann man nicht nur sehen, mit welcher Lust und Bewegungsfreude sie ausgeführt werden, sondern vor allem den ganzheitlichen Bewegungsablauf erkennen, der auch allen Schwungformen im Sport zugrunde liegt.
Der Hauptansatz der Schwungbewegungen geht vom Schwerpunkt des Körpers (Hüftgelenk, Rumpf) aus und überträgt sich auf die Arme und Beine.
Es werden keine von den übrigen Körperteilen isolierten Bewegungen der Arme und Beine ausgeführt, wie sie in den alten Freiübungen praktiziert wurden, sondern Ganzkörperbewegungen.
Je mehr der ganze Körper mitschwingt, um so stärker wird auch das Innere beteiligt und seelische Kräfte aktiviert, wie jedermann an einem „mitreißenden" Tanz an sich selbst erleben kann.

In der Übungspraxis unterscheidet man Arm-, Rumpf- und Beinschwünge, ferner Schwungformen mit und an Geräten.

Beinschwünge sind bei kleinen Kindern, die noch nicht das Gleichgewicht auf einem Bein beherrschen, weniger möglich. Durch Hochlaufübungen, „Storchengang“ und einfachstes Fußballspielen wird die Schwungkraft der Beine allmählich entwickelt.
Schwungübungen sollten immer mit Musik oder guter rhythmischer Führung durch Sprechen oder Tamburinschlagen angeleitet werden, wobei auch die Kinder den Rhythmus mitsprechen können. Auch hierbei muß der Erwachsene sich nach dem Bewegungsablauf und Rhythmus der Kinder richten. Die Bewegungen müssen rhythmisch-dynamisch ablaufen und nicht abgehackt ausgeführt werden (keine Ruckzuckbewegungen). Kräftiger Antrieb und Mitfedern des ganzen Körpers bringen den nötigen Schwung, – auf keinen Fall die Arme nur langsam führen oder ziehen.

**Übungswert:**
Alle schwunghaften Bewegungen haben hohen heilpädagogischen Wert. Sie fördern die allgemeine Harmonisierung und das Rhythmuserleben, erwecken frohe seelische Gestimmtheit und aktivieren die vitalen Kräfte im Menschen. Sie helfen mit, körperliche und seelische Verkrampfungen und Hemmungen zu überwinden und Spannungen auszugleichen.

Armschwünge und sportliche Schwungformen mit Handgeräten lockern die Schultergelenke und kräftigen Schulter- und Brustmuskulatur. Dadurch wirken sie haltungsverbessernd und lokkernd bei Sitzschäden.
Rumpfschwünge führen zur Lockerung und Kräftigung der Rükkenmuskulatur und der Wirbelsäule und sind ein wichtiger Teil der Haltungsschulung.
Beinschwünge dienen der Funktionstüchtigkeit des Hüftgelenkes und wirken der Versteifung und Unbeweglichkeit unseres größten Gelenkes entgegen.

**Lernziel:**
Freie Beweglichkeit von Schulter und Rücken; Festigung der Haltung; Rhythmische Schwingungsfähigkeit; Fähigkeit zur Bewegungskoordination, auch als Vorbereitung sportlicher Bewegungsabläufe.

## Übungspraxis

In Schlußstellung und Fortbewegung:

1. Kreisen mit einem Arm, zuerst große Kreise, dann kleinere und schnellere, vorwärts und rückwärts (Körper mitfedern).
2. Kreisen mit beiden Armen vorwärts, kreisen mit beiden Armen rückwärts (dabei Kopf hoch). Übung im Wechsel.
3. Kreisen beider Arme, dabei hochspringen (Schlußsprünge).
4. Wie Übung 3, vorne in die Hände klatschen. Mit Schlußsprung vorwärtshüpfen.
5. Galoppsprung („Pferdchensprung“) vorwärts, dabei einen Arm kreisend mitschwingen (Hochbewegung betonen).
6. Kraulbewegung vorwärts. Kraulbewegungen rückwärts (Kopf hoch). Wechsel der Übung.
7. Kraulbewegung, dabei Vorwärtsgehen, -laufen.
8. „Hubschrauber“.
9. Paddelbewegung vorwärts.
10. Große Flügelschläge (große „Vögel“). Kleine Flügelschläge (kleine „Vögel“).

Übung 5

Übung 15

Übung 17

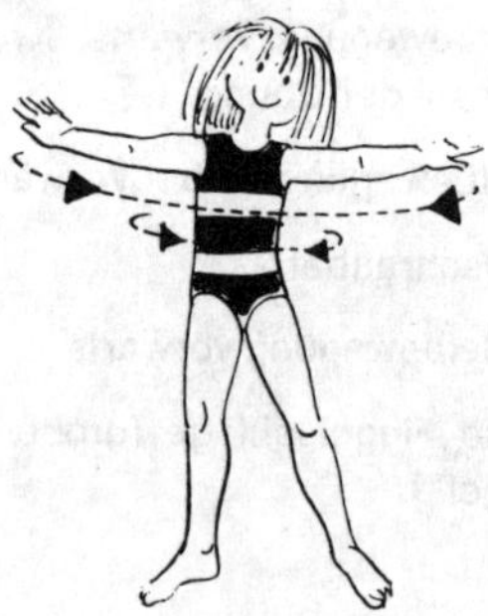

Übung 20

Übung 21

11. Übung 10 mit Vorwärtslaufen („Vögel fliegen fort“).

12. Armkreisen vor dem Körper (Gegenschwung), auch mit Vorwärtslaufen („Wind“).

13. Am Ort sich drehen, dabei Arme schwingend „fliegen“ lassen („Blätter oder Schneeflocken tanzen“). Spiel in zwei Gruppen „Der Wind bläst die Blätter (Schneeflocken) zu Boden“.

14. Tiefschwung als Ausholbewegung zum Sprung.

15. Rumpfschwung: Rumpf tief nach vorne schwingen und dann hoch (Kopf mitnehmen).

16. Dirigierschwung, Geigenschwung, „Große Pauke“, „Ziehharmonika“, „Orchesterspiel“: Jeder „spielt“ ein Instrument, ein Kind ist Dirigent.

In Grätschstellung:

17. Glockenschwung (Tiefschwung von rechts nach links).

18. Kleiner Glockenschwung. Wechsel von Übung 17 und 18.

19. Rumpfschwung nach links und rechts. Rumpfkreisen.

20. Querschwung langsam und schnell. 2 Querschwünge, dann 1 Drehung am Ort.

21. Feste Grätschstellung: großer Rumpfschwung, zuerst langsam, dann schneller.

22. Arme kräftig nach oben boxen, dabei Rumpf mitbewegen.

23. Rumpf vorbeugen: Mit den Armen kräftig nach unten boxen (Rumpf mitbewegen). Wechsel von Übung 22 und 23.

Ferner Schwungübungen mit Keulen, Stäben, Plastikschläuchen, Seilen, Beuteln u. a.
Die ersten Versuche im Federballspiel, Tennis, Kegeln und in verschiedenartigen Wurf-, Stoß- und Schleuderübungen führen hin zu sportlicher Betätigung.
Das Schwingen an Schaukeln, Ringen und Hängetauen sollte den Kindern im Kindergarten und in der Vorschule ermöglicht werden.

# ÜBUNGEN AM BODEN

Übungen zur Vorbeugung von Haltungsschäden

## Bewegungs- und Übungslehre

Ein Teppich gehört heute zum Mobiliar eines jeden Kindergartens. Die Kinder spielen darauf in kleinen Gruppen, hockend oder im Schneidersitz, kriechend oder rutschend sich auf dem Boden fortbewegend.
Der Beobachter sieht, daß sie sich dabei viel wohler fühlen, als wenn sie am Tisch sitzen und spielen würden. Ihre Bewegungen sind ganzheitlicher und lockerer, das längere Sitzen auf dem Stuhl fällt ihnen schwerer, – beim Basteln und Malen sitzen sie oft verkrampft und mit rundem Rücken am Tisch.

Die Kinder folgen ihrem Bewegungsinstinkt. Das Hocken, Kriechen und Rutschen am Boden auch noch im Kindergartenalter bewahrt sie vor Verkrampfungen und Sitzschäden.
Neben den Füßen ist die Wirbelsäule besonders gefährdet, da sie durch die Aufrichtung des Menschen den Rumpf mit seinem ganzen Gewicht aufrecht halten muß. Beim Kriechen wird der Rumpf waagerecht von 4 Pfeilern getragen.

Die Wirbelsäule bewegt sich dabei „schlängelnd“ und wird durch keinen Sprung oder Stoß belastet.
Die Kinder sollten daher im Krabbelalter ausgiebig Bewegungsraum und Gelegenheit haben, sich krabbelnd „auszubewegen“ und auch nach dieser Entwicklungsphase am Boden spielen dürfen. Diese Lage kräftigt Nacken- und Rückenmuskeln und wirkt dadurch haltungsfördernd.
Die Wirbelsäule kann nur durch kräftig ausgebildete Muskeln des Rumpfes gestützt und gehalten werden.
Die Kräftigung der Rücken-, Bauch- und Brustmuskulatur muß im Säuglingsalter durch sinnvolle Übungen beginnen, im Krabbel- und Kleinkindalter weiter entwickelt und im Kindergarten zielstrebig gefördert werden, um den Kindern die Grundlage zu einer guten aufrechten Haltung zu schaffen.
Schulärztliche Untersuchungen ergeben eine starke Verbreitung von Haltungsschäden schon bei Schulanfängern. Durch gezielte Haltungsschulung im Kindergarten kann dieser Gefährdung in der Phase gesteigerten Längenwachstums während des sog. Gestaltwandels vorgebeugt werden. Ein kräftig ausgebildeter „Halteapparat“ (Rumpf) bewahrt die Kinder vor Sitzschäden in der Schule. Auch durch Vorschul-Programme zu häufigem Sitzen angehaltene Kinder sind gefährdet und bedürfen regelmäßiger haltungsfördernder Übungen.
Die zivilisatorische Lebensweise, besonders das lange Sitzen vor dem Fernseher, im Auto, in der Schule und auch im Kindergarten läßt die Muskeln erschlaffen. Zunächst zeigen sich am aufrecht stehenden Körper Haltungsschwächen, die sich bei fortdauerndem Bewegungsmangel zu Haltungsfehlern und krankhaften Haltungsschäden entwickeln können. In ihrem Gefolge treten, besonders vom Jugendalter an, häufig Rückenschmerzen, Ermüdungen, Leistungsunfähigkeit und manchmal Funktionsstörungen an inneren Organen auf.

Die gesunde Wirbelsäule zeigt die Form eines leicht geschwungenen S. Die häufigsten Formen der Abweichung sind
a) der Rundrücken (Vorhängen der Schultern, vorgehaltener Kopf);
b) der Hohlrücken (Hohlkreuz, vorgewölbter Bauch).
Kombinationsformen sind der hohlrunde Rücken und die Schiefhaltung.

Ausgeprägte Haltungsschäden müssen vom Arzt und der Krankengymnastin behandelt werden.
Aufgabe der Kindergärtnerin ist es, durch gezielte Übungen Vorbeugung zu betreiben, d. h. Haltungsschwächen auszugleichen und ernsthafte Haltungsfehler und -schäden gar nicht erst entstehen zu lassen.
Um dies zu erreichen, ist notwendig:

1. Den Kindern ausgiebig Bewegungs- und Turnmöglichkeiten zu schaffen, besonders im Freien durch Kletter- und Hangelgeräte.
2. Langes Sitzen vermeiden!
3. Regelmäßige Turnstunde mit bewegungsreichen, kräftigenden Übungen.
4. Spezielle haltungsfördernde Übungen.

Jede Übungsstunde muß so durchgeführt werden, daß sie zur Haltungsförderung beiträgt. Es nutzt wenig, etwa einmal im Monat Haltungsübungen auf das Programm zu setzen. Bei allen Übungen ist ihre haltungsfördernde Wirkung zu überlegen, z. B. beim Lauf durch kräftige Mitarbeit oder Seitfassung der Arme, – beim Schwingen durch zügiges Kreisen der Arme oder des Rumpfes, – beim Gehen durch lockeres Mitschwingen oder Hochstrecken der Arme, – beim Tanzen durch in Schulterhöhe gefaßte Hände, – beim Ballwerfen durch Streckung des Rumpfes u. a. mehr.

Rundrücken Hohlrücken

Die besonders haltungsfördernden Übungen am Boden dürfen nicht statisch als „Halten“ ausgeführt werden, sondern im rhythmisch dynamischen Bewegungsfluß und im Wechsel mit lockernden Übungen, um Verkrampfungen zu vermelden. Isometrisches Üben ist für Kinder ungeeignet und führt auch bei Erwachsenen zu Verspannungen.
Um bei den Übungen am Boden alle Kinder übersehen zu können, ist es günstig, wenn die Erzieherin oder ein Kind die Übung zunächst vorturnt, während die Gruppe im Sitz zuschaut. Dann üben alle Kinder und die Erzieherin steht auf zum besseren Beobachten und um, wenn notwendig, den Kindern Hilfen zu geben.

**Übungswert:**
Kräftigung der Rücken-, Brust- und Bauchmuskulatur und damit Entwicklung der notwendigen Haltekräfte für die Wirbelsäule. Förderung der Elastizität und Bewegungsfähigkeit der Wirbelsäule.

**Lehrziel:**
Vermeidung von Haltungsschäden.
Kräftig ausgebildete Rumpf- und Bauchmuskulatur der Vorschulkinder noch vor Eintritt in den Gestaltwandel.
Erreichung einer guten Haltung als Gewohnheitshaltung.

## Übungspraxis

1. Kriechen vorwärts. Kriechen rückwärts (weites Zurückgreifen der Beine).
2. Kriechstellung: Hände zeigen nach innen, Ellbogen gebeugt, Kopf hoch, Wirbelsäule nach unten durchbeugen. Dann bei gestreckten Armen und gesenktem Kopf Wirbelsäule nach oben krümmen („Katzenbuckel"). Beide Bewegungen abwechseln.
3. „Rückenwelle": Aus dem Kniesitz mit nach innen aufgestützten Händen und erhobenem Kopf den Oberkörper flach am Boden vorziehen, soweit es geht, – dann mit sehr rundem Rücken und gesenktem Kopf („Katzenbuckel") zurück in den Kniesitz.
4. Kriechstellung: Mit den nach vorne ausgestreckten Armen abwechselnd rechts und links vorgreifen, Oberkörper gestreckt nachfedern, mit kleinen Schritten auf den Knien mitgehen (auf dem Teppich üben).
5. Kriechen unter Stühlen, Bänken, Tischen, abwechselnd unter einem niedrig gehaltenen Seil, dann über eine Bank o. ä.
6. „Hundelauf" (Vierfüßlergang). „Hundelauf" auf 3 Beinen.
7. Wie eine Katze schleichen, dann „Katzenbuckel".
8. „Elefantengang": Vierfüßlergang mit steifen Beinen.
9. Vierfüßlerstand: Mit den Beinen „ausschlagen".
10. „Krabbengang": Vierfüßlergang rücklings (Gesäß nicht durchhängen).
11. Im Kniesitz abwechselnd Zusammenrollen des Rückens mit eingezogenem Kopf und Aufrichten des Rumpfes mit Hochstrecken der Arme.
12. Im Slalom um Keulen, Bälle, Kegeln kriechen, – Spielautos mit vorwärtstreiben.

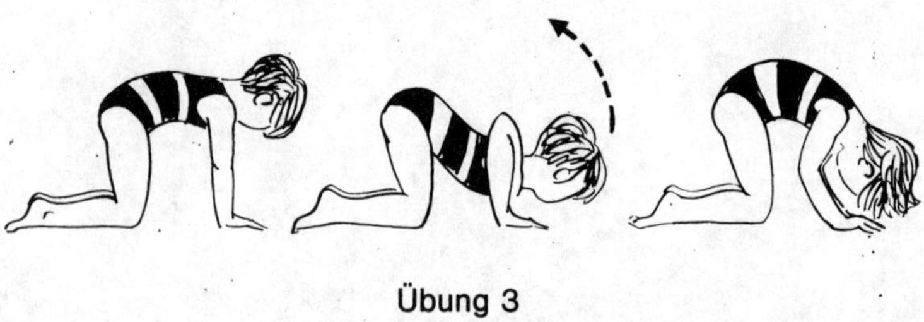

Übung 3

## In Bauchlage:

13. Entspannt liegen.

14. Mit ausgestreckten Armen und Beinen sich nach links und nach rechts drehen, die Arme seitlich hochschwingen, mit den Händen auf den Boden patschen.

15. In Bauchlage „strampelnd“ vorwärtsrutschen. Aus der Bauchlage Oberkörper aufrichten, 1 mal in die Hände klatschen.

16. „Seehund“: Mit den Händen aufstützen und Oberkörper aufrichten, dann mit Unterarmen aufstützen und vorwärts „robben“.

17. „Große Bauchschaukel“ („Wiegemesser“): Mit Schwung der gestreckten Arme und Beine den Körper vor und zurück schaukeln. „Kleine Bauchschaukel“: die Hände fassen die Fußknöchel.

18. „Regenwurm“: Aus der gestreckten Bauchlage zusammenziehen (runder Rücken mit eingezogenem Kopf), dann wieder vorstrecken.

19. „Schlange“: In gestreckter Bauchlage seitliche Schlängelbewegungen.

20. „Baumstamm“: In gestreckter Lage seitlich über den Boden rollen (Richtung angeben).

21. Aus der Bauchlage zur „Brücke“ hochstützen.

22. Auf der Langbank: In Bauchlage mit den Armen vorwärtsziehen.

23. Partnerübung: gegenüber liegen, Ball zurollen (zuwerfen), vor dem Abwurf Oberkörper anheben.

Übung 17

In Rückenlage:

24. Mit Armen und Beinen kräftig strampeln, dann entspannt liegen.

25. Abwechselnd Beine anhocken und leise ausstrecken.

26. Beine anziehen, Hände fassen Fußknöchel, Fußsohlen gegeneinander, Knie nach außen drücken (gegen X-Beine).

27. Beine über den Kopf schwingen bis die Fußspitzen den Boden berühren. Mit den Fußspitzen auf den Boden trommeln (mit rundem Rücken zurückrollen).

28. „Kerze": Gesäß zunächst stützen, rund zurückrollen.

29. Aus der Rückenlage zum Strecksitz aufrichten und wieder zurück (Beine bleiben am Boden). Übung sehr langsam wiederholen.

30. Aus der Rückenlage Oberkörper hochschnellen, weit vorbeugen und mit den Händen über den Fußspitzen klatschen (Knie durchstrecken), wieder zum Liegen rollen.

31. In der Rückenlage Beine langsam heben und senken. In der Rückenlage mit den Beinen „radfahren".

Übung 28

Im Sitzen:

32. Wer kann mit der großen Zehe an die Stirn tippen? (Beinwechsel)

33. Wer kann 1 Bein hinter den Kopf legen?

34. Wechsel von Hocksitz und Strecksitz. Im Strecksitz Rumpf weit vorfedern, Hände erreichen die Fußspitzen. Abwechselnd Vorstrecken und Hochstrecken des Rumpfes.

35. „Rudern" – „Paddeln".

36. „Radfahren“ mit vorgehaltenen Armen.

37. Wechsel von Schwebesitz und Hocksitz.

38. Strecksitz: Beine gestreckt langsam heben und senken.

39. Grätschsitz: abwechselnd Rumpf vorfedern und zur Streckung hochfedern, Arme gestreckt mitnehmen.

40. Schneidersitz: die Hände hinter dem Kopf verschränkt, in gerader Haltung Rumpf nach rechts und links drehen.

41. Türkensitz: Mit verschränkten Armen und geradem Rücken Verbeugung. Aus dem Türkensitz aufstehen und wieder setzen.

42. „Karussell“: im Sitz drehen, mit den Zehen abstoßen.

43. „Rückenschaukel“: Die Arme umklammern die angehockten Beine, mit Schwung auf dem runden Rücken zurückschaukeln und wieder vor (auf Rasen, Matte oder Teppich).

44. „Autofahren“: Im Hocksitz mit den Füßen vorgreifen, mit dem Gesäß nachrutschen.

45. Purzelbaum und Rollen (s. Übungen auf Matten).

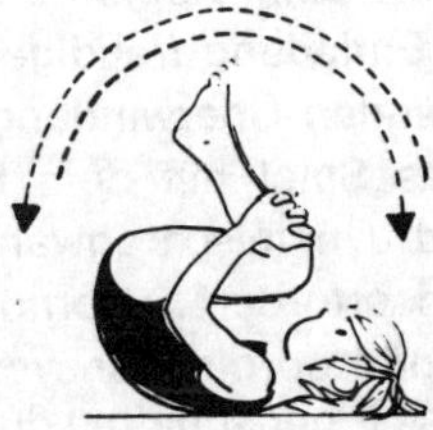

Übung 43

# HÜPFEN UND SPRINGEN

## Bewegungs- und Übungslehre

In den Bewegungsformen Hüpfen und Springen äußert sich besonders stark die Bewegungsfreude des Kindes, sie sind Ausdruck eines gesteigerten Lebensgefühls.
Wenn Jean Paul sagt: „Im Kinde leben noch Leib und Seele . . . einträchtig, und der freudigen Seele hüpfet noch der lustige Körper nach", – so wird damit der von seelischen Impulsen getragene Bewegungsantrieb und die leibseelische Ganzheit des kindlichen Bewegungsausdrucks auf romantische Weise treffend charakterisiert.

„Alle organischen Bewegungen sind ursprünglich Entladungsvorgänge" (Bode). Besonders beim Hüpfen und Springen wird deutlich, daß der Drang zur Entladung freudiger Spannungen motorische Antriebe zur spielenden Überwindung der eigenen Körperschwere mobilisiert. Das Spiel mit dem Körpergewicht in den vielfältig rhythmisch und dynamisch abwandelbaren Formen des Hüpfens und Springens erfordert federnde Elastizität, Sprungkraft, Rhythmusgefühl und Koordinationsvermögen.
Das Kind entwickelt diese Eigenschaften durch seine unbewußten Selbstübungen, in für den erziehenden Erwachsenen kaum merkbaren „Lernschritten".

Sobald es auf seinen zwei Beinen sicher stehen kann, versucht es kleine Schlußsprünge am Platz. Aus Bewegungs- und Lebensfreude werden diese Sprünge höher und auch vorwärts getrieben. Auch mißlungene Versuche, wie gelegentliches Hinfallen, halten das Kind nicht davon ab, die Bewegungen immer wieder zu üben. Bald kommt die Phase, in der es das Niederspringen von Kanten, Balken und Treppenstufen mit großem Eifer betreibt und dabei Mut und Entschlußkraft entwickelt. Mit zunehmendem Selbstvertrauen werden Sprünge aus „schwindelnder Höhe", von

Tischen, Turnkästen und Zäunen gewagt, im erhöhenden, die „Erdenschwere" überwindenden Gefühl des „Fliegens".

Das Überspringen von Hindernissen wie Seile, Gräben oder Langbänke erfordert die Beherrschung zielgerichteter Bewegung und einen bereits stärker entwickelten Willenseinsatz.
Aus dem gehüpften Nachstellschritt, wie ihn Zwei- bis Dreijährige probieren, wird der Galoppschritt, der sich bei weiter entwickelter Bewegungsfähigkeit zum wilden „Pferdchensprung" steigert.
Wechselsprung, Seitgalopp, die verschiedenen Formen des einfachen Hüpfens mit Drehungen, zu Paaren und in der Gruppe, geben Anreiz zu einfachen kleinen Tanzformen.
Das Hüpfen auf einem Bein beherrschen die Kinder erst bei gut entwickelter Beinkraft und Balance.
Bei schwach ausgebildeter Federkraft fehlt den Sprung- und Hüpfbewegungen die Leichtigkeit und Elastizität. Es besteht die Gefahr der zu großen Belastung und damit Schädigung der Füße, aber auch der Wirbelsäule, wenn die Sprünge nicht elastisch aufgefangen werden.
Besonders das Abwärtsspringen darf nicht mit einem alle Gelenke und inneren Organe erschütternden Plumps, sondern mit einer „weichen Landung", am besten in der tiefen Hocke enden.

Dieser elastische Niedersprung muß immer wieder geübt und korrigiert werden, sonst senken sich die zarten Fußgewölbe, die der starken Belastung nicht gewachsen sind.

Beim Hüpfen und Springen von einem Bein auf das andere wird das Spielbein (welches jeweils in der Luft ist) locker mitgeschwungen (auf keinen Fall ankrampfen!), das Sprungbein immer federnd aufgesetzt.
Die Beachtung dieser Regeln einer sportgerechten Sprungschulung, wie sie auch in Kindergarten und Vorschule praktiziert werden sollte, ist die Voraussetzung zur Vermeidung von Gelenk- und Muskelverletzungen.

Gute rhythmische Anleitung durch Zuruf, Trommeln und Musik ist eine wichtige Hilfe im Erreichen der rhythmisch nicht ganz einfachen Bewegungsabläufe der Sprung- und Hüpfübungen. Die musikalische Darstellung der Hüpfrhythmen ermöglicht die Erweiterung zu kleinen Tanzformen und Bewegungsimprovisationen.

**Übungswert:**
Entwicklung von Sprungkraft, Elastizität und Koordinationsvermögen, Förderung des Rhythmusgefühls und der Freude an Bewegungseinsatz und Leistung, Entfaltung von Mut und Willenskraft, Abreagieren von Spannungen.

**Lernziel:**
Gut entwickelte Sprungkraft und Elastizität, – motorische Beherrschung der Grundformen und -rhythmen auch als Vorbereitung zu sportlichen Sprungübungen wie Hoch- und Weitsprung, Springen über und von Geräten, Wasserspringen.

## Übungspraxis

1. Kleine Schlußsprünge am Ort (Arme locker mitnehmen). Schlußsprünge in der Höhe steigern.
2. Hohe Schlußsprünge, auf Zuruf in die Hocke fallen.
3. Wechsel von hohen Schlußsprüngen und Sprüngen in der Tiefhocke.
4. Schlußsprünge, dabei drehen (Arme „fliegen" lassen). Schlußsprünge vorwärts. Schlußsprünge in Zickzack vorwärts.
5. Galoppsprung vorwärts (aus dem Nachstellschritt entwickelt).
6. Seitgalopp nach rechts und nach links. Seitgalopp zu Paaren in Zweihandfassung durch die Gasse hüpfen („Der Sandmann").
7. Seitgalopp in Kreisfassung (kleine Schritte).
8. 4 Seitgaloppschritte, 4 kleine Schlußsprünge am Ort.
9. Pferdchensprung. „Wildes Pferd", – „Kleines Pferd".
10. Sprung von der Schlußstellung in die Grätschstellung und zurück. Übung mit Armbewegung.
11. „Hampelmann" (zuerst langsam, dann schneller).
12. Wechselsprung in Schrittstellung, Übung zu Paaren in Zweihandfassung, mit Nachfedern.

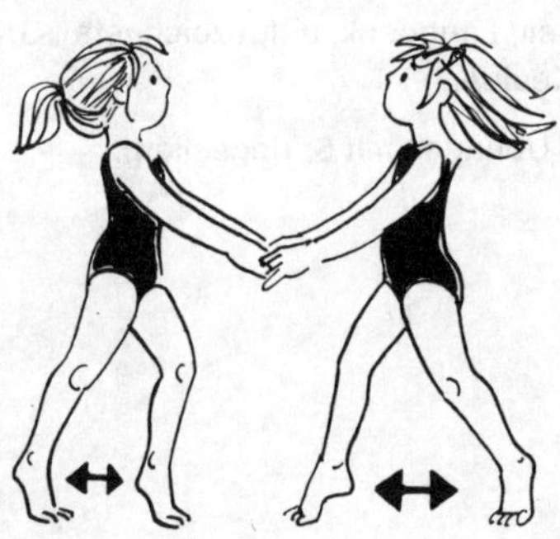

Übung 12

Übung 19

13. Einfaches Vorwärtshüpfen, Arme mitschwingen in Gegenbewegung.
14. Im Raum durcheinander hüpfen, ohne anzustoßen.
15. Hüpfen mit Stampfen und leise hüpfen, im Wechsel.
16. Im Paarkreis in Zweihandfassung hüpfen, paarweise in Kreuzfassung vorwärtshüpfen.
17. Hüpfen auf 1 Bein (mit Beinwechsel). Hüpfen auf 1 Bein mit Drehen (mit Beinwechsel).
18. Niedersprünge von Langbänken, Kästen, Stühlen u. a. (in der Tiefhocke auffangen).
19. Schrittsprung mit Anlauf, Hochsprung mit Anlauf.
20. Sprünge über Seil, Langbank, aufgezeichnete „Gräben", über Kinderhürden, Bälle, Keulen.
21. Seilspringen (s. Übungen mit Springseilen).

## PARTNERÜBUNGEN

### Bewegungs- und Übungslehre

Im Mutter-und-Kind-Turnen erfährt das kleine Kind den Erwachsenen als führenden und helfenden Spielpartner. Sobald das Kind Fortschritte in seiner Entwicklung zur Selbständigkeit zeigt und in Überwindung einer mehr ichbezogenen Spielhaltung die Fähigkeit zu Gesellung und Kooperation mit Altersgenossen erlangt, können auch Partnerübungen in der Turnstunde des Kindergartens praktiziert werden.

Durchführung und Erfolg dieser Übungen sind abhängig von der Alterszusammensetzung der Kindergruppe. Der Übunsleiter muß differenzieren in der Zielsetzung und Aufgabenstellung je nachdem, ob er eine Kindergartengruppe mit Kindern im Alter zwischen 3 und 6 Jahren oder eine Vorschulgruppe mit gleichaltrigen 5–6jährigen Kindern anleitet.

In der altersunterschiedlichen Gruppe des Kindergartens ist es oft schwierig, zu befriedigenden äußeren Ergebnissen bei der Durchführung von Partnerübungen zu kommen. Der Übungswert liegt vornehmlich auf der Förderung der sozialen Entwicklung und des Ausgleichs verschiedener Könnensstufen. Bei diesem Lernen durch den Partner und mit dem Partner ist es am sinnvollsten, wenn je ein älteres und ein jüngeres Kind zusammen turnen. Die größeren und geübten Kinder übernehmen meist die Rolle des Führens und Helfens den Kleinen und Neulingen gegenüber. Bei der gemeinsamen Lösung der Bewegungsaufgaben lernt das ältere Kind auf den jüngeren Spielpartner einzugehen, die Bewegungen und sein Verhalten auf ihn abzustimmen, so daß dieser durch das Beispiel des Erfahrenen Lernhilfen in der Bewältigung neuer Übungen erhält. So erfährt das größere Kind im besonderen eine Förderung in seinem Sozialverhalten und die Hebung seines Selbstwertgefühls, während das gemeinsame

Üben für die kleineren neu eingetretenen Kinder, besonders auch für die Ängstlichen, Schüchternen und Außenseiter eine große Hilfe zur Integration in die Gruppe und Ermutigung zu aktivem Mittun bedeutet.

Günstig wirkt sich auch auf die soziale Reifung der Gruppe das Miteinbeziehen von einzelnen behinderten Kindern aus. Die Einstellung der gesunden Kinder zu dem behinderten Spielpartner ist in diesem Alter von selbstverständlicher Anerkennung und von erfinderischer Hilfsbereitschaft in der Bewältigung gemeinsamer Bewegungsaufgaben gekennzeichnet.

In der Vorschulgruppe mit gleichaltrigen Fünf- bis Sechsjährigen sind beide Partner gleich stark an der Lösung der Bewegungsaufgaben der Paarübungen beteiligt. Sie müssen sich aufeinander einstellen und lernen, in der Anpassung an den Bewegungsschwung und Krafteinsatz des Partners ihre eigenen Bewegungsimpulse zu beherrschen und zu lenken. Der Erfolg der gemeinsamen Bewältigung der Übungen, sei es in Sprung-, Schwung- oder Tanzformen, zeigt sich in erhöhter Freude am Gleichklang und gesteigerter Dynamik der Bewegung. In der gegenseitigen Beeinflussung und Hilfe lernt auch der wenig Geübte relativ schnell selbst bei schwierigen Übungen den richtigen Bewegungsablauf, Koordination und Ökonomie in der Bewegung. Verspannungen und Hemmungen werden so abgebaut. Das Üben zu Paaren ist eine erstaunlich einfache Methode, auch den Ungeschicktesten zu schnellem Lernerfolg kommen zu lassen, ohne lange Erklärungen oder gar diskriminierende Verbesserung. Auch z. B. bei neuen Tanzschritten oder schwierigen Sprungformen hat es sich gezeigt, daß weniger bewegliche von geübten Partnern lernen.
Eine große Hilfe ist dabei die Rhythmusangabe und musikalische Begleitung. Sie aktiviert nicht nur die Aufmerksamkeit beim Bewegungseinsatz, sondern steigert auch das Erlebnis gemeinsamen Bewegungsschwunges.

Neben den Übungsformen des miteinander im Gleichklang sich Bewegens und Tanzens muß den Kindern auch Gelegenheit gegeben werden, ihrem Streben nach Wetteifer gerecht zu werden. Das Messen der Kräfte muß nicht in wilde Raufereien und

Streit ausarten. Vielmehr sollte gemeinsam mit den Kindern versucht werden, bestimmte Spielregeln für kleine Ringkämpfe zu entwickeln. Die Kinder werden diese von ihnen selbst aufgestellten Regeln anerkennen und sich an das, was erlaubt ist, halten. So erfahren sie Fairneß im Wettkampf und die Lösung von Konflikten auf gerechte Weise. Kinder ab etwa 4 Jahre zeigen Verständnis für Übungen und Spiele, in denen sie mit dem Partner um die Wette laufen, springen und kämpfen können.

**Lernziel:**
Entwicklung des Sozialverhaltens – Fähigkeit zu kooperativem Tun im Üben und Spielen, zur Lösung gemeinsamer Bewegungsaufgaben – Eingehen, Helfen und Anpassen an den Partner – Aufnehmen der vom Partner gegebenen Bewegungs- und Rhythmusvorschläge – Fähigkeit zum Leistungsvergleich und Kräftemessen mit anderen Kindern und dabei das Verlieren genauso wie das Gewinnen zu ertragen.

## Übungspraxis

1. Im Kreis oder durcheinander laufen, – auf Signal einen Partner suchen.
2. Laufen, – auf Zuruf mit dem Partner in verschiedenen Fassungen zusammenfinden, z. B. Zweihand-, Kreuzfassung, Einhängen u. a.
3. In verschiedenen Fassungen auf der Stelle rechts herum, links herum laufen, gehen.
4. Paarweise nebeneinander über Kreuz gefaßt vorwärtsgehen, auf Zuruf – kehrt in die entgegengesetzte Richtung (ri–ra–rutsch!).
5. In Einhandfassung mit ausgestreckten Armen am Ort rechts herum laufen mit Heben der Knie (Hand- und Richtungswechsel).
6. Wie Übung 5, dabei in Kreisrichtung vorwärtskommen. (Viel Platz! Der Schwung darf nicht so stark sein, daß ein Kind stürzt.)
7. In Kreuzfassung gegenüberstehen: „Mühle" im Laufen oder seitlichem Nachstellschritt oder Seitgalopp.
8. In der Kutschenfassung vorwärts gehen, laufen, im Galopp hüpfen (mit Wechsel von Vorder- und Hintermann).
9. Ein Kind in Grätschstellung, das andere Kind kriecht in Achterform oder rückwärts durch die Beine (Wechsel).
10. Ein Kind in Bankstellung, das andere Kind steigt seitlich darüber (Wechsel).
11. Ein Kind stellt sich zur „Brücke" auf, das andere Kind kriecht seitlich hindurch (Wechsel). Wechsel von Übung 10 und 11.
12. „Säge" im Hocksitz gegenüber, beide Hände fassen: abwechselnd rechte und linke Seite ziehen mit kräftigem Schwung und seitlicher Drehung des Oberkörpers.
13. Sitz wie bei Übung 12: abwechselnd Oberkörper zurückfedern und vor (Kopf in einer Linie mit dem Rumpf, nicht zurücklegen).
14. Übung 13 in Grätschsitz gegenüber: Ziehen mit gestreckten Beinen.
15. Grätschsitz gegenüber: In Zweihandfassung Rumpf kreisen (für Fortgeschrittene).
16. Bauchlage gegenüber, beide Hände gefaßt: Gemeinsam Oberkörper aufrichten und senken. Aus der Bauchlage mit Zweihandfassung gemeinsam in Wälzrolle („Baumstamm") in eine Richtung rollen.

Übung 6

Übung 10

Übung 11

Übung 12

Übung 13

17. Im Hocksitz gegenüber, Fußsohlen gegeneinander drücken und mit den Beinen in der Luft kreisend „radfahren“. Mit den Fußsohlen sich gegenseitig wegdrücken.

18. Hocksitz gegenüber: Durch Hochstrecken der Beine ein „Tor“ bilden und wieder zurück zum Hocksitz, Übung auch im Liegen.

19. Hockstand gegenüber (Füße mit der ganzen Sohle am Boden): In Zweihandfassung kräftig auf und nieder federn. Langsam zum Stand in die Höhe federn, dann wieder langsam zurück in die Hockstellung federn.

20. Wie Übung 19, dabei leicht vom Boden abspringen, in der Hocke nach rechts (links) seitlich federnd springen.

21. „Waage“: Mit Zweihandfassung ein Kind in Schlußstellung, das andere Kind in Hocksitz: langsam die Stellung wechseln.

22. Grätschsitz gegenüber: Die gestreckten Beine ohne Berührung in der Luft umeinander kreisen (auch im Schwebesitz).

23. In Hocksitz Rücken an Rücken, Arme eingehängt: gemeinsam aufstehen und wieder setzen.

24. In Zweihandfassung gegenüber stehen: Die Arme im Wechselschwung kräftig vor und zurückschwingen (Körper mitfedern).

25. Grätschstellung: In Zweihandfassung seitlicher Glockenschwung hin und her (Körper mitfedern). Übung auch mit Kreis: „Hin und her und Kreis herum!“

26. In Zweihandfassung (ohne die Fassung zu lösen) versuchen beide Partner, sich einmal um sich selbst zu drehen.

27. In Zweihandfassung sich gegenseitig wegschieben, sich gegenseitig wegziehen.

28. „Hahnenkampf“: Die Partner hüpfen auf einem Bein und versuchen mit verschränkten Armen sich gegenseitig so anzustoßen, daß der Partner das Gleichgewicht verliert und beide Beine auf den Boden setzen muß. Wer sich am längsten auf einem Bein halten kann, hat gewonnen.

29. Kleine Ringkämpfe nach gemeinsam bestimmten Regeln, paarweise um die Wette laufen, hüpfen, kriechen u. a.

30. In Zweihandfassung seitlicher Galoppsprung.

31. In Einhandfassung: Zueinander gewendet 3 seitliche Galoppsprünge, dann eine halbe Drehung (beide Kinder schauen nach außen) und erneut 3 seitliche Galoppsprünge usw.

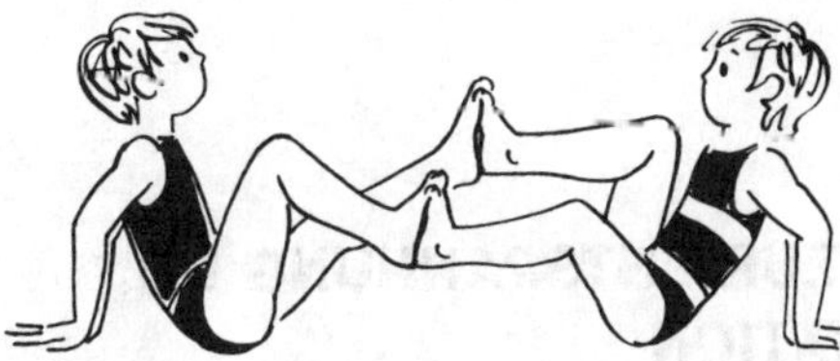

Übung 17

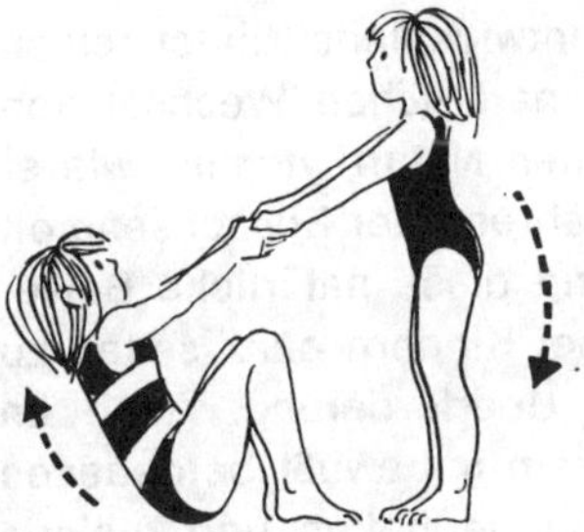

Übung 21

Übung 24

32. Wie Übung 31, jedoch Drehung mit Hupf nach 1 seitlichen Galoppsprung = offene Polka (für Fortgeschrittene).
33. Zwei Kinder machen mit beiden Händen ein Tor, die anderen laufen, hüpfen hindurch.
34. Partner stehen gegenüber: In verschiedenen Variationen nach bestimmten Rhythmen gegenseitig in die Hände klatschen, – auch abwechselnd in die eigenen Hände, an die Hüften, über dem Kopf klatschen, stampfen u. a.
35. Ein Partner klatscht Rhythmus vor, der andere klatscht nach, auch Bewegung vormachen, nachmachen.
36. Paarweise laufen, hüpfen, gehen in verschiedenen Fassungen zu Tanzformen erweitern. Aus den Paarformen einfache Figuren der Polonaise entwickeln (Tor, Gasse, Schiffchen u. a.).

# ÜBUNGEN ZUR ENTSPANNUNG UND KONZENTRATION

## Bewegungs- und Übungslehre

Brauchen Kinder Entspannungsübungen?
Körperlich und seelisch sich gesund entwickelnde Kinder zeigen im Ablauf ihrer Bewegungen einen natürlichen Wechsel von Spannung und Entspannung, d. h. jenen Naturrhythmus, wie er auch Tierbewegungen zu eigen ist. Während der Erwachsene oft durch übertriebene Willensanspannung diese natürliche Bewegungsharmonie zerstört, kommt es bei Kindern ganz selten zu Überspannungen durch körperliche Überforderung. Auch im Freispiel der Kinder kann man an ihrem unbewußt betriebenen „Intervalltraining" diesen Wechsel von lebhaften und ruhigen Bewegungen beobachten. Die Erholung von anstrengenden Tätigkeiten geht daher bei Kindern wesentlich schneller vor sich als beim Erwachsenen. Aktivität und Passivität wechseln oft unmerklich; aus einer Beschäftigung kann ein Kind z. B. völlig entspannt in den Schlaf übergehen. Diese Entspannungsfähigkeit des Kindes muß erhalten bleiben, da sie die Grundlage der körperlichen und nervlichen Erholung ist. Nur aus der Entspannung entwickelt sich die Fähigkeit zu Sammlung und Besinnung, die notwendig sind zur Bewältigung von Aufgaben und Anforderungen des täglichen Lebens.

Wodurch kommt es nun bei Kindern zu Störungen des Gleichgewichts im körperlichen und seelischen Spannungszustand, wie sie sich in mangelnder Konzentrationsfähigkeit, Ablenkbarkeit, Aggressionen, Unlustgefühlen und Reizbarkeit zeigen?

1. Durch Bewegungsmangel, durch Unterdrückung des Bewegungstriebes der Kinder durch verständnislose Eltern und Erzieher;

2. durch Einengung des Bewegungsraumes: enge Wohnverhältnisse, überfüllte Kindergartenräume, fehlende Kinderspielplätze, Fernhalten vom erholenden Spiel in der Natur;
3. durch Reizüberflutung: Fernsehen, Radio, Autofahren, Lärm in den Straßen und Wohnungen, zuwenig Schlaf, falsche Ernährung;
4. durch ungünstige Familiensituationen und Erziehungsfehler, die Angst, Hemmungen und Spannungen verursachen, wie z. B. dauernde Ermahnungen oder Leistungsanforderungen an die Kinder durch ehrgeizige Eltern.

Der Abbau von körperlichen und seelischen Spannungen sollte nicht nur durch „Austoben" geschehen. Zur Entladung der angestauten Aggressionen bietet die Turnstunde viele Möglichkeiten, doch muß aufbauend das richtige Maß von Bewegung und Ruhe, von Freiheit und Ordnung angestrebt werden, um den Kindern Hilfen zu geben, sich selbst zu sammeln, damit sie ihr Gleichgewicht wieder finden.
Dazu können Übungen der Entspannung und Konzentration verhelfen, welche je nach Bedarf und Situation in die Turnstunde mit eingeflochten werden. Die beruhigende Stimme des Übungsleiters, aber auch Musik, welche den Bewegungsablauf lenkt, führen die Gruppe zu Sammlung und Ruhe, aus der heraus die Fähigkeit zu fruchtbarer Tätigkeit erwächst.

Atemübungen können den Vorgang der Entspannung und Beruhigung unterstützen, wenn sie nicht forciert, sondern im Sinne des autogenen Trainings im rhythmischen Wechsel von Heben und Senken, von Spannen und Lösen ausgeführt werden. Auf die entspannende Wirkung der Ausatmung ist dabei besonders zu achten. Der Erzieher soll sich dabei dem Rhythmus der Kinder anpassen.
Spezielle, bewußt vorgenommene Atemgymnastik ist bei Gesunden, die sich ausgiebig in frischer Luft bewegen können, nicht notwendig. Die beste Anregung und Kräftigung von Atmung, Herz und Kreislauf ist, vor allen anderen Sportarten, das Laufen, – dann das Bergwandern, Schwimmen, Singen und Tanzen.

Zur körperlichen und seelischen Erholung und Entspannung trägt der Aufenthalt in der freien Natur wesentlich bei. Der freie unbegrenzte Bewegungsraum, das Erlebnis der Natur, die Reize von Sonne, Wind und Wasser wirken ausgleichend und harmonisierend besonders auf das durch zivilisatorische Einflüsse gestörte vegetative Nervensystem. In der natürlichen Umgebung verlieren sich Spannungen, Ängste und Hemmungen oft von selbst. Eltern und Erzieher sollten jede Gelegenheit wahrnehmen, den Kindern das erholende Spiel im Garten oder im Wald zu ermöglichen.

Zur Überforderung von Kindern muß gesagt werden, daß heutzutage die Schäden durch nervliche Überreizung wesentlich häufiger sind als rein körperliche Überanstrengungen.
Eine abwechslungsreiche Übungsfolge in der Turnstunde wird die Kinder nie überfordern.

Atemübungen im Liegen sollten nur bei gut gereinigtem, staubfreiem Fußboden, am besten auf der Wiese praktiziert werden.

## Übungspraxis

1. Entspanntes Liegen auf dem Rücken, dann dabei Atemübung mit ruhigem Aus- und Einatmen.
2. Wie Übung 1, ein Sandsäckchen, Buch oder kleines Kissen auf Oberbauch legen, beim Atmen Bauch heben und senken.
3. Entspanntes Liegen auf dem Rücken: Arme heben, entspannt auf den Bauch fallen lassen.
4. Rückenlage: Beine hochstrecken, dann Unterschenkel entspannt fallen lassen, in den Knien dabei einknicken (mehrmals Wechsel von Strecken und Entspannen).
5. Nach dem Fallenlassen der Unterschenkel die Fußsohlen auf dem Boden vorrutschen lassen und Beine ganz entspannen.
6. Liegen auf dem Bauch: Arme und Beine entspannt „von sich strecken".
7. Liegen auf der Seite mit entspannten Armen und Beinen, von einer Seitenlage in die andere rollen.
8. Aus dem Hocksitz in die Seitenlage entspannt fallen lassen.
9. Aus dem Kniesitz in die Seitenlage entspannt fallen lassen (Körperschwerpunkt voraus).
10. Schneidersitz: ruhig aus- und einatmen.
11. Türkensitz: sehr gerade sitzen, dann Oberkörper entspannt senken.
12. Bewegungen mit Unterbrechungen: z. B. Gehen, auf Zeichen Stehen, Hocken, Liegen u. a. Ganz leise laufen, auf Zeichen leise hinlegen.
13. Kleine leise Schlußsprünge, auf Zeichen hoch auf Zehen stehen (nicht wackeln!).
14. Vom Hochzehenstand langsam zum Hockstand „kleiner werden". Vom Hockstand langsam hoch „wachsen".
15. Wie Übung 14, dabei langsame Schritte vorwärts.
16. Vom hochgestreckten Stand entspannt in den Hockstand „fallen".
17. Balancieren auf aufgezeichneten Linien (Kreis, Schlange, Schneckenform, Rechteck u. a.), auch auf Schwebebalken, liegenden Reifen oder Seilen.
18. Langsam vorwärtsgehen, auf dem Kopf Gegenstand (Sandsäckchen, Wurfring, Buch o. ä.) balancieren. Mit Gegenstand auf dem

Kopf langsam vom Stand zur Hocke oder Sitz senken und wieder hoch.

19. Stab auf Hand, Finger balancieren. Mit gefülltem Wasserglas vorwärtsgehen, ohne daß Wasser überläuft.

20. Wechsel von schnellen zu langsamen Schritten nach Rhythmusangabe.

21. Langsame Schritte: Die Gruppe versucht auf einen gemeinsamen Rhythmus zu kommen.

22. Mit geschlossenen Augen vorwärts, rückwärts gehen, über ein Hindernis (Keule, Bank) steigen, im Slalom um aufgestellte Keulen.

23. Übung 22 zu Paaren: Ein Kind hat die Augen geschlossen, das andere Kind führt.

24. Keulen, Reifen, Stühle leise auf den Boden legen, zwischendurch gehen, laufen ohne anzustoßen.

# ÜBUNGEN MIT BÄLLEN

## Bewegungs- und Übungslehre

Der Ball ist das wichtigste und geeignetste Spiel- und Sportgerät. Durch seine Beweglichkeit gibt er Anregungen zu vielfältigen lebendigen Übungs- und Spielformen, die besonders die Geschicklichkeit und das Reaktionsvermögen der Kinder fördern.

Bei Anschaffung der Geräte ist folgendes zu empfehlen:
Für jedes Kind im Kindergarten sollte ein Ball vorhanden sein. Die Größe und Schwere des Balles richtet sich nach dem Alter und dem Können der Kinder und nach der Übungsart, die im Vordergrund steht. Am vielseitigsten zu verwenden für Roll-, Wurf- und Fangübungen ist der Gymnastikball in Normalgröße. Um die Sicherheit der Kinder im Fangen zu fördern, sollten auch größere Bälle benutzt werden. Je kleiner ein Ball ist, um so schwerer wird er vom Kleinkind gefangen. Für die Entwicklung der Wurffähigkeit mit 1 Arm sind Tennisbälle zweckmäßig. Für die Übungsstunde in der Vorschule sollten zur Kräftigung der Kinder auch kleine Medizinbälle von 800–1000 g Verwendung finden.
Alle Bälle sind heute mit Ventilen versehen, lassen sich daher aufpumpen und, ob Hohl- oder Vollball, gut prellen. Beliebt sind bei den Kindern die sog. Kängeruh- oder Hupfbälle, auf denen die Kinder sich elastisch springend vorwärtsbewegen können.

Für Ballübungen braucht man einen größeren Bewegungsraum wie Wiese oder Turnhalle. Der Gruppenraum ist weniger geeignet, da die Kinder dort ihre Bewegungsfähigkeit mit dem Ball nicht voll entfalten können und man mehr verbieten muß als anregen darf.

Die Grundformen in der Bewegungsschulung mit dem Ball sind Rollen, Werfen, Prellen und Fangen. Ihre Beherrschung sollte vom Kleinkindalter an zielgerichtet in Lernstufen entwickelt werden. Am Anfang steht das Rollen und Werfen des Balles. Schon das kleine Kind hat Freude daran, den Ball oder andere Gegenstände aus dem Kinderwagen oder Bettchen zu werfen. Im Krabbelalter kriecht das Kind dem rollenden Ball nach. Sobald es laufen kann, wirft es den Ball fort oder rollt ihn mit dem Fuß stoßend vorwärts und läuft ihm nach. Diese mit großer Lust betriebenen und sich immer wiederholenden Spiele mit dem Ball soll der Erzieher nicht einengen, sondern freien Spielraum schaffen, damit die Kinder sich mit dem beweglichen Gerät vertraut machen können und allmählich zu sicheren und zielgerichteten Ballbewegungen gelangen.

Das Fangen des geworfenen und geprellten Balles fällt den Kindern zunächst sehr schwer. Es steht nicht am Anfang der Lernschritte, sondern wird erst bei fortgeschrittener Ballbeherrschung gemeistert. Es ist unsinnig, wenn Erwachsene kleinen Kindern den Ball zuwerfen und diese ihn fangen sollen, wozu sie noch nicht in der Lage sind. Um keine Frustration zu erzeugen, sondern die Bewegungsfähigkeit mit dem Ball durch Übungserfolge langsam zu entwickeln, sollte zunächst das Rollen (Zurollen, Weit- und Zielrollen mit Hand und Fuß), dann das Werfen (Hoch- und Weitwerfen, Zielwerfen) in vielfältigen Formen geübt werden. Hierbei bietet sich eine gute Gelegenheit, die Kinder beidarmig gleichmäßig auszubilden; also alle Übungen zuerst mit beiden Armen, dann mit 1 Arm (oder Bein) rechts und links gleichmäßig oft durchführen lassen. So erlangen die Kinder Sicherheit in beiden Armen und das Fangen des Balles gelingt allmählich und wird von Fünf- und Sechsjährigen bei nicht zu kleinen Bällen schon ganz gut beherrscht, ohne daß sie sich beim Fangen verkrampfen. Der Ball sollte dabei „in die Arme“ genommen werden, nicht die Finger vorspreizen (Fingerverletzung).

Schon im Vorschulalter und nicht erst in der Schule sollten Weitwürfe und Zielwürfe geübt werden, abwechselnd mit dem rechten und linken Arm. In verschiedenen Höhen angebrachte Körbe im Turnspielgarten regen die Kinder an, sich in der zielgerichteten Bewegung des Korbballwurfes zu üben.
So kann durch ein gut durchdachtes Übungsprogramm mit dem Ziel der spielenden Beherrschung von Roll-, Wurf-, Prell- und

Fangübungen schon in Kindergarten und Vorschule die Grundlage gelegt werden für die großen und kleinen Ballspiele und leichtathletischen sportlichen Übungen in der Schule.

**Ratschläge zur Unfallverhütung:**
Genügend Platz – Vorüberlegung der Raum- und Gruppeneinteilung – Gute Übersicht und Organisation – Richtungsangabe der Wurf- und Rollbewegungen – Eine gewisse Ordnung, besonders zwischen den Übungen, zur Sammlung – Beim Ballfangen Finger nicht vorspreizen – Rücksichtnahme.

## Übungspraxis

Die Kinder stehen nebeneinander. Es wird hin und her geübt.

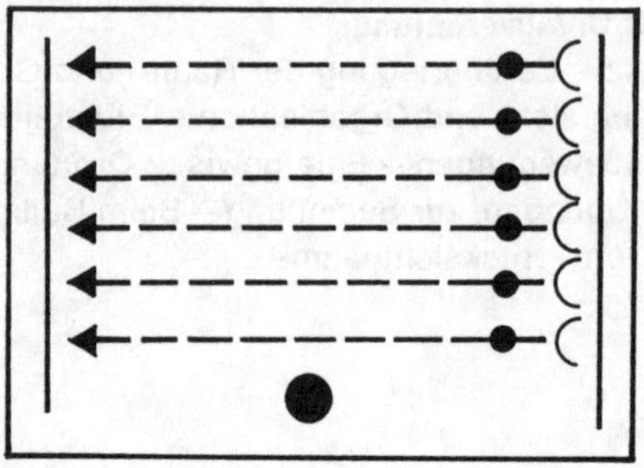

Rollübungen

1. Ball mit 1 Fuß stoßen, vorrollen lassen, nachlaufen (Fuß abwechseln).
2. Ball mit beiden Händen mit Schwung vorrollen, nachlaufen.
3. Grätschstellung: Ball durch die Beine nach hinten rollen, nachlaufen.
4. Ball mit 1 Hand mit den Fingern rollen, dabei gebückt vorwärtsgehen (links und rechts im Wechsel).
5. Ball im Slalom um Stühle, Stuhlbeine, Keulen u. a. rollen (links und rechts wechseln).
6. Kleineren Ball mit 1 Hand mit Schwung vorrollen, nachlaufen. Ball durch ein „Tor" rollen, zuerst breites „Tor" (z. B. Tisch), dann schmäler (Stuhl).
7. Ball mit 1 Fuß stoßend durch „Tor" rollen (Fußwechsel).
8. „Kegeln": Zielrollen auf Keulen, Blechbüchsen o. ä.
9. Paarweise in Grätschsitz gegenüber: Ball mit den Händen zurollen. Paarweise gegenüber stehen: Durch ein „Tor" zurollen.

Wurfübungen (erfordern besonders viel Platz)

10. Ball beliebig hoch oder weit werfen, Ball so hoch werfen, wie jeder kann.
11. Ball wenig hochwerfen, aufprellen lassen, fangen.
12. Ball an die Wand werfen, aufprellen lassen, fangen.

13. Mit kleinem Ball Weitwürfe mit 1 Hand (Wechsel der Hand). Ball mit beiden Armen rückwärts über den Kopf werfen, nachlaufen.

14. Vorwärts werfen, nachlaufen.

15. Hochweitwürfe über gespannte Leine, Zielhochwürfe in Körbe, Zielweitwürfe durch hochhängende Reifen, auf Blechdeckel o. ä.

16. Ball hochwerfen, in die Hände klatschen, fangen – Ball hochwerfen, sich drehen und dann fangen.

## Prellübungen

17. Grätschsitz: Ball fallen lassen, aufprellen lassen, dann fangen, Ball mit beiden Händen prellen, Ball mit 1 Hand prellen (Handwechsel).

18. Im Stand: Ball fallen lassen, aufprellen lassen und fangen, Ball mit beiden Händen prellen.

19. Ball mit beiden Händen prellen, dabei Schlußsprünge am Ort, Schlußsprünge vorwärts.

20. In der Hockfederung Ball mit beiden Händen prellen, in der Tiefhocke vorwärts springen.

21. Im Stand: Mit einer Hand prellen (rechts und links wechseln), abwechselnd 1 mal mit der rechten, 1 mal mit der linken Hand prellen (für Geübte).

22. Wie Übung 21, mit Vorwärtsschritten (für Fortgeschrittene), mit Vorwärtshüpfen.

## Boden- und Fußübungen

23. Schneidersitz: Ball mit den Händen um sich herumrollen (weite Rumpfbewegung), Ball um die gestreckten Beine rollen, Ball unter den gestreckt angehobenen Beinen durchrollen, Beine senken, Ball hinter dem Rücken um sich herumrollen und Übung wiederholen.

Übung 20

24. Um den liegenden Ball herumkriechen.

25. Hocksitz: „Fußmassage", mit den Fußsohlen Ball vor und zurück rollen. Im Hocksitz sich drehen, dabei den Ball mit den Fußspitzen um sich herumrollen, den Ball mit den Füßen vorwärtsrollen, im Sitz nachrutschen.

26. Strecksitz: Ball mit den Füßen greifen, hochheben und langsam hinlegen, Ball mit den Füßen greifen, Beine in Rückenlage über den Kopf schwingen, Ball ablegen oder werfen.

27. Strecksitz: Ball auf den sich hebenden und senkenden Beinen vor und zurückrollen.

28. Schneidersitz: Ball mit gestreckten Armen hochhalten, mit geradem Rücken Rumpf nach links und rechts federn. Mit geradem Rücken Rumpf weit vorbeugen, so daß der Ball den Boden berührt und wieder strecken.

29. Bauchlage zu Paaren gegenüber: 1 Ball mit beiden Händen zurollen, beim Auftakt Oberkörper aufrichten.

30. Hocksitz zu Paaren gegenüber: 1 Ball mit beiden Füßen zurollen.

## Weitere Übungen:

Mit hochgehobenem Ball im Streckgang vorwärtsgehen – Ball hinter den Kopf halten, im Hockgang („Zwergengang") federnd vorwärts gehen – Wechsel der Übung – Ball auf 1 Hand balancieren, dabei vorwärts gehen, laufen (mit Handwechsel) – Bälle liegen am Boden: darüber springen – in Schlangelinie um die Bälle kriechen, laufen.

Übung 26

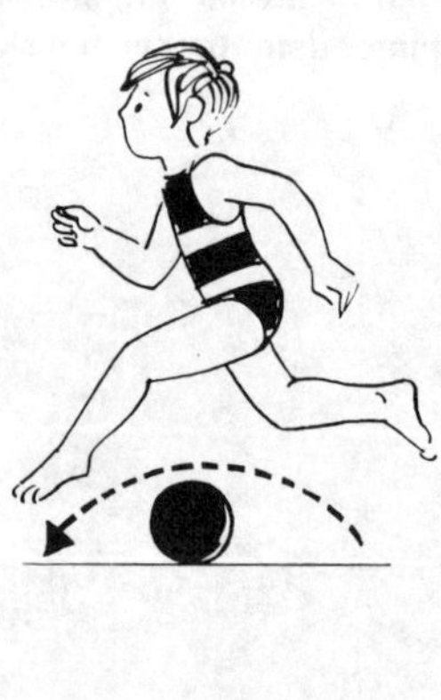

# ÜBUNGEN MIT REIFEN

## Bewegungs- und Übungslehre

Das Reifentreiben ist ein uraltes Kinderspiel und wird auch heute von den Kindern mit Freude geübt, wenn genügend Bewegungsraum zur Verfügung steht, am besten eine Spielwiese mit kurz geschnittenem Rasen. Im engen Gruppenraum kann der bewegungs- und geschicklichkeitsfördernde Übungszweck dieses sehr kindgemäßen Spielgerätes nicht erfüllt werden. Auch ist es schwer, auf glattem Boden den rollenden Reifen zu lenken.

Für jedes Kind sollte ein Reifen möglichst aus Plastik vorhanden sein. Im Freispiel und in der Übungsstunde mit dem Reifen steht die lebendige und elegente Bewegungsart des Reifentreibens im Vordergrund. Die Kinder sollten darin eine spielerische Beherrschung im Umgang mit dem Gerät in vielerlei Variationen erlangen. Das Spiel mit dem Reifen wirkt zugleich befreiend und bindend, es fördert die Bewegungsfreude und Geschicklichkeit ebenso wie die Fähigkeit zur Konzentration. Das Kind erlernt den ökonomischen Einsatz seiner Körperbewegung durch subtile Steuerung mit Auge und Hand bei der Lenkung des leichten Gerätes in verschiedene Richtungen. Es erfährt hier wie beim Ballspiel ein natürliches „Intervalltraining" d. h. Lauftraining mit Unterbrechungen.

Das Reifentreiben und alle bewegungsreichen Übungen wie Springen, Hüpfen haben zur Erweiterung der Bewegungsfähigkeit der Kinder größeren Übungswert als die ruhigen Übungen, in denen die rollende Funktion des Reifens nicht genügend eingesetzt wird. Beim gemeinsamen Üben ist es zweckmäßig, die Richtung der Bewegung anzugeben, z. B. Rollen von einer Seite der Wiese oder Halle zur anderen.

## Übungspraxis

1. Reifen vortreiben, nachlaufen, abfangen. Reifen in bestimmte Richtung treiben (geradeaus, im Kreis). Reifen mit der anderen Hand steuern.
2. Reifen vortreiben, den rollenden Reifen im Lauf überholen. Reifen langsam treiben, nebenhergehen (geradeaus, im Kreis, in Kurven), auch mit der anderen Hand steuern.
3. Den Reifen mit 1 Hand senkrecht halten, durchschlüpfen, um den Reifen herumlaufen, wiederholen.
4. Paarweise gegenüber stehen: Den Reifen hin und her rollen.
5. Zu Paaren: Ein Kind hält den Reifen senkrecht, das andere Kind kriecht hindurch (mehrmals, dann Wechsel).
6. Wie Übung 5, jedoch mit „Hoppelhupf" durch den Reifen (mit den Händen aufstützen, mit den Füßen nachspringen). Fortsetzung der Übung: Ein Kind führt den Reifen langsam vorwärts, das andere Kind springt mit „Hoppelhupf" hindurch, dann: jedes Kind treibt seinen Reifen (zunächst langsam) vorwärts und versucht hindurchzuschlüpfen.
7. Reifen „tanzen" lassen (drehen), um den „tanzenden" Reifen laufen.
8. „Autofahren": Reifen als „Lenkrad" mit beiden Händen fassen und vorwärts laufen, auch im Sitz vorwärts rutschen.
9. Schneidersitz: Den Reifen hoch über dem Kopf halten, abwechselnd sich strecken und vorbeugen – nach links und rechts beugen.
10. Schneidersitz: Reifen hoch über dem Kopf halten, dann langsam senken und leise hinlegen.
11. Um den liegenden Reifen laufen, auf Signal in den Reifen setzen. Um den liegenden Reifen kriechen, im „Hundelauf", im Seitgalopp.
12. Auf dem liegenden Reifen balancieren, Arme zur Seite – rückwärts balancieren.
13. Seitliches Gehen auf dem liegenden Reifen: Zehen umklammern den Reifen.
14. Hochheben des Reifens mit den Zehen. In den liegenden Reifen hinein und heraus springen – mit „Froschsprung".
15. Mit Anlauf über den liegenden Reifen springen (für Fortgeschrittene).

Übung 3

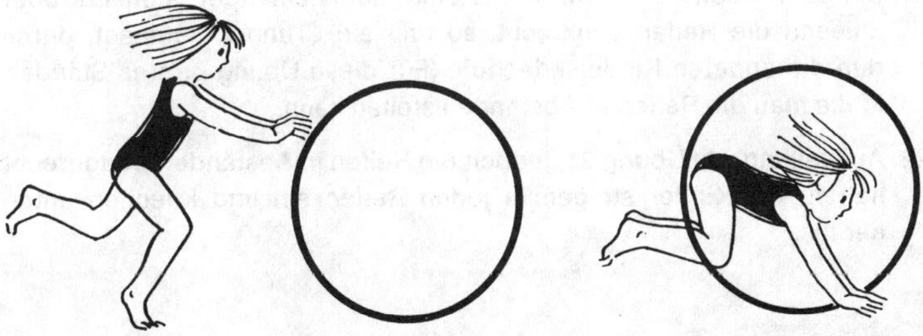

Übung 6

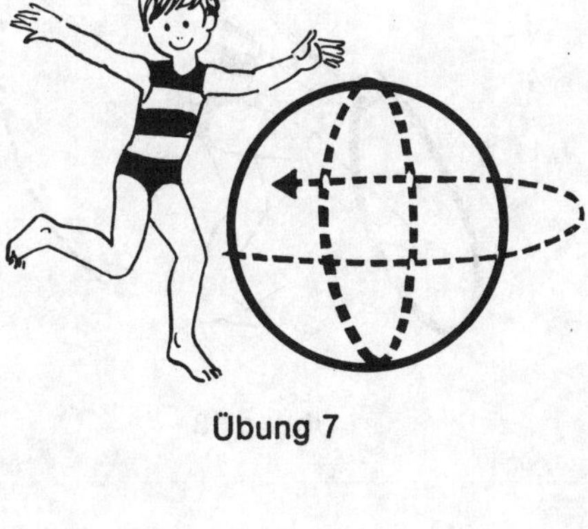

Übung 7

16. Reifen liegen in gleichen Abständen im Kreis, jedes Kind sitzt in einem Reifen: Auf Zuruf laufen alle Kinder außen um den Kreis in einer Richtung. Wer sitzt zuerst wieder in seinem Reifen? Diese Übung in verschiedenen Bewegungsarten: Kriechen, Hüpfen, „Hundelauf", Pferdchensprung, große Schritte, in Schlangenlinie laufen u. a.

17. Von einem Reifen zum anderen springen – auch in Häschen-, Froschsprung, Storchengang u. a.

18. Jedes Kind hält seinen Reifen senkrecht vor sich, steigt hindurch und schwingt den Reifen nach hinten, nach oben und wieder vor. Mehrmals wiederholen, bis die Bewegung zügig in Vorwärtsschritten gelingt. Übung auch mit kleinen Lauf- oder Galoppschritten.

19. Partnerübung: Ein Kind hält den Reifen waagerecht, der Partner steigt ein und kriecht unten durch. Mehrmals wiederholen, dann wechseln.

20. Paarweise „Kutsche" im Vorwärtslaufen, im Galoppsprung.

21. Einige Kinder halten in der Reihe nebeneinander stehend oder knieend die Reifen senkrecht, so daß ein „Tunnel" entsteht, durch den die anderen Kinder kriechen. (Für diese Übung gibt es Ständer, in die man die Reifen in Abständen stellen kann.)

22. Aufstellung wie Übung 21, jedoch die Reifen in Abständen waagerecht halten, die Kinder steigen in jeden Reifen ein und kriechen unten heraus.

Übung 18

# ÜBUNGEN MIT STÄBEN

## Bewegungs- und Übungslehre

Übungen mit Stäben sind nur in kleinen Gruppen und bei genügend Platz möglich und sinnvoll, wenn die Kinder Verständnis für gegenseitige Rücksichtnahme, geordnetes Üben und diszipliniertes Verhalten haben, um Verletzungen zu verhüten. Sprung- und Balancierübungen über liegende Stäbe sollten nur auf dem Rasen durchgeführt werden, da hier der Stab nicht so leicht wegrutscht wie auf glattem Boden.

Gute Organisation der räumlichen Aufteilung (weite Abstände) und klare Anordnungen des Erziehers verringern die Unfallgefahr.

Stabübungen bieten viele Möglichkeiten zur Entfaltung der Geschicklichkeit und Bewegungskoordination und zur Ausbildung der Schwung- und Sprungkraft. Sie sind besonders wirksam zur Erzielung einer guten Haltung und gesunder Füße. Auch die Haltungsübungen sollten nicht statisch, sondern als Ganzkörperbewegung und im rhythmischen Ablauf vor sich gehen.

Zum Geräteinventar gehört für jedes Kind 1 Stab in ca. 70 cm Länge.

## Übungspraxis

Mehrere Stäbe liegen in Abständen waagerecht hintereinander. Die Gruppe steht in Reihe vor den Stäben, – es wird im „Strom" hintereinander geübt.

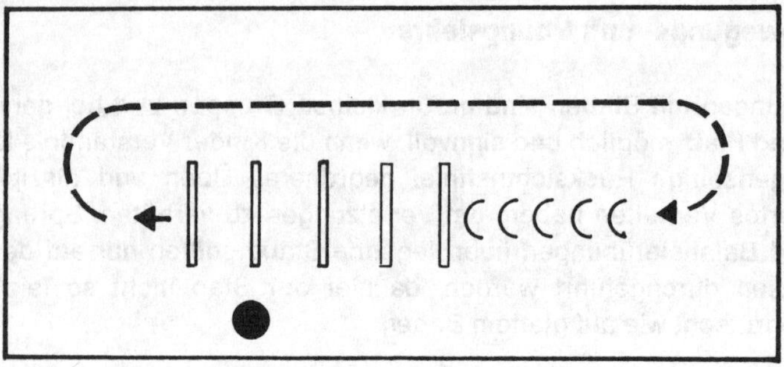

1. In Schlangenlinie um die Stäbe laufen.
2. Über die Stäbe springen.
3. In Schrittsprüngen über die Stäbe.
4. Von einem Bein auf das andere über die Stäbe springen.
5. Mit Schlußsprüngen über die Stäbe springen.
6. Mit seitlichen Schlußsprüngen springen: „Wedeln".
7. Im Storchengang über die Stäbe gehen.
8. Im Hunde- und Katzenlauf über die Stäbe.
9. Im Elefantengang über die Stäbe.
10. Im Froschsprung über die Stäbe.
11. Im Häschensprung über die Stäbe.
12. Im Stützhocksprung über die Stäbe („Hoppelhupf"): Hände über dem Stab aufstützen, mit den Beinen nachspringen.

Im Kreis mit großen Abständen verteilen, jedes Kind hat 1 Stab

13. Streckgang: Stab waagerecht mit beiden Händen hoch über dem Kopf halten, gestreckt auf Zehenspitzen vorwärts gehen.

14. Hockgang: Stab hinter dem Kopf oder vorhalten, in der tiefen Hocke federnd vorwärts gehen.

15. Wechsel von Streckgang und Hockgang.

16. Hochlauf: Stab vor dem Körper halten, mit angehobenen Knien laufen, in Kurven laufen, Beine nach hinten werfen.

17. Im Stand Stab an den Enden halten: Mit den Beinen nacheinander zwischen den Händen durchsteigen und wieder zurück.

18. In Grätschstellung seitlicher Armschwung, auch als Rumpfschwung (Oberkörper schwingt hoch und tief) und mit Rumpfkreisen.

19. Grätschstellung: Stab abwechselnd nach oben und mit Rumpfbeugen zu den Füßen federn.

20. In Grätschstellung Querschwung, Geigenschwung. Mit Geigenschwung vorwärts gehen.

21. Schlußstellung: Mit senkrecht gehaltenem Stab in verschiedenen Rhythmen auf den Boden schlagen.

22. Wie Übung 21, dabei vorwärts gehen.

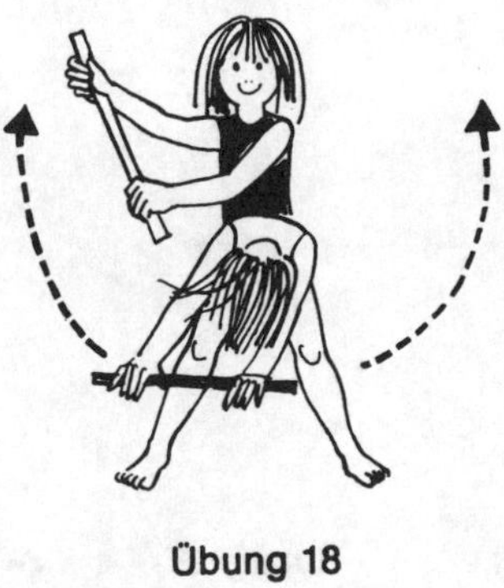

Übung 18

23. Stützsprünge: Stab senkrecht vor sich auf den Boden stützen, in Schlußsprüngen nachspringen (auf dem Rasen).

24. Stützsprünge mit 2 Stäben: In jeder Hand 1 Stab senkrecht vor sich auf den Boden stützen, in Schlußsprüngen nachspringen (auf dem Rasen, für Fortgeschrittene).

25. Balancieren des Stabes auf der Hand, auf 1 Finger.

26. Pferdchensprung mit dem Stab („Steckenpferd").

27. Stab waagerecht hochhalten: Aus dem Streckstand langsam zur Hocke und Stab auf den Boden legen.

## Boden- und Fußübungen

28. „Fußrolle": Im Hocksitz mit den Fußsohlen auf dem waagerecht liegenden Stab vor und zurück rollen („massieren").

29. Im Schwebesitz den Stab mit den Zehenspitzen vor und zurück rollen.

30. Im Hock- oder Schwebesitz: Zehen „tanzen" vor und hinter dem waagerecht liegenden Stab.

31. Strecksitz, Stab liegt waagerecht auf den Beinen: Durch Heben und Senken der Beine Stab vor und zurück rollen.

32. Im Strecksitz Stab hoch über dem Kopf mit gestreckten Armen nach hinten federn, dann vorbeugen und Stab zu den Füßen vorfedern, und wieder hoch usw.

33. Streck- oder Schneidersitz: Den waagerecht hochgehobenen Stab mit geradem Rücken nach rechts und nach links federn.

34. In Bauchlage den Stab mit beiden Händen waagerecht vorhalten: Oberkörper abwechselnd aufrichten und senken.

Übung 23

35. „Bauchschaukel" („Wiegemesser") mit dem Stab.

36. Im Hocksitz Stab waagerecht vorhalten: Beine über den Stab strecken und zurück.

37. Stab auf den Boden legen: Mit Schlußsprung über den Stab vor und zurück springen. Seitlicher Sprung von einem Bein auf das andere. Liegenden Stab mit Zangengriff der Zehen erfassen.

### Partnerübungen

38. „Kutsche": Ein Kind faßt vorne, das andere Kind hinten die Enden von 2 Stäben. Beide laufen im „Trab" vorwärts.

39. Wie Übung 38, in Kurven laufen, im Galoppsprung vorwärts.

40. Wechselschwung: Die Partner stehen sich gegenüber und schwingen die an den Enden gefaßten 2 Stäbe in Gegenbewegung.

41. In Grätsche gegenüber: Die gefaßten Stäbe seitlich hin und her schwingen.

42. In Bauchlage gegenüber, beide Hände der Partner fassen waagerecht 1 Stab: abwechselnd den Stab mit aufgerichtetem Oberkörper hochheben und wieder senken.

43. „Säge": Im Hocksitz gegenüber, zwei Stäbe an den Enden halten, mit seitlichem Drehen des Oberkörpers hin und her ziehen.

44. Sitz und Fassung wie bei Übung 43: Abwechselnd den Oberkörper zurück und vor schwingen.

45. Ziehkampf mit 1 waagerecht gehaltenen Stab, Schiebekampf mit waagerecht gehaltenem Stab.

46. Gegenüber sitzen: Mit den Füßen 1 Stab hin und her rollen.

47. „Hockey": 2 Kinder stehen sich in Abstand gegenüber und treiben einen Ball oder Tennisring mit dem Stab hin und her.

Übung 42

# ÜBUNGEN MIT DEM LANGSEIL

## Bewegungs- und Übungslehre

Die Übungen mit dem langen Seil eignen sich gut als Sprungschulung in der gemeinsamen Übungsstunde. Da sie die Füße sehr beanspruchen, sollten sie auf dem weichen Boden des Rasens durchgeführt werden. Im Raum muß besonders auf elastisch federndes Auffangen beim Springen geachtet werden, um Fußschäden zu vermeiden.
Das einfache, billige und auch von Kindern leicht zu handhabende Sportgerät bietet vielseitige Übungsmöglichkeiten zum Springen, Kriechen, Balancieren und zur Ausbildung des Fußes. Am Langseil können sich alle Kinder gleichzeitig und in sehr kindgemäßen und lebendigen Bewegungsübungen betätigen, – es gibt kein langes Warten und Herumstehen wie bei Einzelübungen an manchen anderen Geräten.
Die Kinder entwickeln so Mut und Entschlußfreudigkeit, Gewandtheit, Elastizität und Sprungkraft. Die Angst vor dem Seil wird spielend überwunden; bei den Fortgeschrittenen zeigt sich die Freude an der Sprungleistung und am dynamischen Bewegungseinsatz. Hier wird die Grundlage gelegt für die Sprungschulung im Leistungs- und Schulalter.
Zur Vermeidung von Unfällen und zur besseren Übersicht ist eine gute Organisation der Übungen notwendig. Ohne eine gewisse Ordnung ist die Durchführung dieses Übungsprogrammes nicht möglich. Klare Angaben am Beginn der Übungen über Aufstellung der Gruppe, über die Richtung, in die die meist lebhaften Bewegungen gehen sollen, helfen mit, daß es kein Durcheinander gibt. Bei allen Sprungübungen über das angehobene Seil muß das Seil so lose gehalten werden, daß es sofort losgelassen werden kann, wenn ein Kind hängenbleibt, damit es keine schweren Stürze gibt.
Für eine größere Kindergruppe sollte ein ca. 10 m langes Seil von gleichmäßiger Stärke von 1–1,5 cm Ø angeschafft werden, welches auch als Rundseil verwendet werden kann.
Vorteilhaft ist für manche Übungen auch ein weiches Gummiseil („Zauberschnur").

## Übungspraxis

Aufstellung der Gruppe: In Linie nebeneinander. Es wird hin und her geübt von den beiden Sammellinien aus. Erzieher und ein Kind halten das Seil, es kann auch an zwei Ständern oder Bäumen befestigt werden. Dann steht der Erzieher an der Seite oder am Ziel, wohin die Kinder laufen sollen, oder er macht die Übungen mit.

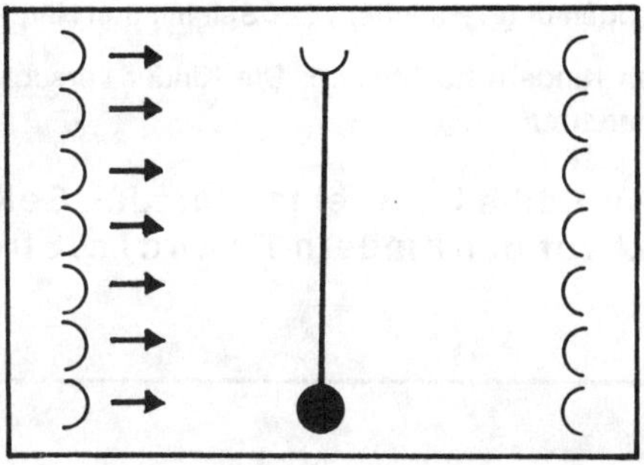

1. Seil liegt auf dem Boden, alle springen mit Anlauf darüber, Seil in Kniehöhe: mit Anlauf darüberspringen, Seil in unterschiedlicher Höhe schräg halten. Die Kinder können die Höhe, die sie überspringen wollen, selbst wählen.
2. Über das Seil steigen, ohne es zu berühren. Unter dem Seil durchkriechen (mit flachem Rücken).
3. Auf dem Hinweg das Seil überspringen, bis zur Sammellinie laufen, auf dem Rückweg unten durchkriechen.
4. Nahe an das liegende Seil stellen, im Schlußsprung über das Seil (weicher Aufsprung), Seil in geringer Höhe halten, mit Häschen-, Froschsprung über das Seil.
5. „Baumstammrollen" unter dem angehobenen Seil hindurch: Jeweils 3–4 Kinder legen sich auf der Sammellinie nebeneinander hin und rollen mit gestreckten Armen und Beinen unter dem Seil hindurch zur anderen Sammellinie. Die nächsten 3–4 Kinder folgen in Abständen.
6. Seil waagerecht schlängelnd bewegen: Alle mit Anlauf darüber springen. Seil senkrecht schlängelnd bewegen: Alle mit Anlauf darüber springen.

7. Fußübung: Alle Kinder sitzen dicht am liegenden Seil, ergreifen es mit den Zehen und heben es hoch.

8. Im Schwebesitz Füße „tanzen“ lassen: Abwechselnd mit den Zehenspitzen vor dem Seil, mit den Fersen hinter dem Seil auftippen, Beine dabei hoch abfedern (Bauchmuskelkräftigung).

9. Wie Übung 8, jedoch Gegenbewegung der Füße.

10. In Bauchlage mit gestreckten Armen das Seil halten, auf Zuruf das Seil mit aufgerichtetem Oberkörper hochhalten und wieder senken.

11. In Grätschsitz die Füße am Seil: Mit gestreckten Beinen den Oberkörper vorbeugen und versuchen, das Seil mit den Händen zu fassen.

12. Seil über den Kindern hochhalten: Die Kinder versuchen springend das Seil zu berühren.

**Aufstellung in Reihe hintereinander, das Seil liegt lang ausgestreckt vor den Kindern. Es wird im „Strom“ geübt.**

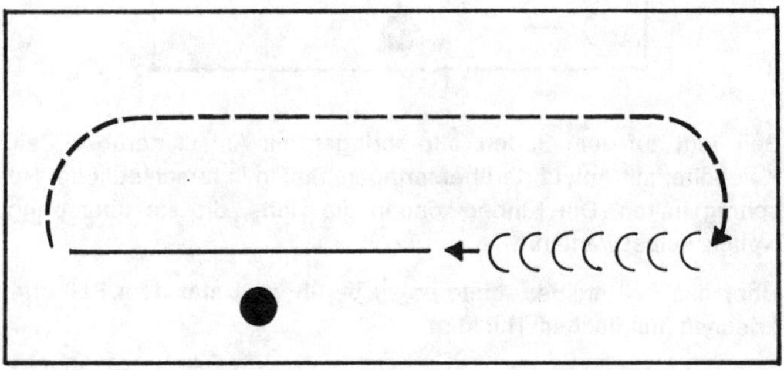

13. Auf dem Seil balancieren, die Arme zur Seite strecken (Fuß von den Zehen zur Ferse abrollen), rückwärts balancieren. Zu Paaren in Zweihandfassung balancieren: Ein Kind vorwärts, das andere Kind rückwärts (bei Wiederholung Wechsel).

14. In Schlußsprüngen das Seil seitlich nach rechts und links überspringen (federnd aufspringen).

15. Im Zickzackkurs von einem Bein auf das andere Bein springen. Im Zickzackkurs mit Häschensprung über das Seil.

16. In der Hockwende seitlich über das Seil.

Übung 5

Übung 13

Übung 16

17. Übung 14 bis 16 über das niedrig gespannte Seil (für Fortgeschrittene).

18. Im „Hundelauf“ über das Seil, im „Elefantengang“ über das Seil.

19. Mit seitlichem Nachstellschritt auf Zehenspitzen auf dem Seil balancieren.

Übungen am „Doppelseil“: Das lange Seil zu verschiedenen Formen legen oder halten. Aufstellung der Gruppe in Linie nebeneinander.

20. Seil zu einem „Graben“ legen: Mit Anlauf überspringen, „Graben“ verschieden breit legen: Mit Anlauf überspringen.

21. Seil in geringer Höhe halten: zwei „Zäune“ übersteigen, zwei „Zäune“ überspringen.

22. Den ersten „Zaun“ übersteigen, durch den zweiten „Zaun“ kriechen.

23. Seil zu einem „Fenster“ halten: Durch das „Fenster“ steigen, springen.

Übung 23

# ÜBUNGEN AM RUNDSEIL

## Bewegungs- und Übungslehre

Das Übungsprogramm am Rundseil kann nur gemeinschaftlich in der Gruppe durchgeführt werden, am besten auf dem Rasen oder im größeren Raum. Man verwendet ein ca. 12 m langes gleichmäßiges dickes Seil, das fest zusammengeknotet wird. Es sollten nicht mehr als 15 Kinder mitüben, damit die Erzieherin, die möglichst viele Übungen mitturnt, die Übersicht behält.

Die Übungen verlangen von den Kindern Aufmerksamkeit, Disziplin, Rücksichtnahme und Anpassung an den Nachbarn und die Gruppe. Ein Teil der Übungen kann erst von Fortgeschrittenen gemeistert werden; kleinere Kinder sollen durch die größeren Unterstützung und Hilfe durch Rücksichtnahme erfahren.

Die vielseitigen Übungsformen am Rundseil regen die Bewegungsphantasie der Kinder an, fördern Geschicklichkeit, Elastizität und Sprungfähigkeit und kräftigen Fuß- und Rumpfmuskulatur. Um Unfälle zu vermeiden, muß bei lebhaften Übungen (z. B. „Karussell") sofort unterbrochen werden, wenn ein Kind nicht mitkommt oder stürzt.

Mit Fünf- und Sechsjährigen gelingen die Gruppenübungen besonders gut, da sie schon fähig sind, auch schwierigere Gemeinschaftsaufgaben beim Turnen zu bewältigen.

Auf Sommer- oder Sportfesten geben mehrere turnende Kreisgruppen am Rundseil (jeweils mit 1 Erzieher) dem „bunten Rasen" ein lebendiges Bild.

## Übungspraxis

Das lange Seil wird fest zusammengeknotet und gemeinsam von allen Kindern auf den Boden zum Kreis gelegt.

1. Alle Kinder sitzen im Kreis („Nest"), auf Zuruf alle weglaufen („Vögleinflug"), auf Signal wieder ins „Nest".
2. Wie Übung 1 in verschiedenen Bewegungs- und Spielformen: Häschensprung, Pferdchengalopp, Hundelauf, Radfahrer, Autos, Omnibusse.
3. Im Froschsprung aus dem „Teich" springen, umdrehen und wieder zurück springen.
4. Auf dem Rundseil balancieren, Arme zur Seite strecken, rückwärts balancieren, paarweise in Zweihandfassung balancieren, ein Kind vorwärts, ein Kind rückwärts.
5. Alle Kinder stehen außerhalb des Kreises und springen mit Schlußsprung über das Seil und wieder zurück (mit und ohne Nachfedern).
6. Mit seitlichen Schlußsprüngen nach links und rechts über das Seil vorwärts springen (mit und ohne nachfedern): „Wedeln".
7. Wie Übung 6, jedoch von einem Bein auf das andere Bein über das Seil springen.
8. Alle Kinder sitzen im Hocksitz außerhalb des Kreises dicht am Seil: Mit den Zehenspitzen im Kreis auftippen, „im Wasser strampeln". Auch im Schwebesitz.
9. Abwechselnd Zehenspitzen innerhalb und Fersen außerhalb des Kreises auftippen.
10. Wie Übung 9, jedoch Gegenbewegung der Füße.
11. Mit den Zehen das Seil hochheben und wieder zum Kreis legen.
12. In Bauchlage mit ausgestreckten Armen das Seil festhalten. Auf Zuruf das Seil mit aufgerichtetem Oberkörper hochheben und wieder senken.
13. „Baumstammrollen": Im Liegen von der Bauchlage zur Rückenlage u.s.f. seitlich nach einer Richtung drehen, dabei das Seil mit den Händen nachgreifend festhalten (nicht loslassen).
14. In Rückenlage Seil mit gestreckten Armen festhalten: Auf Zuruf Beine über den Kopf schwingen, bis die Füße im Kreis auftippen können.

15. Hocksitz außerhalb des Kreises dicht am Seil, die Hände halten das Seil etwas hoch: Die Beine anheben und über das Seil in den Kreis hinein und wieder zurück heben.

16. Wie Übung 15, jedoch die Beine in die Luft über dem Seil strecken.

17. Zu Zweien abzählen: Nr. 1 hält in Hocksitz das Seil mit beiden Händen etwas hoch, Nr. 2 nimmt von außen Anlauf und springt über das Seil in den Kreis und wieder zurück. Mehrmals wiederholen und dann wechseln.

18. Wie Übung 17, jedoch die Sprunghöhe steigern. In den Kreis über das Seil springen, zurück unter dem Seil hindurch kriechen, in Schlußsprung über das Seil springen, mit seitlichem Sprung über das Seil.

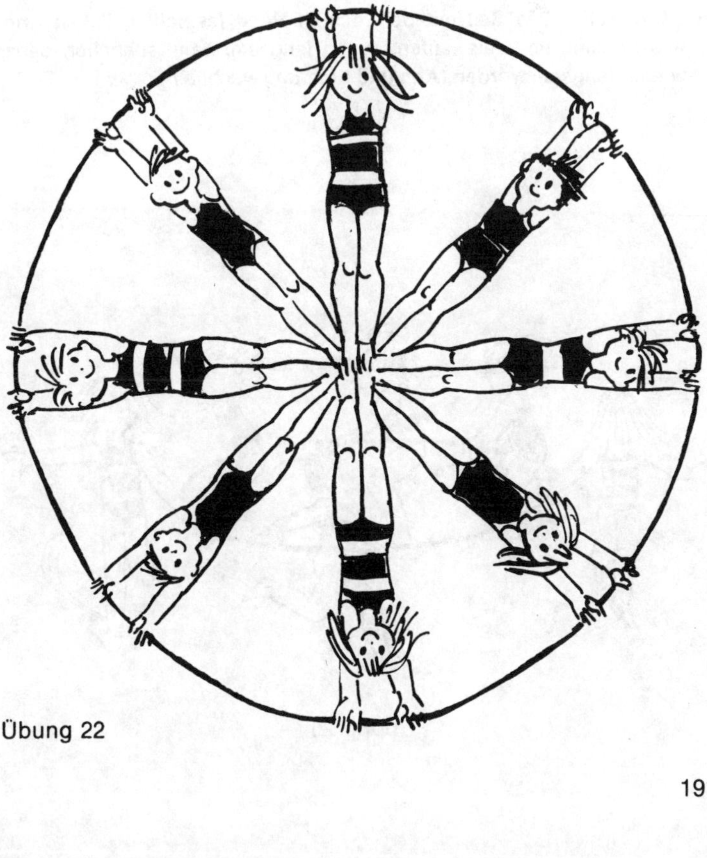

Übung 22

19. Alle Kinder in Grätschsitz nahe am Seil: Mit beiden Händen das Seil halten und nach links und rechts schwingen.

20. In der Hocke das Seil mit beiden Händen halten: tief-hoch federn – kleine Sprünge in der Hocke – kleine Sprünge seitlich nach einer Richtung.

21. Aus der Hocke langsam zum Stand „wachsen". Seil gestreckt hoch halten, im Stand Seil gespannt halten, mit zurückgelegtem Oberkörper langsam zur Hocke sinken und dann wieder hochziehen.

22. Aus dem Hocksitz in die Mitte des Kreises ziehen, so daß alle Kinder in Sternform auf dem Rücken liegen (geht nur im Raum auf glattem Boden).

23. In Grätsche stehen: Das Seil mit beiden Händen hin und her schwingen.

24. Im Stand das Seil mit beiden Händen festhalten: Seitliche Galoppsprünge nach links (rechts).

25. „Karussell": Das Seil mit der rechten Hand festhalten, linken Arm ausstrecken, im Kreis laufen, zuerst langsam, dann schneller, dann wieder langsam werden (Arm und Richtung wechseln).

Übung 25

# ÜBUNGEN MIT DEM SCHWUNGSEIL

## Bewegungs- und Übungslehre

Das Schwungseil, ein ca. 8–10 m langes, in der Mitte verdicktes Seil, ist ein beliebtes Gerät beim Freispiel der Hortkinder. Es kann aber auch bei den älteren Vorschulkindern, die eine fortgeschrittene Bewegungsfähigkeit erlangt haben, Verwendung finden.
Die Sprung- und Durchlaufübungen entwickeln Mut, Entschlußfreudigkeit, Ausdauer und Elastizität und wirken kräftigend auf Herz und Kreislauf. Anpassung und Einfühlen in den Rhythmus des schwingenden Seiles sind zum Gelingen der Übungen notwendig. Wie sehr die Kinder den Schwungrhythmus des Seiles in sich aufnehmen, kann man bei ihnen beobachten, kurz bevor sie in das Seil einlaufen: Mit den Augen den Schwung des Seiles verfolgend bewegen sie unbewußt Kopf und Oberkörper rhythmisch auf und ab, ganz aufmerksam, um den richtigen Augenblick des Einlaufens zu erfassen und die eigene Bewegung dem Rhythmus des schwingenden Gerätes anzupassen.
Die Geübten unter ihnen entwickeln im Springen eine den Erwachsenen erstaunende Ausdauer, da sie gelernt haben, mit wenig Aufwand an Kraft zu springen.
Die große Leichtigkeit und Ökonomie in ihren Bewegungen sollten in diesem Alter durch Übung auch in anderen Bewegungsbereichen so gefestigt werden, daß sie bis ins Erwachsenenalter erhalten bleiben. Die Elastizität im Springen geht aus von der federnden Auffangbewegung der Füße. Auch hier kommt es darauf an, daß die Füße gut abrollen und „leise" aufkommen. Beim „plattfüßigen" Springen entstehen Fußschäden. Sehr schädlich ist es, auf Stein- oder Asphaltboden zu springen, als Untergrund am vorteilhaftesten ist der Rasen.
Einzelübungen können mit Partner- und Gruppenübungen abwechseln. Beim Durchlaufen und Springen zu zweien und dreien verlieren die Ängstlichen, die in die Mitte genommen werden, ihre Hemmungen und gewinnen durch den gemeinsamen Rhythmus Sicherheit in der Bewegung. Mit zunehmendem Können entwickeln die Kinder rege Phantasie im Erfinden neuer Übungen. Sechsjährige können im Freispiel und in der Turnstunde ihr Übungsprogramm selbständig zusammenstellen.

## Übungspraxis

Das Seil wird von der Erzieherin und einem Kind geschwungen in Richtung zu den hintereinander stehenden Kindern. Man kann auch das eine Ende des Seiles an einem Haken oder Baum befestigen.

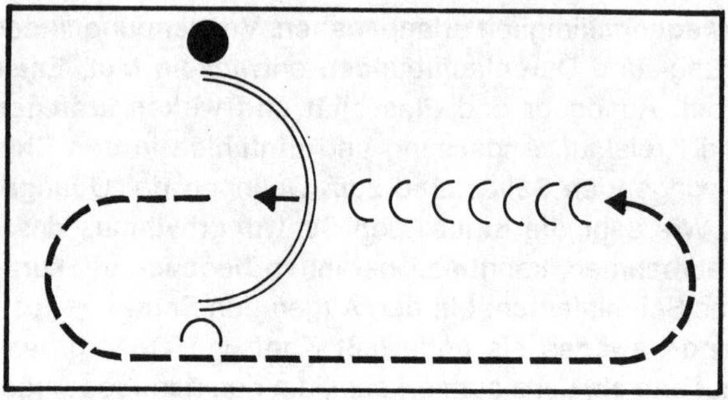

### Laufübungen

1. Die Kinder versuchen, nacheinander durchzulaufen. Im Rhythmus des schwingenden Seiles den Start ansagen: „Und – los!“ oder „Und – jetzt!“ Loslaufen, wenn das Seil auf dem Boden aufschlägt.
2. Im bestimmten Rhythmus mit verschiedenen Zwischenschwingungen durchlaufen. Rhythmus mitsprechen, z. B. „1 – 2 – los!“
3. Paarweise durchlaufen, in verschiedenen Rhythmen der Zwischenschwingungen.
4. Durchlaufen in Dreier- und Vierergruppen.
5. Durchlaufen der ganzen Gruppe (für Fortgeschrittene).

### Sprungübungen
### Seil in Richtung zu den Kindern schwingen

6. Springen mit geschlossenen Füßen mit Zwischenhupf. (Zuerst an das Seil stellen, Geübte laufen ein.)
7. Schlußsprünge ohne Zwischenhupf (Seil schneller schwingen).
8. Springen auf einem Bein (Beinwechsel).
9. Springen mit gekreuzten Beinen im Wechsel mit Schlußsprung.

10. Laufschritte im Seil, auch seitlich.

11. Laufschritte vorwärts, die beiden Seilschwinger gehen mit.

12. Springen mit Drehen.

13. Froschsprung im Seil.

14. Springen zu zweien, zu dreien.

15. Springen zu Paaren mit Hand-, Schulterfassung, mit Drehungen.

16. Springen nach dem Spruch:
„Teddybär, Teddybär, dreh' dich um,
Teddybär, Teddybär, mach' dich krumm,
Teddybär, Teddybär, heb' den Fuß,
Teddybär, Teddybär, gib einen Gruß,
Teddybär, Teddybär, hol' den Stein,
Teddybär, Teddybär, laß ihn sein,
Teddybär, Teddybär, zeig' deinen Schuh,
Teddybär, Teddybär, wie alt bist du?
Eins, zwei, drei, vier . . ."

Die Kinder sprechen den Vers im Rhythmus des schwingenden Seiles. Das springende Kind macht die Bewegung, zu der der „Teddybär" im Vers aufgefordert wird.

17. „Springender Kreis" (s. Turnspiele).

Übung 10

# ÜBUNGEN MIT KURZEN SPRINGSEILEN

## Bewegungs- und Übungslehre

Das billige und vielseitig zu verwendende Springseil sollte nicht nur für jedes Kind in Vorschule, Schule, Hort und Heim, sondern auch im Freizeitgepäck jeder jungen Familie vorhanden sein. Denn es bietet wie kaum ein anderes Gerät von so einfacher Beschaffenheit so gute Trainingsmöglichkeiten zur Erreichung der Elastizität, der Sprungfähigkeit, der Lockerung von Schultern und Beinen. Das Springen mit dem Seil, im Intervall und mit ansteigender Zeitdauer betrieben, kräftigt Herz, Atmung und Kreislauf und bewirkt eine Steigerung der körperlichen Ausdauer und Leistungsfähigkeit. Viele Sportler verwenden es zur Verbesserung ihrer Kondition. Für große und kleine Leute heutzutage aktuell, dient es der schlanken Linie.
Die Verbindung von elastischer Federung der springenden Füße und der kreisenden Armbewegung zu einem einheitlichen Bewegungsablauf verlangt motorische Gewandtheit, Koordinationsvermögen und rhythmische Aufmerksamkeit. Ältere und geschickte Vorschulkinder sollten angeregt werden, sich in den einfachsten Sprungformen zu üben, in denen sie dann im Schulalter „Meisterschaft" erreichen. Mit zunehmendem Können werden ihre Sprünge kraftsparender, elastischer und ausdauernder.

Von Anfang an sollte darauf geachtet werden, daß
1. die Füße nicht „plattfüßig" auf den Boden aufgesetzt werden, sondern federnd abrollen („leise" springen!),
2. die Beine beim normalen Schlußsprung nicht angehockt werden, sondern gestreckt in niedriger Höhe über dem Boden,
3. die Arme frei und nicht verkrampft schwingen und Kopf und Oberkörper eine gute Haltung zeigen.

Der Haltungsverbesserung und Fußkräftigung dienen die auch mit kleineren Kindern durchführbaren Boden- und Fußübungen. Springseilübungen sollten vorrangig an der frischen Luft auf kurzem Rasen praktiziert werden.

## Übungspraxis

### Sprungübungen

1. Laufsprung am Ort – Laufsprung vorwärts – Laufsprung rückwärts (für Fortgeschrittene) – Laufsprung in schnellem Tempo mit kleinen Schritten – Laufsprung mit Wechsel von großen und kleinen Schritten.

2. Galoppsprung vorwärts.

3. Schlußsprung am Ort, mit Nachfedern, Seil rückwärts schwingen (für Fortgeschrittene), ohne Nachfedern, Seil schneller schwingen (für Geübte).

4. 2 Schlußsprünge mit Nachfedern, 4 Schlußsprünge ohne Nachfedern.

5. Schlußsprung mit gekreuzten Beinen. Schlußsprung, das Seil mit gekreuzten Armen schwingen.

6. Auf 1 Bein springen: 4 mal rechts, 4 mal links – 2 mal rechts, 2 mal links.

7. Wie Übung 16, in Vorwärtsbewegung – das Spielbein vorstrecken.

8. Beide Seilenden in einer Hand halten: Über das nach unten kreisende Seil springen.

Übung 3

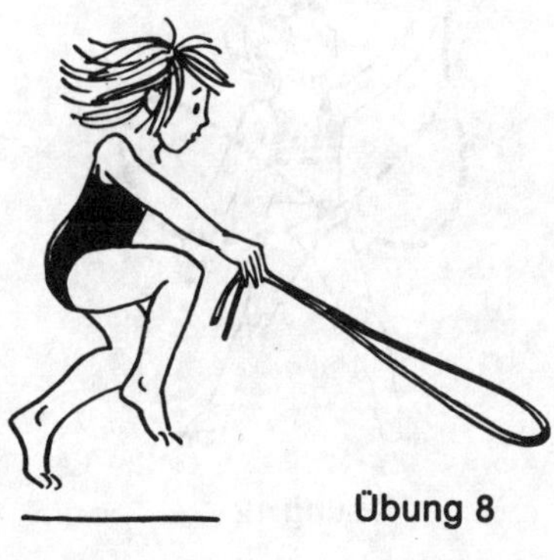

Übung 8

## Schwungübungen

9. Seil vierfach zusammengelegt in einer Hand halten. In Schlußstellung Kreisschwingen mit 1 Arm rechts, dann links.

10. Wie Übung 9: 4 mal rechts, 4 mals links kreisen – 2 mal rechts, 2 mal links kreisen – 1 mal rechts, 1 mal links kreisen.

11. Galoppsprung vorwärts, mit 1 Arm Seil kreisen.

12. Achterschwünge in Schluß- oder Grätschstellung.

13. In Grätschstellung Rumpfkreisen, Seil doppelt zusammengelegt in beiden Händen halten.

## Bodenübungen

14. „Rückenschaukel": In Strecksitz Seilenden in beiden Händen halten, Seilmitte unter der Fußsohle mit den Zehen festhalten, zur Rückenlage Beine hochschwingen, Arme auseinander und wieder vor. Das Seil ist immer gespannt.

15. Rückenlage, Seil vierfach zusammengelegt mit beiden Händen straff halten: Mit Schwung bei gestreckten Beinen den Oberkörper aufrichten, Rumpf vorfedern, das gespannte Seil bis zu den Füßen vor, nun wieder zur Rückenlage zurückrollen.

Übung 12

Übung 14

16. Strecksitz: Seil vierfach zusammengelegt mit beiden Händen gefaßt zur Streckung hochfedern, dann bis zu den Füßen vorfedern.

17. Schneidersitz: Das vierfach zusammengelegte Seil mit beiden Händen in der Streckung hochhalten, nun so tun, als ob man das Seil auseinander ziehen will (starke Anspannung!) – Das Seil nach links und rechts federn.

18. Bauchlage: Seil vierfach zusammengelegt gespannt vorhalten, Oberkörper aufrichten und wieder senken – „Bauchschaukel" („Wiegemesser").

19. Hocksitz: Seil vierfach zusammengelegt, mit beiden Händen vorhalten, Beine über dem Seil durchstrecken.

## Fußübungen

20. Hock- oder Schwebesitz: Das zusammengelegte Seil mit den Zehen auseinander legen. Seil mit den Zehen zu einer Figur (oder Buchstabe oder Ziffer) legen. Auf dem lang ausgestreckt liegenden Seil mit den Zehen „Klavierspielen".

21. Im Hock- oder Schwebesitz Füße „tanzen" lassen: Abwechselnd mit Zehenspitzen vor und Fersen hinter dem Seil auftippen (Beine dabei hochfedern), Übung auch in Gegenbewegung der Füße.

22. Im Hocksitz mit den Zehen das Seil hochnehmen, im Sitz 1 mal um sich drehen, Seil wieder hinlegen, Übung wiederholen.

23. Im Sitz ein Ende des Seiles mit den Zehen eines Fußes fassen, sich auf den Rücken legen und durch kreisende Bewegungen des Beines Seil herumschwingen.

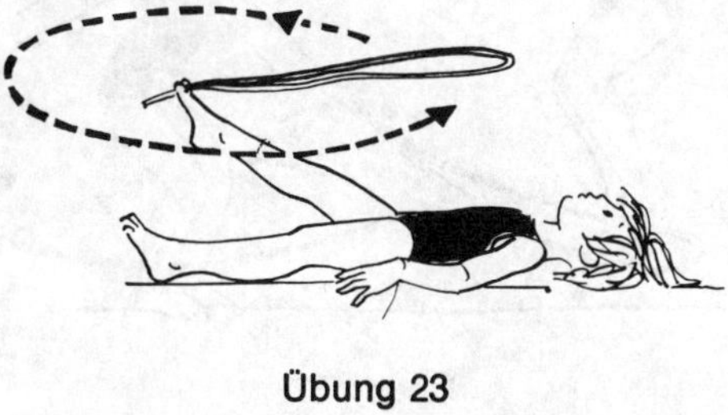

Übung 23

24. Wie Übung 23: Durch den Beinschwung das Seil um den Fußknöchel wickeln und wieder aufwickeln.

25. Hock- oder Schwebesitz: Mit den Zehen Knoten in das Seil knüpfen und wieder aufknüpfen.

26. Auf dem liegenden Seil vor und rückwärts balancieren, Arme in Seithalte.

## Partnerübungen

27. Paarweise Sitz gegenüber: Seil mit den Zehen ergreifen und dem Partner in die Zehen geben, 1 mal um sich drehen und wieder zurückgeben.

28. Ein Kind versucht mit den Zehen die Fußknöchel des Partners mit dem Seil zu „fesseln".

29. Hocksitz gegenüber: 2 Seile vierfach zusammengelegt festhalten, mit Armschwung und Oberkörperdrehbewegung „sägen".

30. Sitz und Fassung wie bei Übung 29: Oberkörper abwechselnd zurücklegen.

31. Wie Übung 30, jedoch in Grätschsitz, Fußsohlen berühren sich, Übung auch mit Rumpfkreisen.

32. Bauchlage, Fassung wie bei Übung 29: Auf Zuruf Oberkörper aufrichten, Arme etwas seitlich hochheben, Seile gestrafft, – wieder senken – „Bauchschaukel" („Wiegemesser") zu zweit.

Übung 37

33. Im Hocksitz Seil kurz fassen: aufstehen und wieder setzen.

34. Stand gegenüber, 2 Seile vierfach zusammengelegt gefaßt: kräftige Wechselarmschwünge.

35. Fassung wie bei Übung 34: Ziehkampf. Wer kann den Partner über die Mittellinie ziehen?

36. Pferdchenlauf zu Paaren hintereinander, Pferdchensprung zu Paaren.

37. Ein Kind dreht sich mit dem Seil, beide Enden in einer Hand haltend: Der Partner springt über das Seil – das seilschwingende Kind springt auch mit.

38. Paarweise gegenüber stehen: Ein Kind schwingt das Seil, in jeder Hand ein Seilende (wie Übung 37), beide springen im Schlußsprung mit Nachfedern. Das seilschwingende Kind beginnt zu springen, der Partner steht noch außerhalb und läuft hinein und springt mit.

39. Beide Kinder stehen nebeneinander, Innenhand gefaßt, die äußeren Hände halten ein Seilende: Im schwingenden Seil vorwärtslaufen.

### Übungen zu dritt

40. „Kutsche" zu dreien.

41. Zwei Kinder schwingen das Seil, ein Kind springt. Ein Kind kreist das Seil, zwei Kinder springen darüber.

42. „Hürdenlauf": Jeweils 2 Kinder halten ein Seil in niedriger Höhe, die anderen Kinder springen darüber.

43. „Berg und Tal": Aufstellung wie bei Übung 42: Es geht 1 mal über das Seil, 1 mal darunter.

# ÜBUNGEN MIT WURFRINGEN

## Bewegungs- und Übungslehre

Wurf- oder Tennisringe werden im Freizeitsport gerne zu Rasenspielen verwendet. Die im ∅ ca. 18 cm großen Ringe aus Gummi oder Plastikmaterial sind billig, leicht zu transportieren und regen zu vielseitigen und phantasiereichen Bewegungsübungen an.

Im Kindergarten sollte für jedes Kind 1 Wurfring angeschafft werden. Die Einteilung der Kinder in Gruppen wird durch verschiedenfarbige Ringe erleichtert.

Im Freispiel auf der Wiese erfinden die Kinder viele Übungsformen, auf die der Erwachsene gar nicht kommen würde. Diese oft recht originellen Vorschläge der Kinder soll der Erzieher aufnehmen und in der Turnstunde weiter entwickeln und gezielt zur Förderung der Geschicklichkeit und Bewegungskoordination, der Wurfleistung und Fangsicherheit und der Haltungsverbesserung einsetzen.

Im Vordergrund stehen auch bei diesem Gerät nicht die statischen Übungen (z. B. Ring auf den Kopf legen), sondern die dynamischen und schwungvoll ausgeführten Wurf- und Rollübungen. Wenn sie immer wieder geübt werden, sind sie ein vorzügliches Training verschiedener Wurfformen.

Hier kann schon im Vorschulalter die Grundlage zur Erlernung der Bewegungsabläufe leichtathletischer Wurfdisziplinen gelegt werden. Dabei sollte der Wurfarm immer gewechselt werden, um die Kinder beidseitig auszubilden. Die gleichmäßige Ausbildung beider Arme und Hände in der frühen Kindheit wird von Eltern und Erziehern noch zu sehr vernachlässigt. Der Vorteil, mit beiden Händen gleich geschickt zu hantieren, zu malen und zu schreiben, zeigt sich nicht nur, wenn die „richtige" Hand einmal durch Verletzung ausfällt, sondern auch in der allgemeinen Geschicklichkeit, Regsamkeit und Sicherheit.

Bei allen Wurfübungen muß durch weite Abstände zwischen den Übenden und durch Angabe der Wurfrichtung verhindert werden, daß Ringe auf die Köpfe der Kinder fliegen. Ernstliche Unfälle kommen nicht vor.

Geübte Vorschulkinder, die Sicherheit im Fangen des Ringes erlangt haben, können sich an Ringtennisspielen über Schnur oder Netz beteiligen.

## Übungspraxis

Bei genügend Platz (Wiese) wird in freier Form, ohne bestimmte Aufstellung geübt. Weitwurfübungen in eine Richtung!

1. Ring rollen, nachlaufen – Ring abwechselnd mit rechter und linker Hand rollen, neben dem Ring laufen – Ring durch ein „Tor" rollen – Ring rollen und darüber springen.
2. Ring „tanzen" lassen (drehen) – um den „tanzenden" Ring laufen.
3. Mit dem Ring in einer Hand hin und her schwingen. Mit ausgebreiteten Armen sich drehen.
4. Weitwerfen in eine Richtung. Wenn alle Kinder geworfen haben, nachlaufen, – sich sammeln und wieder zurück werfen.
5. Verschiedene Wurfformen erproben: z. B. von unten nach oben, waagerecht werfen, mit Anschwung u. a.
6. Zielwerfen: an einen Baum, durch den hängenden Reifen, auf eine Stange, an einen Ast, in einen Korb, über eine gespannte Schnur.
7. Ring in geringe Höhe werfen, mit beiden Händen fangen – mit 1 Hand fangen (rechts und links erproben).
8. Ring auf 1 Arm hängen, kreisen lassen. Ring auf einen Fuß hängen und kreisen (Fuß wechseln) – auf dem anderen Fuß vorwärts hüpfen.
9. Ring auf einen Fuß hängen und wegwerfen.
10. Ring über beide Füße bis zu den Fußgelenken ziehen und mit Schlußsprüngen vorwärts hüpfen.
11. Im Sitz: Ring mit den Zehen hochheben und wieder ablegen. Aus dem Sitz zur Rückenlage: Ring mit den Füßen ergreifen und zurück über den Kopf auf den Boden legen.
12. In Bauchlage: Mit gestreckten Armen den Ring vorhalten, Oberkörper anheben und senken.
13. Strecksitz: Mit gestreckten Armen Ring hoch über dem Kopf halten, den Rumpf vorbeugen, so daß der Ring die Zehen berührt, und wieder hoch strecken.
14. Wie Übung 13, jedoch im Schneidersitz, Rumpf mit geradem Rücken vorbeugen – Rumpf zur Seite nach links und rechts beugen.

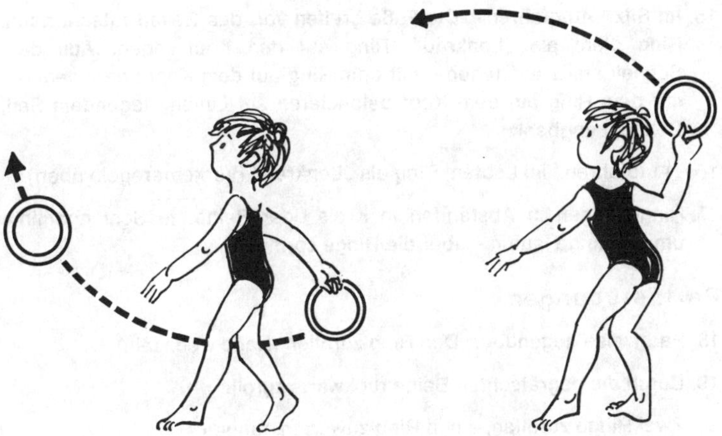

Übung 5

Übung 9

Übung 30

15. Im Sitz „Autofahren“: Die Füße greifen vor, das Gesäß rutscht nach, Ring dient als „Lenkrad“. Ring auf den Kopf legen: Aus dem Schneidersitz aufstehen – mit dem Ring auf dem Kopf herumgehen – mit dem Ring auf dem Kopf balancieren auf Linien, liegendem Seil, Reifen, Langbank.

16. „Autofahren“ im Laufen, Ring als „Lenkrad“ (Verkehrsregeln üben).

17. Ringe liegen in Abständen in Kreis oder Reihe: In Schlangenlinie um die Ringe laufen – über die Ringe springen.

### Partnerübungen

18. Paarweise gegenüber: Den Ring zurollen (Hand wechseln).

19. Durch die gegrätschten Beine rückwärts zurollen.

20. Zwei Ringe zurollen, einen Ring zuwerfen, fangen.

21. Den Ring auf den ausgestreckten Arm des Partners werfen.

22. Im Sitz gegenüber: Den Ring mit den Füßen dem Partner übergeben – zuwerfen.

23. Bauchlage gegenüber: Beide Partner halten mit ausgestreckten Armen einen Ring, den Oberkörper gemeinsam anheben und wieder senken.

24. Hocksitz gegenüber: Beide Partner halten mit beiden Händen einen Ring, gemeinsames Aufstehen und Hinsetzen.

25. Die Partner halten mit der rechten Hand bei ausgestreckten Armen einen Ring und laufen im „Stern“ herum (Handwechsel).

26. Die Partner halten einen Ring mit beiden Händen fest: Sie versuchen sich gegenseitig vom Platz zu ziehen.

27. Über eine gespannte Leine den Ring in verschiedenen Wurfarten zuwerfen und fangen (für Fortgeschrittene).

28. Ring an eine Schnur oder kurzes Springseil binden: ein Kind läuft damit fort, das andere Kind versucht den Ring mit den Füßen zu erreichen (Wechsel).

29. Das Seil mit dem angebundenen Ring wird von einem Kind, welches sich dreht, im Kreis geschwungen, das andere Kind springt darüber.

30. Ein oder mehrere Ringe werden auf ein Seil gefädelt, beide Kinder halten je ein Ende des Seiles und schwingen und kreisen das Seil mit den Ringen.

# ÜBUNGEN MIT PLASTIKSCHLÄUCHEN

## Bewegungs- und Übungslehre

Kinder haben eine Vorliebe mit irgendwelchen gefundenen oder aus dem Haushalt stammenden Gegenständen wie Stöcke, Schnüre, Beutel, Einkaufstaschen u. a. kreisende, schwunghafte Bewegungen auszuführen. Sie erfreuen sich dabei an dem sausenden Schwung, in den sie den kreisenden Gegenstand versetzen.
Diesem Spiel- und Bewegungstrieb kommt ein originelles Spielgerät, der sog. „Heuler", sehr entgegen. Es ist ein ca. 80–100 cm langes Plastikrohr, welches dank seiner Rillenstruktur schlauchartige Biegungen nach allen Seiten ermöglicht und so zu vielfältigen Übungs- und Spielformen von der Haltungsschulung bis zu originellen Partner- und Gruppenübungen anregt.
Sogar Figuren des Reifen- und Schäfflertanzes lassen sich damit ausführen. Der große Reiz dieses Spielgerätes liegt darin, daß durch kreisende Bewegungen des Plastikschlauches Töne erzeugt werden. Kreisschwünge in vielen Variationen, mit Laufschritten und Drehungen, können dabei erprobt werden.
Bei genügend Bewegungsraum sollte man die Kinder frei experimentieren lassen; man wird erstaunt sein über den Erfindungsreichtum und die Bewegungslust, die im Umgang mit dem biegsamen Gerät entfaltet werden.

Im Übungsaufbau stehen die schwunghaften großen Kreisbewegungen auch in Fortbewegung im Vordergrund, da sie die rhythmische Ganzkörperbewegung und Koordination fördern. Bei häufigem Armwechsel wird die Beidseitigkeit ausgebildet. Die Übungen mit Plastikschläuchen wirken ausgleichend bei Hemmungen und Aggressionen.
Das billige und vielseitig zu verwendende Spielgerät, welches in Spielwarenhandlungen bestellt werden kann, sollte in den Kindergärten weite Verbreitung finden.

## Übungspraxis

### Aufstellung in weiten Abständen

1. Jedes Kind erhält einen Plastikschlauch und probiert aus, wie man ihn bewegen kann, damit er Töne erzeugt.
2. Kreisen vor dem Körper (rechts und links im Wechsel), Körper mitfedern. Kreisen an der Seite des Körpers (rechts und links wechseln) – auch mit Vorwärtslaufen.
3. Kreisen über dem Kopf – auch mit Vorwärtslaufen – als „Hubschrauber", der startet und landet.
4. Im Achterschwung kreisen, rechte und linke Hand wechseln. Im Galoppsprung vorwärts, mit einer Hand „Peitschenschwung".
5. „Elefantengang", Schlauch als Rüssel, „Wildes Tier", Schlauch als Hörner, „Maulwurf": in gebückter Stellung vorwärts, Schlauch als Rüssel vorhalten. Pferdchensprung, Schlauch als Schwanz.
6. Grätschstellung: Schlauch mit beiden Armen aus der Hochhalte vorschwingen und auf den Boden schlagen (Körper mitfedern) – in verschiedenen Rhythmen vor und hoch – seitlich nach links und rechts schlagen.
7. In Grätschstellung: Rumpfkreisen (Schlauch mit beiden Händen halten).
8. Auf der Stelle drehen, Arme zur Seite, Schlauch mit 1 Hand halten und mitschwingen lassen (Wechsel). „Auto", „Fahrrad", „Flugzeug": Schlauch als Lenkrad, Steuerknüppel. „Paddeln": Im Sitz vorwärtsrutschen, Schlauch als Paddel.
9. Im Strecksitz: Schlauch als Bogen mit beiden Händen hochhalten, dann mit Rumpfbeugen vorfedern und wieder hoch.
10. Schneidersitz: Hochgehaltenen Bogen mit Rumpfseitbeugen nach links und rechts federn.
11. Hocksitz: Beine über den vorgehaltenen Schlauchbogen in die Luft strecken und wieder zurück.
12. „Rückenschaukel": Im Hocksitz Füße auf den vorgehaltenen Schlauchbogen legen, mit Schwung auf den Rücken zurück und wieder vor schaukeln.
13. „Bauchschaukel": In Bauchlage mit vorgehaltenem Schlauchbogen vor und zurück schaukeln.

14. „Fußrolle": Im Hocksitz mit den Fußsohlen den Schlauch vor und zurück rollen (Fußmassage).

15. Im Hocksitz mit den Zehen auf dem Schlauch „Klavierspielen".

16. Kniesitz: Schlauchbogen gestreckt hochhalten, dann Rumpf vorbeugen und wieder hoch.

17. Im Kniesitz vorwärts rutschen, den Schlauchbogen mit geradem tief gehaltenem Oberkörper vorschleifen lassen.

18. In gebückter Haltung vorwärts gehen: Schlauchbogen am Boden vorschieben, auch in Kurven – im Streckgang mit hochgehobenem Schlauchbogen vorwärts – Wechsel der beiden Übungen.

19. Plastikschläuche in Abständen hintereinander oder in Sternform auf den Boden legen: darüber springen in Schrittsprung, Schlußsprung, auf 1 Bein, in Kurven herumlaufen u. a.

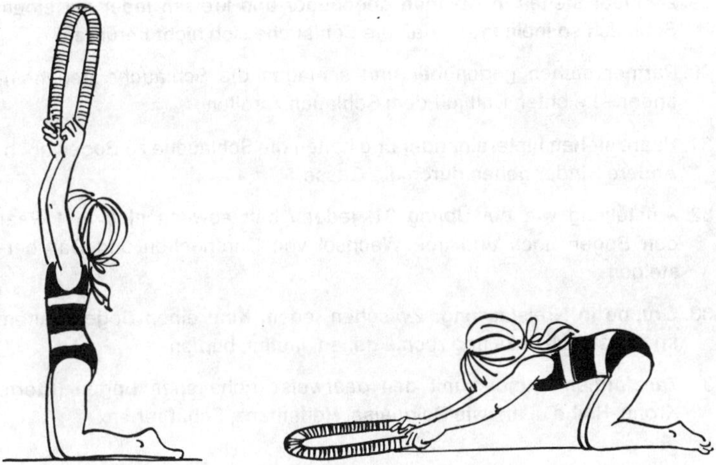

Übung 16

## Paar- und Gruppenübungen

20. Paarweise in der „Kutsche" vorwärts laufen, im Galoppsprung.

21. Gegenüber stehen: Wechselschwung hin und her.

22. Mit 1 Schlauch im „Stern" drehend laufen: rechte (linke) Hand an einem Ende festhalten.

23. Hocksitz gegenüber, das eine Kind hält die beiden Enden des Schlauchbogens, das andere Kind in der Mitte: Den Rumpf abwechselnd vor und zurück ziehen.

24. Schneidersitz in Abstand gegenüber, jedes Kind hält einen Schlauchbogen hoch: Den Oberkörper gerade vorbeugen, so daß die Bogen aneinander stoßen und wieder hoch zur Streckung.

25. Hocksitz gegenüber: 1 Schlauch mit den Füßen gegenseitig zurollen.

26. Ein Kind kniet am Boden und schlängelt einen Schlauch hin und her, das andere Kind springt darüber (Wechsel).

27. Ein Kind dreht sich in gebückter Haltung und schwingt den Schlauch im Kreis am Boden schleifend, das andere Kind springt darüber (Wechsel).

28. Ein Kind läuft und schleift einen Schlauch hinter sich her, das andere Kind versucht, den Schlauch mit den Füßen zu erreichen.

29. 2 Kinder stehen in Abstand gegenüber und kreisen jeder mit einem Schlauch so ineinander, daß die Schläuche sich nicht berühren.

30. Partner stehen gegenüber und schlagen die Schläuche gegeneinander – Leichten Ball mit dem Schlauch zurollen.

31. Paare stehen hintereinander und halten die Schläuche zu Bogen hoch: Andere Kinder gehen durch die Gasse.

32. Aufstellung wie bei Übung 31, jedoch hält abwechselnd je 1 Paar den Bogen hoch und tief: Wechsel von Durchgehen und Darübersteigen.

33. Gruppe in Kreisfassung: Zwischen jedem Kind einen Bogen halten, im Kreis nach links und rechts gehen, laufen, hüpfen.

34. Tanzformen erfinden mit den paarweise gehaltenen Bogen (Stern, Krone, Reihe u. a.), wie Polonaise, Reifentanz, Schäfflertanz.

# ÜBUNGEN AN LANGBÄNKEN

## Bewegungs- und Übungslehre

Beim Spazierengehen in Wald und Park nehmen kleine Kinder jede Gelegenheit wahr, auf niedrigen Einzäunungen oder auf liegenden Baumstämmen zu balancieren. Sie lehnen dabei meist die Hilfe des Erwachsenen ab und es macht ihnen gar nichts aus, ihre oft mißglückten Versuche immer wieder von neuem zu beginnen. Da bei diesen Selbstübungen, auch wenn die Kinder anfangs häufig das Gleichgewicht verlieren, ganz selten ernstliche Unfälle passieren, sollte der Erwachsene sowenig wie möglich eingreifen. Denn das Balancieren üben die Kinder erst dann, wenn sie in ihrer Entwicklung die körperlichen und steuernden Kräfte erlangt haben, um ihr Gleichgewicht erproben zu können und bis zur Sicherheit zu üben. Durch wiederholtes Üben auf breiteren und schmäleren Balken und Kanten wird die Fähigkeit zu koodinierten und kontrollierten Bewegungen entwickelt. Jede Ängstlichkeit des Erziehers hemmt diesen Bildungsprozeß und schafft auch ängstliche Kinder.
Langbänke ersetzen in Kindergarten und Turnhalle den Baumstamm. Sie regen zu vielerlei Übungsformen im Springen, Rutschen, Durchkriechen, Hocken und Balancieren an. Mut, Geschicklichkeit und Körperbeherrschung werden entfaltet beim Überwinden des feststehenden Gerätes. Die vielseitigen Übungen tragen zur Haltungsverbesserung, Fußkräftigung und Sprungfähigkeit bei und können als gute Vorbereitung für das Geräteturnen in der Schule angesehen werden. So sollte z. B. schon im Vorschulalter die Hockwende erarbeitet werden.

Bei der Anschaffung von Langbänken muß darauf geachtet werden, daß sie unbedingt standfest sind und eine glatte, splitterfreie Oberfläche haben. So können Unfälle und Verletzungen vermieden werden.

Für den Kindergartenraum eignen sich sehr gut die kürzeren Bänke von ca. 2,80 m Länge, von denen man 2–3 Stück anschaffen sollte. Sie dienen außer als Turngerät auch als Sitzbänke und können von den Kindern selbst transportiert werden. Die langen Bänke (ca. 4,50 m lang) sind hauptsächlich für Turn- und Gymnastikhallen zweckmäßig.

Bei der Durchführung der Übungsstunden ist gute Organisation in der Aufstellung der Geräte und der Gruppe notwendig. Der Erzieher muß jederzeit alle Kinder übersehen können, auch wenn er bei Einzelübungen Hilfen gibt.

Am Beginn der Übungsstunde stehen immer gemeinsame Übungen. Einzelübungen nicht zu lange ausdehnen, mit bewegungsreichen Übungen für alle abwechseln. Hilfen nur geben, wenn notwendig. Vor jedem Üben die Bänke auf Standfestigkeit prüfen; die Bank so aufstellen, daß die Kinder sich nicht an den Haken (zum Einhängen an Sprossenwand) verletzen können, also Haken nicht am Ende (beim Absprung), sondern an den Anfang der Übungsbahn.

Wichtig ist in der Sprungschulung zur Vermeidung von Fußschäden und zur Entwicklung der Elastizität, daß zunächst immer in die tiefe Hocke abgesprungen wird, bis das federnde Auffangen nach dem Absprung von der Bank sicher beherrscht wird und zur Selbstverständlichkeit wird. Auf keinen Fall steif und „plattfüßig“ von der Bank abspringen.

## Übungspraxis

Aufstellung: Langbank quer, breiter Balken nach oben. Die Kinder stehen oder sitzen nebeneinander in größerem Abstand von der Bank. Es wird hin und her geübt, evtl. von Linie zu Linie. Bei mehreren Kindern auch mit 2 Bänken.

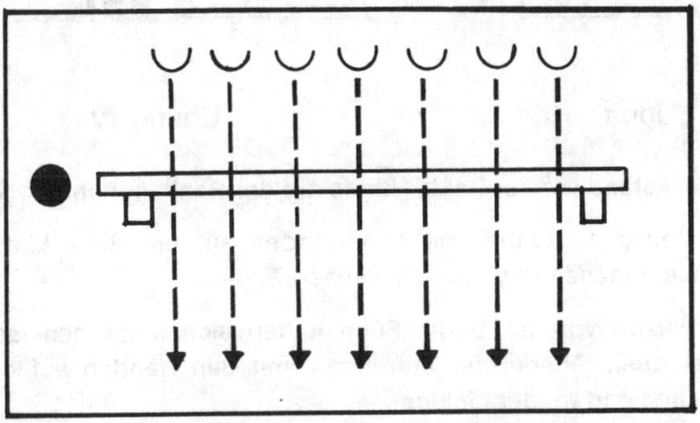

1. Über die Bank steigen (ein Bein aufsetzen).
2. Anlaufen, ein Bein auf der Bank aufsetzen, abspringen – hoch abspringen.
3. Anlaufen, über die Bank springen (für größere Kinder).
4. Mit großen Schritten die Bank übersteigen, ohne sie zu berühren.
5. Im „Storchengang" zur Bank, oben auf einem Bein stehen, abspringen („fliegen").
6. Als „Katze" zur Bank schleichen, durchkriechen mit durchgebogenem Rücken. Im Hundelauf über die Bank. Auf dem Hinweg „Katzenlauf" unter der Bank, auf dem Rückweg „Hundelauf" über die Bank.
7. Auf dem Hinweg laufen und die Bank überspringen, auf dem Rückweg unter der Bank durchkriechen.
8. Mit den Beinen voraus unter der Bank durchkriechen, Hände halten sich an der Bank fest.
9. Bauchlage quer auf der Bank: Schwimmbewegungen – Oberkörper und Arme hochstrecken und senken – beim Hochstrecken 1 mal in die Hände klatschen.

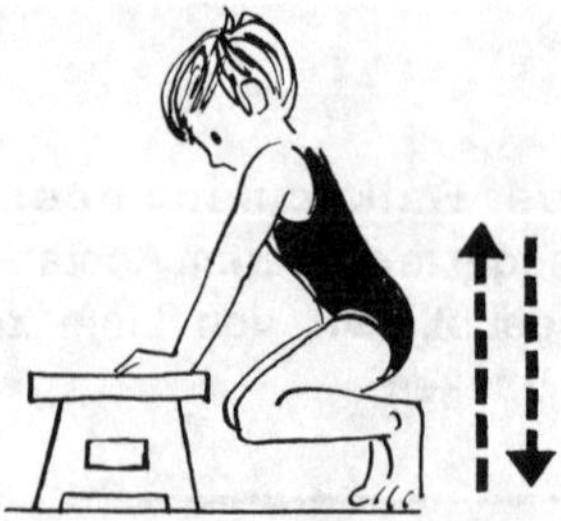

Übung 10

Übung 12

10. Im Hockstand vor der Bank, Hände auf der Bank: auf und ab federn.
11. Wie Übung 10: dabei mit den Händen auf die Bank klatschen – in verschiedenen Rhythmen klatschen.
12. Rückenlage vor der Bank, Füße halten sich unter dem schmalen Balken fest: Oberkörper aufrichten, mit den Händen auf die Bank klatschen und wieder hinlegen.
13. Wie Übung 10: In der Hocke federn mit Nachfedern, dabei abwechselnd 1 Bein nach hinten strecken.
14. Die Kinder stehen auf der Bank nebeneinander: In die Tiefhocke abspringen (leise), Fingerspitzen am Boden auftippen – wer kann am weitesten springen? – Strecksprung von der Bank.
15. Um die Bank laufen: Auf Signal alle im Reitersitz hintereinander auf die Bank setzen, Hände auf die Schulter des Vordermannes legen, Oberkörper im gemeinsamen Rhythmus vor und zurück schwingen („Rudern").

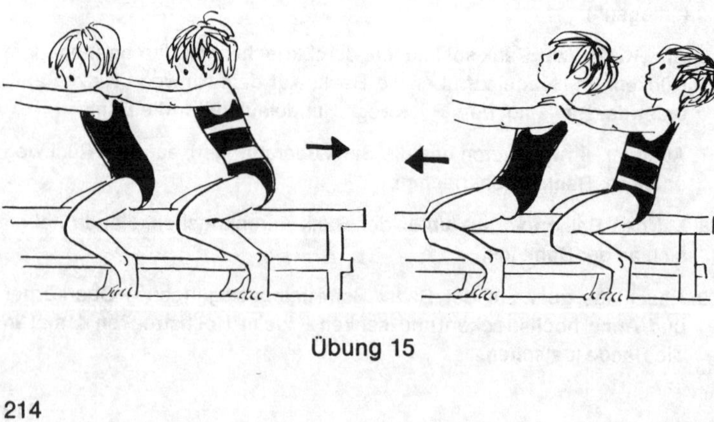

Übung 15

Aufstellung: Langbänke längs, die Kinder stehen hintereinander vor der Bank. Es wird im „Strom" geübt.
Evtl. Matte zum Absprung hinlegen.

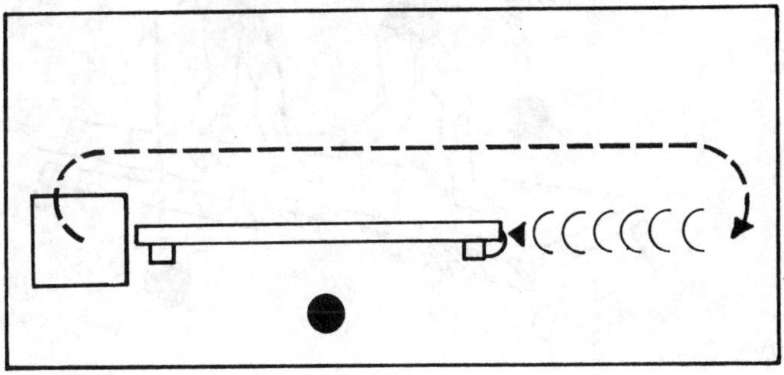

16. Auf der Bank entlanggehen in aufrechter Haltung, Arme in Seithalte, Absprung in die Tiefhocke.
17. Auf Zehenspitzen gehen, Arme hochstrecken, am Schluß Strecksprung.
18. Vorwärtsgehen, dabei 1 Bein auf der Bank, 1 Bein unten auf dem Boden.
19. Auf allen Vieren („Hundelauf") über die Bank, am Schluß „Männchen" machen und abspringen.
20. Im „Storchengang" über die Bank, am Schluß auf 1 Bein stehen „klappern" und „abfliegen".
21. Im Sitz auf der Bank vorwärts rutschen.
22. In der Bauchlage über die Bank ziehen, am Schluß Reitersitz und absteigen.
23. Wie Übung 22, als Abschluß Purzelbaum auf Matte oder Teppich.
24. Im Strecksitz rücklings nach rückwärts rutschen, am Schluß Reitersitz und absteigen.
25. In Rückenlage rückwärts über die Bank ziehen (Arme über dem Kopf) – in Rückenlage rückwärts über die Bank schieben (Arme seitlich).
26. Auf der Bank entlanggehen und Hindernisse übersteigen, z. B. 2 angehobene Stäbe übersteigen – über 1 Stab steigen, unter dem anderen Stab durchkriechen.

Übung 30

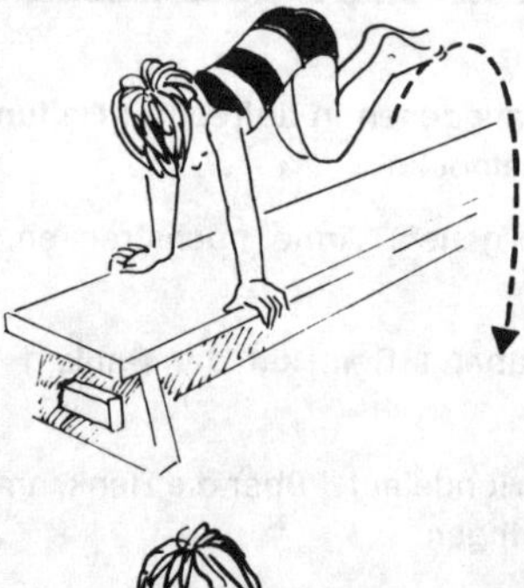

Übung 32

Übung 35

27. Durch einen senkrecht gehaltenen Reifen kriechen, in einen waagerecht gehaltenen Reifen steigen, unten herauskriechen.

28. 1 Ball über die Bank hoch über dem Kopf tragen, 1 Ball, 1 Reifen auf der Bank entlang rollen.

29. Im Kriechen auf der Bank einen Ball vor sich herrollen.

30. Auf der Bank langsam vorwärts gehen, dabei einen Ball seitlich 1 mal links, 1 mal rechts auf den Boden prellen (für Fortgeschrittene).

31. Vorübung zur Hockwende: Seitlich neben der Bank stehen, mit den Händen an den Seiten der Bank aufstützen und zur Hocke auf die Bank springen, auf der anderen Seite abspringen, Hände wieder vorgreifen lassen und im Zickzackkurs Übung wiederholen.

32. Hockwende: Wie Übung 31, jedoch die Beine so hoch anhocken, daß sie die Bank nicht berühren und gleich auf der anderen Seite landen.

33. Paarweise in Zweihandfassung: Ein Kind geht vorwärts, ein Kind geht rückwärts auf der Bank. Am Schluß seitlich abspringen.

34. Paarübung: Zwei Kinder gehen von jedem Ende der Bank aufeinander zu und versuchen aneinander vorbeizukommen, ohne herunterzufallen (für Fortgeschrittene).

35. Zwei Bänke in Abstand nebeneinander aufstellen. Paarweise in Einhandfassung nebeneinander über die Bänke gehen.

36. Langbank umdrehen, schmale Kante nach oben: auf der Kante balancieren (nur wenn notwendig Hilfe geben) – auf Zehenspitzen balancieren – mit seitlichem Nachstellschritt balancieren.

Übungen auf schiefer Ebene: Langbank in Sprossenwand einhängen.

37. Auf allen Vieren die Bank hinaufkriechen, an der Sprossenwand absteigen.

38. Hinaufkriechen und herunterrutschen. In Bauchlage hinaufziehen und herunterrutschen.

# ÜBUNGEN AM RUNDBALKEN

## Bewegungs- und Übungslehre

Der verstellbare Rundbalken ist ein leider noch zu wenig bekanntes Gerät, welches sich besonders für Kindertagesstätte, Vorschule und Heim eignet. Es besteht aus 2 Ständern, in die ein runder Balken in verschiedener Höhe eingehängt werden kann. Die Teile des Gerätes sind auch von Kindern leicht zu transportieren und auf- und abzubauen. Bei der Herstellung muß, wie bei allen Turngeräten, unbedingt auf Standsicherheit und Splitterfreiheit geachtet werden. Die Länge des Balkens beträgt ca. 4 m. Für engere Räume kann der Balken kürzer angefertigt werden.

Die Aufstellung erfolgt am besten auf der Spielwiese auf dem weichen Untergrund des Rasens. Hier können die Kinder während des Freispiels ihr turnerisches Können erproben und selbst den Balken auf die gewünschte Höhe verstellen. Die Unfallgefahr ist gering. Beim Üben im Raum sollte man sicherheitshalber Matten oder einen Teppich unter das Gerät legen. Die vielseitige Verwendbarkeit des Rundbalkens für Balancier-, Kletter-, Hangel- und Sprungübungen wird durch Einhängen von Leiter und Rutschbrett noch erweitert.

Die Kinder entfalten Mut, Geschicklichkeit und durch die Möglichkeit der verschiedenen Geräteeinstellungen und -kombinationen Phantasie im Erfinden neuer Übungen. Sie erreichen so durch die vielfältigen Übungen Kraft und Sicherheit in der Überwindung und im Umgang mit dem Gerät als Hindernis.

Der „Lüneburger Stegel“ und der „Augsburger Turnsteg“ sind eine Weiterentwicklung des einfachen Rundbalkens. Sie sind besonders für Heime und Kindertagesstätten, denen keine Turnhalle zur Verfügung steht, zu empfehlen, da sie mehrere Turngeräte ersetzen.

## Übungspraxis

Tiefer Balken: Balken in Stufe 1 einhängen.
Es wird im Strom geübt.

1. Über den Balken steigen – über den Balken springen – unter dem Balken durchkriechen. Wechsel der Übungen.
2. Auf dem Balken balancieren. Oben auf dem Balken stehen, mit den Zehen festklammern, in die Tiefhocke abspringen – mit Strecksprung abspringen.
3. Auf dem Balken seitlich mit Nachstellschritten entlanggehen, mit den Zehen den Balken umklammern.
4. Auf allen Vieren auf dem Balken entlang.
5. Dicht vor dem Balken stehen, Hände aufstützen und mit den Füßen vom Boden abspringen.
6. Hockwende über den Balken.
7. In Bauchlage quer über den Balken legen, mit den Händen auf dem Boden vorwärtsgehen, Körper nachziehen.
8. Ausgangslage wie bei Übung 7: Mit Purzelbaum vom Balken abrollen.

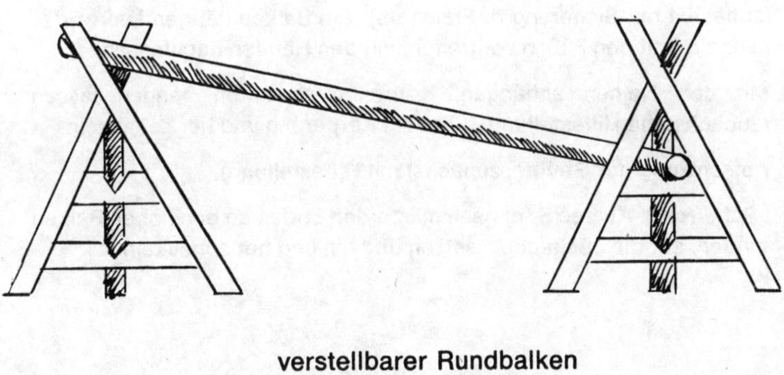


verstellbarer Rundbalken

**Schräger Balken: In Stufe 1 und 2 einhängen.**

9. Auf allen Vieren auf dem Balken hochkrabbeln.
10. Rückwärts von oben nach unten krabbeln.
11. Auf dem schrägen Balken balancieren – von oben nach unten balancieren (Hilfestellung).
12. Verschiedene Höhen übersteigen – verschiedene Höhen überspringen.

**Mittlerer Balken: Einhängen in Stufe 2.**

13. Mit den Händen am Balken festhalten und mit den Füßen vor und zurück laufen.
14. Fortsetzung von Übung 13: Mit den Händen festhalten, Aufschwung versuchen.
15. Vor dem Balken stehen, mit den Händen aufstützen, mit den Füßen vom Boden abspringen – Aufspringen zum Stützen und Abspringen – Aufspringen zum Stütz, mit dem Bauch auf den Balken legen, mit Purzelbaum ab.
16. Wie Übung 15, jedoch mit Felgabzug ab.

**Hoher Balken: Balken in Stufe 3 einhängen.**

17. Mehrere Kinder hängen sich fest an den Balken und schaukeln hin und her, mit den Beinen immer wieder abstoßen.
18. Quer an den Balken hängen (die eine Hand umfaßt von rechts, die andere Hand umfaßt von links fest den Balken), versuchen die Beine hochzuschwingen.
19. Fortsetzung von Übung 18: Mit den Beinen den Balken umklammern (zunächst mit Sicherung d. Erziehers). Am Balken hängend vorwärtshangeln (mit den Füßen vorgreifen, mit den Händen nachfassen).
20. Mit den Beinen anhängen, Körper nach unten hängen lassen (zunächst mit Hilfestellung). Mit dem Körper hin und her schaukeln.
21. Aufschwung (für Geübte, zunächst mit Hilfestellung).
22. „Schaukel": Kurzes Springseil mit beiden Enden an den hohen Balken binden, auf die „Schaukel" setzen und hin und her schaukeln.

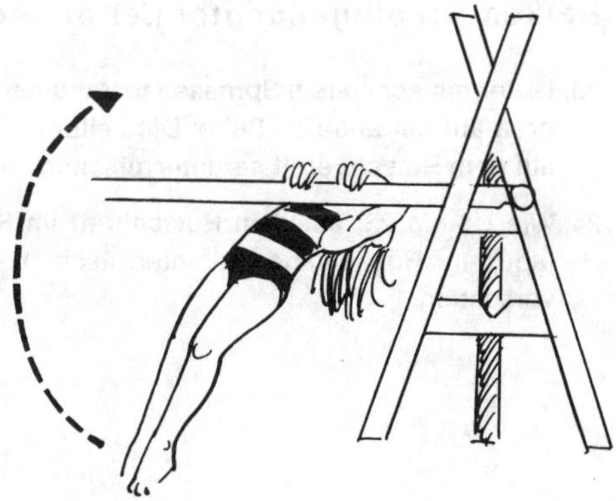

Übung 14

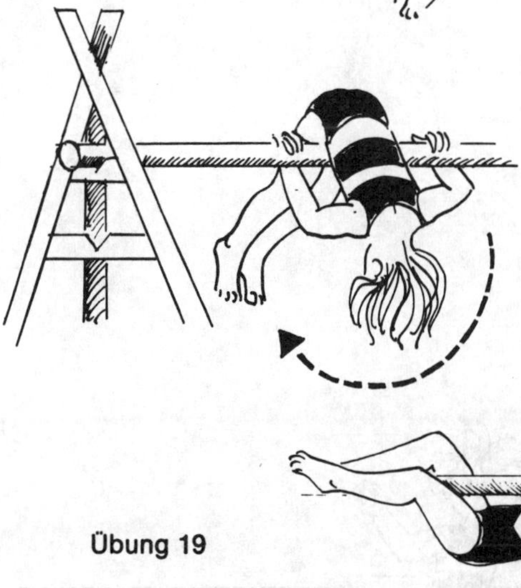

Übung 15

Übung 19

Übung 20

## Balken mit eingehängter Leiter und Rutschbrett.

23. Leiter mit schmalem Sprossenabstand am Balken einhängen, Rutschbrett auf der anderen Seite: Die Leiter auf allen Vieren hinaufklettern, auf dem Rutschberett herunterrutschen.

24. Wie Übung 23, auf dem Rutschbrett im Sitzen rückwärts, in Bauchlage, in Rückenlage herunterrutschen – den umgekehrten Weg versuchen.

Übung 23

# ÜBUNGEN AN LEITER UND SPROSSENWAND

## Bewegungs- und Übungslehre

Eine einfache, glatt gearbeitete Leiter, die von jedem Kindergarten leicht angeschafft werden kann, ist für sich allein oder in Verbindung mit Rundbalken oder Sprossenwand ein vielseitig zu verwendendes Turngerät und vorteilhafter als die transportablen Klettertürme, welche zuwenig Übungsmöglichkeiten für viele Kinder bieten und meist nicht standsicher sind.
Bei genügend Platz zum Unterbringen und Üben wird je eine Leiter mit schmalerem (20 cm) und breiterem (40 cm) Sprossenabstand empfohlen. Die Leitern sind ca. 4 m lang, an einem Ende mit Haken zum Einhängen versehen.

Bei Neubauten von Kindertagesstätten sollten entweder für das Gruppenzimmer oder für Schlaf- und Gymnastikraum, evtl. auch für die überdachte Freilufthalle Sprossenwände mit eingeplant werden. Sie nehmen nicht viel Platz weg und ermöglichen Kletterübungen bei jedem Wetter. So kann das Bedürfnis der Kinder befriedigt werden, durch Klettern ihren Mut und ihr Selbstvertrauen zu stärken im Überwinden von Hindernissen und Bewältigen von kleinen Gefahren.
Kriech-, Balancier- und Kletterübungen auf und zwischen den Sprossen der Leitern und der Sprossenwand fördern die körperliche Geschicklichkeit und den Gleichgewichtssinn, die Geschmeidigkeit der Wirbelsäule und kräftigen Fuß- und Rückenmuskulatur.

Um der Gefahr des Herunterfallens zu entgehen, lernen die Kinder mit Konzentration zu üben. Dann sind Unfälle sehr selten. Matten vor den Sprossenwänden und Rasen als Untergrund für die liegenden Leitern dienen der Sicherheit ebenso wie die Aufmerksamkeit und, wenn nötig, Hilfestellung der Erzieherin.

Leiter liegt am Boden.
Kinder stehen hintereinander vor der Leiter.
Es wird im „Strom“ geübt.

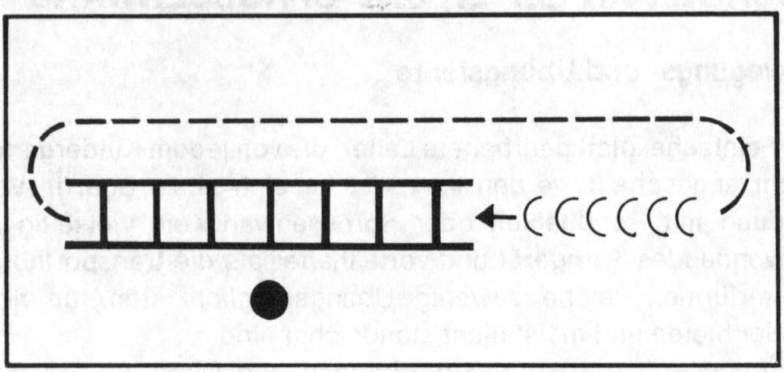

1. Gehen von Lücke zu Lücke vorwärts. Springen von Lücke zu Lücke. Im Storchengang von Lücke zu Lücke. Im Häschenhupf.
2. Im Vierfüßlergang von Sprosse zu Sprosse. Aufrecht auf den Sprossen gehen, die Zehen umklammern die Sprossen.
3. Balancieren auf einer Kante der Leiter. Balancieren zu Paaren nebeneinander auf beiden Kanten der Leiter.

Leiter hochkant stellen, von 2 Personen festhalten. Kinder sitzen nebeneinander in Entfernung vor der Querseite der Leiter. Es wird hin und her geübt.

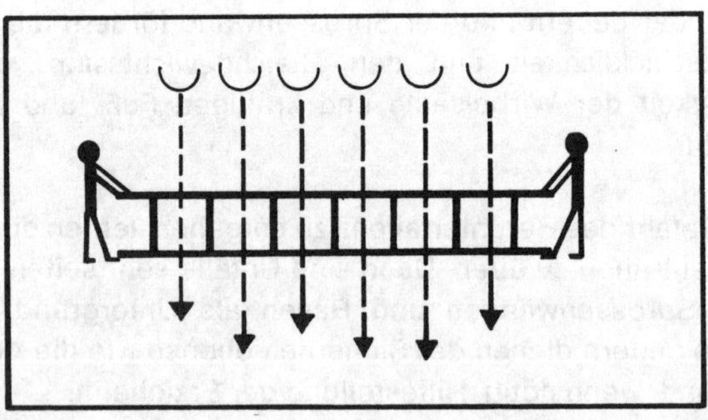

4. Alle Kinder kriechen durch die Lücken zwischen den Sprossen.
5. Oben über die Leiter steigen. Auf dem Hinweg durchkriechen, auf dem Rückweg übersteigen.
6. An einem Ende der Leiter beginnen: In Schlangenlinie durch die einzelnen Lücken kriechen.
7. Abwechselnd durch eine Lücke kriechen und die Kante übersteigen.

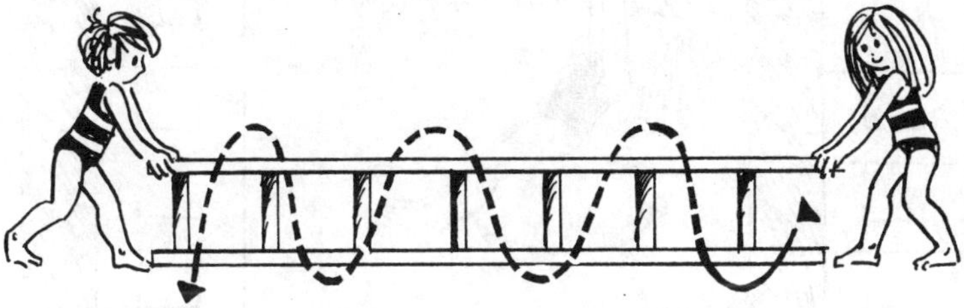

Übung 7

Leiter auf 2 Hocker oder 2 kleine Turnkästen fest auflegen. Die Kinder üben im „Strom" hintereinander.

8. Von Lücke zu Lücke steigen.
9. In Wellenlinie abwechselnd in die erste Lücke einsteigen, unter der nächsten Sprosse hindurchkriechen, bei der 2. Lücke hochkommen, die 3. Sprosse übersteigen u.s.f.
10. Auf allen Vieren über die Sprossen vorwärts.

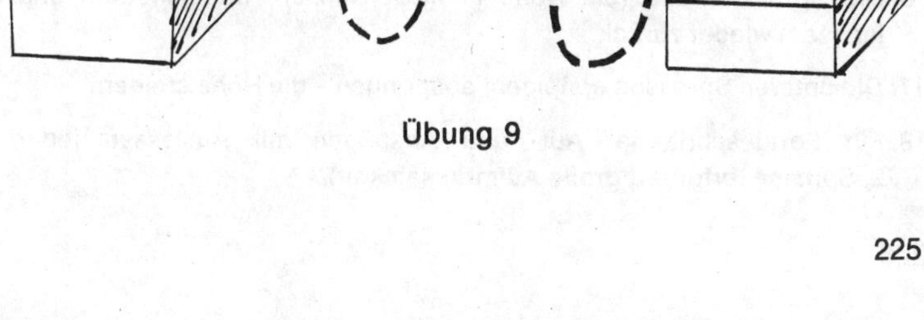

Übung 9

Leiter auf 2 hohe Turnkästen fest auflegen.

11. An die Sprossen hängen, an die Sprossen hängen und Beine hochheben, anhängen und schaukeln.

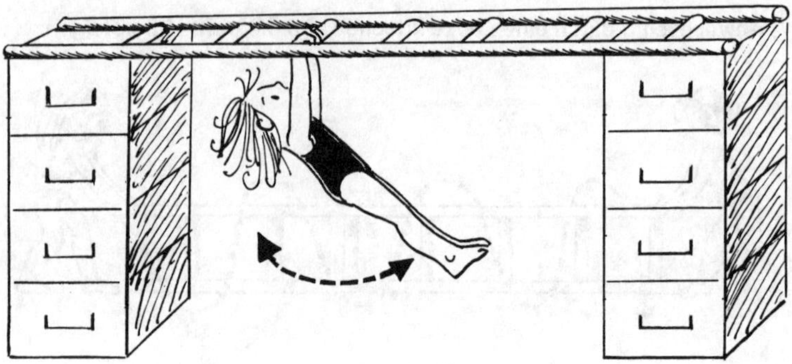

Übung 11

Leiter in Sprossenwand einhängen, in steigender Höhe.

12. Auf allen Vieren die Leiter hinaufklettern. Auf allen Vieren hinauf- und rückwärts herunterklettern.

13. In geringer Höhe einhängen: Freihändig mit den Zehen die Sprossen umklammernd hinauf (evtl. Hilfestellung).

14. Einige Sprossen auf allen Vieren hinaufklettern, durch eine Lücke hindurchkriechen – auf der Rückseite zurückklettern.

15. Auf der Unterseite der Leiter einige Sprossen hinaufhangeln, durch eine Lücke hindurchkriechen, auf der Vorderseite zurückklettern.

Sprossenwand

Die Kinder sitzen vor der Sprossenwand, 2–3 Kinder üben nebeneinander. Evtl. Matten hinlegen.

16. Die Sprossenwand (die Höhe je nach Können) hinaufklettern und langsam wieder zurück.

17. Die unteren Sprossen ersteigen, abspringen – die Höhe steigern.

18. Für Fortgeschrittene: Auf- und Absteigen mit Auslassen jeder 2. Sprosse (erfordert große Aufmerksamkeit).

Übung 20

19. Aufsteigen in mäßige Höhe, oben festhalten und 1 Bein mit Wechsel wegstrecken.
20. Aufsteigen in mäßige Höhe: 1 Hand und 1 Bein auf der Sprosse, Körper eine Vierteldrehung nach außen, freien Arm und Bein zur Seite strecken.
21. Mit dem Rücken zur Wand an eine Sprosse hängen: abwechselnd rechtes und linkes Bein anziehen – beide Beine anziehen.
22. Wie bei Übung 21 anhängen: Gestreckten Körper hin und her pendeln.
23. Aufsteigen in mäßiger Höhe: Seitlich auf einer Sprosse weitergehen.
24. Auf der 2. Sprosse stehen, mit den Händen etwas höher festhalten, abwechselnd Beine anhocken und strecken.

Übung 24

25. Mit einem Ball aufsteigen, Ball ablegen, absteigen, das nächste Kind holt den Ball – mit Ball aufsteigen, Ball von oben her werfen, absteigen.

26. Bauchlage vor der Sprossenwand: Mit den Händen an der 1., 2. oder 3. Sprosse hochziehen.

27. Rückenlage vor der Sprossenwand: Beide Hände umfassen die unterste Sprosse, Beine über den Kopf heben bis zur Sprosse, mit rundem Rücken zurückrollen.

28. Rückenlage: Füße unter der 1. Sprosse festklammern, Oberkörper aufrichten, bis die Hände eine Sprosse erreichen und wieder langsam zurück zur Strecklage.

# ÜBUNGEN AUF MATTEN

## Bewegungs- und Übungslehre

Die Freude am Kriechen, Rollen und Sichwälzen auf dem Boden bewahren sich die Kinder weit über das Krabbelalter hinaus. Dem Begehren nach diesen Bewegungen sollte der verständnisvolle Erzieher nachgeben, denn darin kann ein sinnvoller Ausgleich zu den Belastungen der Wirbelsäule durch den aufrechten Gang gesehen werden.

Auf dem Rasen, einen kleinen Hügel hinab, macht es den Kindern großen Spaß, ihre Körper rollend und purzelnd in Bewegung zu setzen. Der „Purzelbaum", vom Kleinkindalter an geübt, fördert die Beweglichkeit der Wirbelsäule und lockert und massiert die Rückenmuskulatur. Alle Rollen am Boden, in den verschiedensten Formen variiert, wirken daher Haltungs- und Sitzschäden entgegen.

Damit nicht nur im Sommer auf dem Rasen geübt werden kann, sondern auch in der kalten Jahreszeit im Gymnastikraum, in der Halle oder auch auf dem Gang, ist die Anschaffung von 2–4 Turnmatten (je nach Raumgröße) zu empfehlen.

Die elastischen Schaumgummimatten ermöglichen nicht nur das gefahrlose Turnen der Bodenübungen, sondern regen auch zu federnden Sprungübungen an, die fußfördernd und gelenkschonend die Elastizität der Bewegung steigern (s. Federungen). In sog. „rhythmischen Reihen" auf Mattenbahnen (mehrere Matten liegen mit oder ohne Abstand in einer Reihe hintereinander) wird nacheinander im „Strom" geübt und dabei, durch Musik oder Schlaginstrument unterstützt, der Bewegungsrhythmus bewußt aufgenommen. Diese Übungsweise sollte auch mit Vorschulkindern versucht werden. Sie fördert Sicherheit und Beherrschung fließender Bewegungsabläufe und hilft mit zur Überwindung von Ängsten und Hemmungen durch die Einbeziehung des einzelnen in den rhythmischen Bewegungsstrom der Gruppengemeinschaft.

## Übungspraxis

Matten liegen hintereinander in einer Reihe (Abstände je nach Übungsaufgabe variieren). Die Kinder stehen hintereinander in der Reihe und üben im „Strom" („Rhythmische Reihe").

1. In Schlußsprüngen federnd auf den Matten vorwärts springen (Arme zur Seite oder mitschwingen).
2. Zu Paaren nebeneinander in Einhandfassung: In Schlußsprüngen vorwärts wie Übung 1 (im gemeinsamen Rhythmus).
3. Wie Übung 1, Schlußsprünge seitlich nach links und rechts („Wedeln").
4. Schlußsprünge, dabei drehen (Arme zur Seite oder mitbewegen).
5. In Schlangenlinie zwischen den Matten laufen, auf Signal auf die Matten setzen, hocken, legen.
6. Mit Hundelauf in Schlangenlinie zwischen den Matten.
7. Auf 1 Bein (mit häufigem Beinwechsel) auf den Matten vorwärts hüpfen.
8. Im „Storchengang" über die Matten gehen.
9. Mit Schrittsprung über die Matten (Arme seitlich).
10. Schrittsprung mit Laufschritten dazwischen (gleichmäßigen Rhythmus erarbeiten).
11. Im „Hoppelhupf" über die Matten, im „Häschensprung" über die Matten, im „Froschsprung" über die Matten.

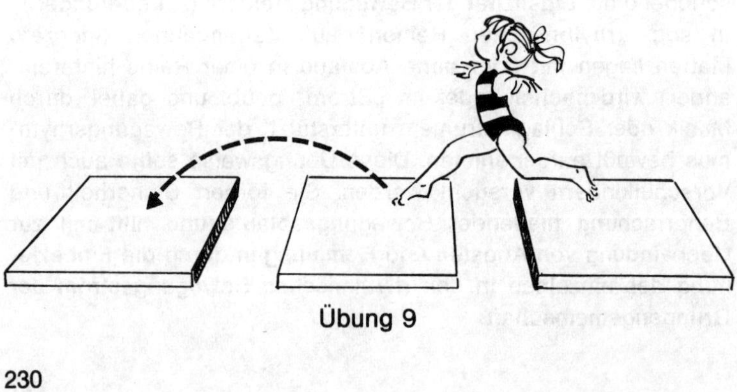

Übung 9

12. Einzelne Kinder liegen auf dem Bauch auf der Matte: „große Bauchschaukel" (Wiegemesser), „kleine Bauchschaukel" (Hände fassen Fußknöchel).

13. „Rückenschaukel" (als Gegenbewegung zur vorigen Übung zur Vorbeugung von Hohlkreuzschaden): Einzelne Kinder sitzen in Hocksitz am Mattenrand, Hände umfassen die Beine, nun mit Schwung auf dem runden Rücken zurück- und vorschaukeln (evtl. zur Hilfe beim Vorschwingen auf die Fußrücken drücken).

14. Wie Übung 13: nach 1 mal Zurück- und Vorschaukeln aufstehen und gleich wieder zur Hocke und zurück schaukeln.

Matten aneinander schieben. Kinder üben einzeln nacheinander, Erzieherin kniet neben den übenden Kindern und korrigiert helfend beim „Purzelbaum" das Kopfeinziehen.

15. „Purzelbaum" vorwärts aus dem Hockstand, dabei Kopf einziehen, Hinterkopf aufsetzen, Rücken rund abrollen.

16. Mehrere Purzelbäume hintereinander – dabei ganz klein machen.

17. Wer kann die meisten Rollen an der Mattenbahn?

18. Nach einer Rolle ohne Hilfe der Hände aufstehen.

19. Rolle über ein Hindernis (Seil, Stab, Ball, durch Reifen).

20. Einzelne Kinder üben die Kerze (zunächst mit Stütz der Hände), dann die Beine zurück über den Kopf schwingen und mit rundem Rücken zum Sitz vorrollen.

21. Rollen vorwärts, rückwärts, seitlich auf schiefer Ebene: Rasenhügel, Matten auf eingehängte schräge Bänke oder Rutschbretter legen.

22. „Baumstamm"rollen seitlich, auch als Gruppenübung.

# ÜBUNGEN AN TURNKÄSTEN

## Bewegungs- und Übungslehre

In größeren Kindertagesstätten mit mehreren Kindergarten- oder Vorschulgruppen lohnt sich die Anschaffung von Turnkästen, am besten eines großen und 2–3 kleiner Kästen. Mit den auseinandernehmbaren Teilen lassen sich reizvolle Gerätekombinationen zusammenstellen, die vielfältige Anregungen zu Kriech-, Sprung- und Kletterübungen bieten.
Durch die wechselnde Aufgabenstellung zum Überwinden der Hindernisse werden Kreativität, Mut und Geschicklichkeit entwickelt. Die Kriechübungen durch versetzt oder nebeneinander angeordnete Kastenteile fördern besonders die seitliche Beweglichkeit der Wirbelsäule und Lockerung der Rückenmuskulatur. Sprungübungen von verschieden hohen Kastenaufbauten stärken das Selbstwertgefühl der Kinder.
Weiche Matten als Aufsprungunterlage sind erforderlich, um Verletzungen und Fußschäden zu vermeiden. Es soll immer elastisch in die tiefe Hockstellung gesprungen werden, damit einer zu starken Belastung der Füße und Gelenke beim Niedersprung entgegengewirkt wird.

Der Turnkasten ist besonders geeignet, die Kinder schon im Vorschulalter mit größeren Geräten vertraut zu machen, damit sie bis zum Schuleintritt die Fähigkeit erlangt haben, ohne Angst und Unfall das Hindernis in vielseitigen Bewegungsformen „spielend“ zu überwinden.

Unfällen wird vorgebeugt durch gute Organisation, Übersicht und Aufmerksamkeit, besonders aber durch überlegten Übungsaufbau, der die Bewegungsentwicklung und den Könnensstand der Kinder berücksichtigt und den Schwierigkeitsgrad der Übungen vom Leichten zum Schweren steigert.
Beim Aufbau besonders der kleinen Kastenteile können die Kinder mithelfen und aufgefordert werden, neue Übungsformen und -kombinationen zu erfinden.

## Übungspraxis

Aufstellung: Kastenteile im Raum verteilen. In jedem Teil sitzen 2–4 Kinder.

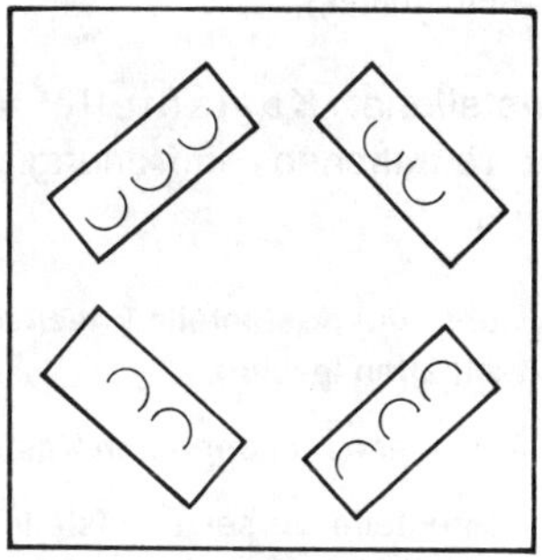

1. „Vöglein im Nest": Kinder sitzen oder hocken im Kastenteil, auf Zuruf „fliegen" alle fort, auf Signal wieder zurück zum Nest.– „Große Vögel" (mit ausgreifenden Armbewegungen).
2. Kastenteil ist „Haus", „Garage", „Stall": Auf Zuruf bewegen sich die Kinder als „Auto", „Radfahrer", „Pferd", „Häschen" zwischen den Kastenteilen ohne anzustoßen und sammeln sich wieder auf Signal in ihrem Platz.
3. Außen um den Kreis laufen, hüpfen, in Seitgalopp oder in anderen Bewegungsarten, – und wieder zum Sammelplatz zurück.
4. Im Kastenteil ganz klein zusammenkauern, abwechseln mit Hochstrecken.
5. Jedes Team kriecht, läuft, hüpft um sein „Haus".
6. Platzwechsel: Auf Signal die Kastenteile wechseln (Vorsicht, nicht anstoßen!).
7. „Im Boot rudern": 2–3 Kinder sitzen in einem Kastenteil hintereinander in einer Richtung und machen kräftige Ruderbewegungen – „Auto": „Vorwärtsfahren" mit Vorgreifen der Beine und Nachrutschen auf dem Gesäß.
8. „Omnibus": 3–4 Kinder stehen in einem Kastenteil, heben ihn an den Seiten festhaltend an. Erst langsam „anfahrend" vorwärtslaufen, dann schneller. (Vorsicht, nicht anstoßen, Richtung angeben!)

9. Im Kreis üben, die Kastenteile liegen verteilt am Boden: Von einem Kastenteil zum anderen gehen (auch im Storchengang), hineinsteigen und weitergehen.

10. Wie Übung 9: Im Laufen, über die Kanten springen (Vorsicht!) – im Schlußsprung (für Fortgeschrittene). – Den Kastenteil quer überspringen (für Geübte). – Auf dem Kastenrand balancieren (evtl. mit Hilfestellung).

Aufstellung: Kastenteile längs aufstellen, verschieden in der räumlichen Anordnung. Es wird im Strom hintereinander geübt.

11. Durch die Kastenteile kriechen – Kastenteile übersteigen (Kastenteile festhalten lassen).

12. Abwechselnd über einen Kasten klettern und durchkriechen.

13. Kastenteile versetzt aufstellen: Im Slalom durchkriechen, abwechselnd die Kastenteile durchkriechen und übersteigen.

14. Kastenteile zum Tunnel zusammenstellen: Durchkriechen.

Aufstellung: Kastenaufbau mit gepolstertem Deckel (mit Matte). Nacheinander im Strom üben.

15. 1 Unterteil und Kastendeckel: Auf dem Bauch längs über den Kastendeckel rutschen. – Am Ende einen Purzelbaum auf die Matte.

16. 2 Unterteile und Kastendeckel: Hinaufklettern und federnd auf die Matte springen.

17. Aus mehreren kleinen Kästen eine Treppe bilden, vom hohen Kasten (3–4 Unterteile mit Deckel) abspringen – den hohen Kasten erklimmen, in die tiefe Hockstellung abspringen – eine gespannte Schnur überspringen – weiter Absprung.

18. Mehrere Kästen (kleine oder große) in Abständen aufstellen, die Kästen ersteigen und abspringen.

19. Aufstellung wie bei Übung 18, jedoch in kleinen Abständen: Von einem Kasten zum anderen steigen, springen.

20. Gerätekombination aus Kästen, Leitern, Rutschbrett und Matten: Verschiedene Möglichkeiten der Hindernisüberwindung von den Kindern ausprobieren und vorschlagen lassen.

Übung 13

Übung 17

# ÜBUNGEN AN STÜHLEN

## Bewegungs- und Übungslehre

Kindermöbel für Kindergarten und Haus müssen so stabil sein, daß sie auch lebhafteren Aktivitäten der Kinder standhalten. Bei der Einrichtung von Kinderzimmern und Gruppenräumen sollten besonders die Stühle oder Hocker nach ihrer Verwertbarkeit nicht nur als Sitzmöbel, sondern auch als Spiel- und Turngerät ausgewählt werden. Es eignen sich dazu stabile, nicht zu kleine Stühle mit geraden Beinen, aber auch Schemel und Hocker in Würfel- und Kubenform, die man neben- und übereinander aufbauen kann. Im Angebot der modernen Kinderspielmöbel finden sich gute Beispiele für Modelle, die Stabilität, klare, einfache Form und vielseitige Verwendbarkeit in sich vereinen. Strapazierbare und stabile Kinderspielmöbel haben den Vorzug, daß die Kinder, ungestört von dauernden Verboten durch die Erwachsenen, mit ihnen nach ihrer eigenen Phantasie und Planung umgehen und in Spiel und Bewegung die vielfältige Verwendbarkeit erproben können. Beim Turnen an Möbeln sollen die Vorschläge der Kinder die Grundlage bilden.

Die Beispiele der folgenden Übungen an Stühlen können mit anderen Kindermöbeln erweitert werden. Besonders bei schlechtem Wetter, wenn man nicht im Turnspielgarten üben kann, ist der Gruppenraum schnell durch Umstellen der Stühle und Tische in einen Turnraum verwandelt. Durch das Kriechen, Biegen, Steigen und Klettern über, unter und zwischen den Möbeln entfaltet sich die Geschicklichkeit der Kinder und besonders die Gelenkigkeit der Wirbelsäule. Je phantasiereicher die Bewegungen sind, um so wirksamer werden Sitzschäden und Rückenversteifungen vertrieben.

Speziell zum Turnen wurde die „Heidelberger Gymnastiktreppe“ entwickelt.

## Übungspraxis

Stühle oder Schemel im großen Kreis aufstellen. Jedes Kind setzt sich auf einen Stuhl.

1. Außen um den Kreis laufen, mit Hüpfen, Seitgalopp, langen Schritten, zurück zum eigenen Platz.
2. Auf dem Stuhl sitzen und kräftig mit den Beinen strampeln, mit den Beinen „radfahren", Arme vorhalten.
3. Um den eigenen Stuhl herumkriechen. Durch die Stuhlbeine kriechen. Verschiedene Möglichkeiten ausprobieren.
4. Auf den Stuhl steigen, herunterspringen in die Hockstellung (Stuhl muß fest stehen). Wechselnd auf den Stuhl steigen und unten durchkriechen.
5. In Bauchlage auf dem Stuhl: Arme und Beine anheben und senken – Schwimmbewegungen.

Übung 3

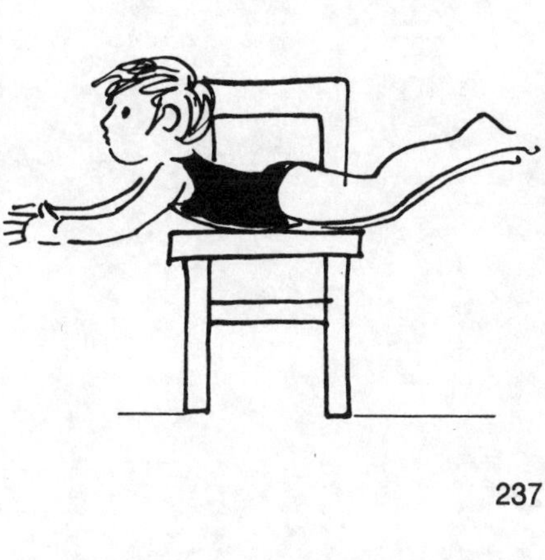

Übung 5

6. Aus der Bauchlage vom Stuhl herunterkriechen, dann unter den Stuhlbeinen hindurchkriechen und wieder auf den Stuhl.
7. Hinter den Stuhl stellen, auf der Lehne aufstützen, mit Schlußsprung hochhüpfen, auf Zuruf hinhocken und unten durch die Stuhlbeine schauen.
8. Mit Gegenstand (kleine Schachtel, Wurfring o. a.) auf dem Kopf auf den Stuhl steigen und wieder herunter.
9. Durch die Stuhllehne kriechen (bei nicht zu kleinen Stühlen möglich).
10. Stühle umlegen: Über die Stuhlbeine steigen – von einem Stuhl zum anderen den ganzen Kreis hindurch.
11. Stühle wieder aufstellen: Durch alle Stühle hindurchkriechen. Abwechselnd über einen Stuhl klettern, unter dem nächsten durchkriechen.
12. Wer kann seinen Stuhl hochstemmen?
13. Stühle in einer Reihe aufstellen mit kleinen Abständen. Es wird im Strom geübt: Von einem Stuhl zum anderen steigen.
14. Aufstellung wie bei Übung 13, jedoch Stühle in größeren Abständen: Auf jeden Stuhl steigen und abspringen (leise) – in Schlangenlinie durch die Stuhlreihe laufen, kriechen, hüpfen, als „Radfahrer", als „Auto".
15. Im Slalom einen Ball durch die Stuhlreihen dribbeln.
16. Stühle eng zusammenstellen in einer Reihe: Durch den „Tunnel" kriechen.
17. Ball durch den „Tunnel" rollen.

# VIII

## SPIELE

Lernziele
Laufspiele
Fangspiele
Spiele mit Bällen
Spiele mit Seilen
Geschicklichkeitsspiele
Winterliche Spiele und Übungen

# SPIELE

## Lernziele

Im Laufe der Kindergartenzeit entwickelt das Kind die Fähigkeit, sich in (zunächst kleinen) Spielgruppen zurechtzufinden, an gemeinsamen Handlungen teilzunehmen und das Spielgeschehen mit verfolgen und verstehen zu können. Es erfährt Freude am geselligen Bewegungsspiel und lernt, eigene Wünsche mit denen der Spielgefährten abzustimmen und sich in die Spielgemeinschaft zu integrieren. Es wird fähig, sich im Räumlichen (Spielfeld) zu orientieren und Gruppierungsformen (Kreis, Reihe) zu überschauen und sich darin einzuordnen. Es lernt, Spielregeln zu verstehen und einzuhalten, Rollen im Rahmen der Spielhandlung zu übernehmen und in Verein mit den Gruppenmitgliedern zu selbstgewählten Spielvorhaben eigene Regeln aufzustellen und Konflikte untereinander zu lösen.

Der Sinn für Vergleich und Wettbewerb bildet sich, ebenso das Verständnis für ehrliches, faires Verhalten, für Rücksichtnahme und Hilfsbereitschaft schwächeren Kindern gegenüber. Das Kind erfährt Selbstbestätigung und Anerkennung seiner eigenen Leistung im Dienste der Gruppe. Es lernt die Erfolge (Gewinn, Sieg) anderer zu respektieren und eigene Mißerfolge (Verlieren) zu ertragen. Im Spiel entwickelt das Kind motorische Fähigkeiten wie Gewandtheit und Geschicklichkeit und seinem Reifestadium entsprechende Kraft und Ausdauer (Intervalltraining im Spiel) und damit Steigerung seiner Organ- und Haltungskräfte. Fünf- und Sechsjährige sollen die Spielregeln mehrerer einfacher Lauf- und Wettspiele kennen und einen ersten Grad von Fertigkeit im Ballwerfen und -fangen erreicht haben, der sie mit Eintritt in die Schule befähigt, Ballspiele zu erlernen, die sicheres Zuspielen zwischen Partnern und in der Gruppe verlangen.

# LAUFSPIELE

**1. Sammelspiele**

Die Kinder bewegen sich frei im Raum. Der Spielleiter (Erzieher oder ein Kind) steht an einer Seite oder Ecke des Spielfeldes oder Raumes. Auf sein Zeichen (Ruf, Handklatsch o. ä.) laufen alle Kinder schnell zu ihm. Wer ist zuerst da?

Abänderungen: Der Spielleiter stellt sich auf eine Gerade oder Kreislinie. Auf ein Zeichen hin bilden alle Kinder eine Linie oder einen Kreis. Sammeln im Sitz auf einer Matte, auf Kästen, auf einer Langbank.

**2. Alle, meine Kinder kommt herbei!**

In einem abgegrenzten Teil des Raumes oder Spielfeldes versammelt die Mutter (Erzieherin oder ein Kind) ihre Kinder. Bei dem Ruf: „Alle Kinder laufen (reisen, fahren) fort!" verlassen die Kinder das „Haus" und bewegen sich frei im Raum. Bei dem Ruf: „Alle, meine Kinder kommt herbei!" laufen alle schnell zur Mutter zurück.

Abänderungen: Die Glucke ruft ihre Küken, die Entenmutter ihre Entenkinder u. a. Die Bewegungen der Tiere werden dargestellt.

**3. Freunde suchen**

Die Kinder laufen frei im Raum herum. Auf ein akustisches Zeichen sucht sich jedes Kind einen Partner, dem es beide Hände reicht. Die Partner können stehenbleiben oder sich setzen, in die Hocke gehen, am Ort im Paarkreis laufen oder in der „Mühle" hüpfen.

Abänderungen: Bei ungerader Spielerzahl bleibt bei der Partnersuche immer ein einzelnes Kind übrig, welches sich beim nächsten Wechsel auch einen Partner sucht. Wenn das Finden zu Paaren gut gelungen ist, kann versucht werden, daß sich nach dem Einzellauf jeweils drei (vier, fünf) Freunde zu einem kleinen Kreis oder einer Gruppe am Boden sitzend zusammenfinden.

Dieses Spiel kann gut durch Musik geleitet werden (Unterbrechung, verschiedene Bewegungsrhythmen).

**4. Platztauschen**

Die Kinder stehen nebeneinander in zwei Gruppen in größerer Entfernung gegenüber. Auf den Ruf „Plätze tauschen!" gehen (laufen) sie aneinander vorbei, ohne anzustoßen, auf den gegenüber liegenden Platz. Welche Gruppe hat es am besten gemacht?

Abänderungen: Von einer Ecke des Raumes (Spielfeldes) in die andere. Wenn das Platztauschen mit 2 Gruppen gut gelungen ist, kann es mit 4 Gruppen aus 4 Ecken des Raumes versucht werden.

5. Omnibusfahren

Vier bis fünf Kinder bilden eine kleine Gruppe und hängen sich hintereinander ein (Taille oder Schulter des Vordermannes fassen). Das erste Kind ist der Omnibusfahrer und darf bestimmen, wohin sein Omnibus fährt. Die Omnibusse dürfen nicht aneinanderstoßen. Es können Verkehrsregeln bestimmt oder Wettfahrten durchgeführt werden.

6. Verkehrsspiel

Alle Kinder sind Verkehrsteilnehmer und wählen sich eine Rolle: Fußgänger mit Kind, mit Hund, alte Leute, Radler, Auto, Motorrad u. a. Sie teilen sich zunächst in zwei, später in vier Gruppen, die sich gegenüber stehen und sich auf vorgestellten oder aufgezeichneten Straßen hin und her bewegen. Ein Verkehrspolizist in der Mitte regelt den Verkehr. Verkehrsregeln erklären. Es können auch Verkehrsschilder und Ampeln verwendet werden. Diese Spiele sollten im Freien durch Benutzung von Rollern und Kinderfahrrädern erweitert werden.

7. Sonne und Regen

Im Raum werden Stühle und Bänke verteilt aufgestellt. Die Kinder laufen (gehen, hüpfen) durcheinander. Auf Zuruf des Spielleiters (Erzieher, Kind) „Regen" suchen alle Unterschlupf unter einem „Dach" (Stuhl). Bei dem Ruf „Sonne" setzen oder stellen sich alle auf die Bank oder den Stuhl.

8. Blinden helfen

Die Kinder stehen paarweise nebeneinander. Ein Partner schließt die Augen oder hat die Augen verbunden. Das andere Kind hat die Aufgabe, den „blinden" Partner über die „Straße" zu führen, ohne daß er hinfällt. Welches Paar macht es am sichersten? Nun werden die Rollen getauscht. Abänderungen: Der „Blinde" wird um Stühle, über Bänke, durch Tore geführt. Ein Kind führt zwei „Blinde".

9. Baum wechseln

Nicht zu große Spielerschar. Jedes Kind steht an einem Baum oder sitzt in einem Reifen. Ein Kind ist überzählig. Auf den Ruf: „Wechselt die Plätze!" sucht sich jedes Kind, auch das überzählige, einen neuen Baum oder Reifen. Wer keinen Platz gefunden hat, darf neu aufrufen.

10. Slalomlauf

Hindernisse aufstellen: Stühle, Keulen, Ständer u. a. Die Kindergruppe läuft hintereinander in Kurven um die Hindernisse. Im freien Gelände um Bäume, Büsche laufen, über Baumstümpfe springen, auf Baumstämmen balancieren, unter Zweigen hindurchkriechen, durch Blätterhaufen rascheln u. a. Im Slalomlauf einen Hang hinunter.

### 11. Reaktionsspiel

Die Kinder laufen leise im Raum durcheinander ohne anzustoßen. Auf Handklatsch des Erziehers oder eines Kindes bleiben alle stehen.
Abänderungen: Verschiedene Schlaginstrumente (Triangel, Tamburin, Rassel, Klangstäbe u. a.) geben verschiedene Aufgaben an: Setzen, in den Hockstand, Rückenlage, Bauchlage, zu Paaren u. a. Oder bei 1 Tamburinschlag hinsetzen, bei 2 Schlägen hinlegen, bei 3 Schlägen auf die Bank steigen, bei 4 Schlägen unter die Stühle kriechen u. ä.
Neue Aufgaben auch von den Kindern finden und vorschlagen lassen. Weitere Variationsmöglichkeiten durch Verwendung von Musik, die verschiedene Bewegungsrhythmen und -unterbrechungen angibt.

### 12. Wettläufe

Wettläufe von einer Ecke des Spielfeldes zur anderen, – zu einem Baum laufen, – um einen Ständer herum und wieder zum Ausgangspunkt zurück, – in verschiedenen Bewegungsarten (hüpfen, kriechen u. a.).

### 13. Hinderniswettläufe

Wettläufe über Hindernisse, z. B. Seil, Langbank, Gräben, Blätter- oder Schneehaufen, Keulen, liegende Bälle u. a., – unter gespannten Seilen, Rundbalken hindurch u. a.

### 14. Wettläufe mit Start

Die Kinder stehen nebeneinander an einer Startlinie. Auf den Zuruf: „Fertig – los!" laufen alle zur vorher festgelegten Ziellinie. Der Start kann auch aus dem Sitz, aus dem Hockstand oder Liegen erfolgen.
Wettläufe auch in Form von „Autorennen", „Radrennen", „Galopprennen" u. a. Auch mit Rollern und Kinderrädern können Wettfahrten bei ausreichendem Platz veranstaltet werden.

### 15. Lustige Wettläufe

Jeweils 4–5 Kinder nebeneinander:

a) Eierlauf
b) Sackhüpfen
c) Inselspringen: Jedes Kind erhält 2 Papptafeln, die es vor sich auf den Boden legt und von Insel zu Insel springend die Wegstrecke zurücklegt.
d) Fußballwettlauf: Jeder Wettläufer stößt einen Ball mit dem Fuß bis zur Ziellinie, läuft nach bis zur Linie, nimmt den Ball auf und trägt ihn zur Startlinie zurück. Bei wenig Platz Ball mit der Hand vorrollen. Für Fortgeschrittene: Ball durch ein Tor (Stuhl) rollen.
e) Keulenlauf: Mit einer Keule vorlaufen, diese auf der Ziellinie oder in einem Reifen oder auf einem Stuhl aufstellen, so daß sie nicht umfällt. Dann zum Start zurücklaufen.

f) Mit einem Gegenstand auf dem Kopf (mit einer Hand festhalten), z. B. Ball, Schachtel o. ä. um ein Mal oder bis zur Ziellinie vorlaufen und wieder zum Start zurück.
g) Weitere Spiele mit den Kindern zusammen ausdenken.

16. Wettläufe zu Zweien

Jeweils mehrere Paare laufen um die Wette:
a) Zu Zweien nebeneinander an einer Hand gefaßt zum Ziel vorlaufen.
b) Wie a) in verschiedenen Bewegungsarten, z. B. Gehen mit steifen Beinen, Vorwärtshüpfen, auf 1 Bein hüpfen, mit Schlußsprung u. a.
c) Zu Zweien hintereinander, beide Hände gefaßt im Galoppsprung vorwärts.
d) Nebeneinander an einer Hand gefaßt geht ein Kind vorwärts, das andere Kind geht rückwärts. Rollentausch.
e) Zu Zweien einen Gegenstand, z. B. Paket, Medizinball u. ä. zur Ziellinie vortragen.
f) Einen Ball zu Zweien vorrollen, mit den Händen, mit den Füßen.
g) Schubkarrenfahren: Aufstellung hintereinander. Das vordere Kind geht in Liegestütz, der Partner erfaßt seine Knie- oder Fußgelenke und schiebt die „Schubkarre" vorwärts, wobei das vordere Kind auf den Händen laufen muß. Rollenwechsel. Die Wegstrecke darf nicht zu lang sein.
h) Dreibeinlauf: Jeweils zwei Kinder stehen nebeneinander und haben die inneren Arme eingehakt. Die inneren Beine werden mit einem Schal zusammengebunden. Nun versuchen beide, mit „drei" Beinen vorwärtszugehen. Am besten gelingt es, wenn man im Takt dazu spricht: „Eins – zwei . . ." Die Schritte müssen exakt und gemeinsam ausgeführt werden. (Für Fortgeschrittene geeignet, zunächst üben, dann um die Wette laufen.)

17. Gruppenwettlauf

a) Zwei Gruppen sitzen auf Matten oder in Spielfeldecken. Auf ein Zeichen laufen alle zur Ziellinie und wieder zurück. Welche Gruppe sitzt zuerst wieder auf der Matte?
b) Wie a) in verschiedenen Bewegungsarten, z. B. Kriechen, Hundelauf u. a.
c) Die Gruppen sitzen im Reitersitz auf Bänken. Auf ein Zeichen im Galoppsprung zur Ziellinie und zurück. Welche Gruppe sitzt zuerst wieder auf der Bank?
d) Die Gruppen stehen in Reihen hintereiaander an der Startlinie. Auf Zeichen laufen alle Kinder bis zur Ziellinie und wieder zurück. Welche Gruppe steht zuerst wieder in der Reihe da?

## 18. Nummernwettlauf im Kreis

Gruppenaufstellung in 2–4 Kreisen mit gleicher Spielerzahl (höchstens 8 Kinder). Die Kinder haben die Hände gefaßt. Abzählen nach rechts in jedem Kreis.

Der Spielleiter ruft eine Nummer auf, z. B. Nr. 4. Nun laufen alle Vierer nach rechts um ihren Kreis herum und auf ihren Platz zurück. Wer zuerst wieder auf seinem Platz ist, hat für seinen Kreis einen Punkt erreicht. Beim nächsten Lauf wird eine andere Nummer aufgerufen, bis alle Kinder einmal gelaufen sind. Der Kreis, der am Schluß die meisten Punkte hat, ist Sieger.

Abänderungen:

a) In verschiedenen Bewegungsarten, z. B. Seitgalopp, Kriechen u. a.

b) Alle Kinder sitzen im Strecksitz in größeren Abständen im Kreis. Die Läufer springen über die Beine.

c) Alle Kinder gehen in Bankstellung, über die die Läufer steigen müssen.

d) Aus der Bankstellung eine Brücke machen, durch die die aufgerufenen Nummern hindurchkriechen müssen.

Nummernwettlauf im Kreis

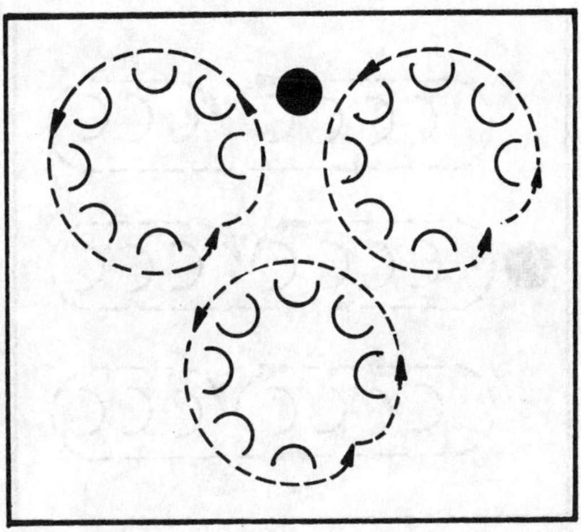

19. Nummernwettlauf in Reihen

Für Fortgeschrittene geeignet.

Aufstellung von 2–4 Gruppen in Reihen mit gleicher Spielerzahl (4–8 Kinder je Reihe). Die Kinder stehen in 1 m Abstand hintereinander. Jede Reihe zählt durch, wobei Nr. 1 vorne steht. Jeder Spieler merkt sich seine Nummer.

Alle setzen sich in Hocksitz, die Hände umfassen die Beine. Der Spielleiter steht an der Seite und ruft eine Nummer auf, z. B. Nr. 3. Darauf laufen alle Dreier ganz um ihre Reihe herum und auf den alten Platz zurück (s. Skizze). Die Richtung wird vorher ausgemacht, damit es keine Zusammenstöße gibt. Wer zuerst wieder an seinem Platz ist, hat für seine Gruppe einen Punkt erreicht. Die Gruppe mit den meisten Punkten hat gewonnen. Wenn zwei Läufer zu gleicher Zeit ankommen, bekommt jeder einen Punkt.

Abänderungen:

a) In verschiedenen Bewegungsarten, z. B. Gehen mit steifen Beinen, Hüpfen auf 1 Bein (m. Beinwechsel), Häschenhupf u. a.
b) In Schlangenlinie durch die Reihe laufen, Richtung vorher erklären.
c) Alle Spieler stehen in Seitgrätschstellung. Die Bewegung der Aufgerufenen geht nach vorne unter den gegrätschten Beinen hindurch, die Bewegung nach hinten außen an der Reihe entlang.
d) Die Spieler legen sich quer in Bauchlage. Die Läufer springen von hinten nach vorne darüber.
e) Wie d), jedoch in Bankstellung.

Nummernwettlauf in Reihen

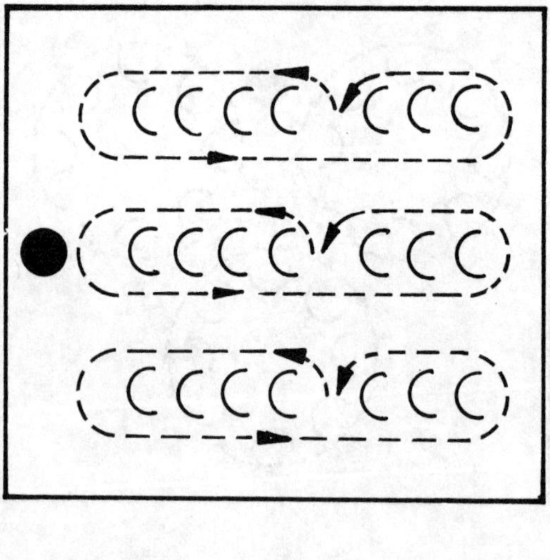

### 20. Brückenbauen

Die Kinder stellen sich im Kreis zu Paaren gegenüber auf, reichen sich hoch die Hände und bilden so „Brücken". Ein überzähliger Spieler steht außen. Er schlägt ein Paar an und bleibt auf dem Platz stehen. Daraufhin trennen sich die beiden Spieler des angeschlagenen Paares und laufen in entgegengesetzten Richtungen durch die Brücken hindurch. Wer zuerst wieder auf seinen Platz kommt, bildet mit dem Stehengebliebenen eine neue Brücke. Der andere schlägt ein neues Paar an. Abänderungen: In verschiedenen Bewegungsarten durch die Brücken.

### 21. Hundehüttenspiel

Aufstellung: zwei Kreise ineinander. In dem äußeren Kreis sind die Spieler in der Mehrzahl. Der innere Kreis steht in Seitgrätschstellung. Nun laufen die Spieler des äußeren Kreises um den inneren Kreis herum. Auf ein akustisches Zeichen des Spielleiters versucht jeder Läufer in eine „Hundehütte", d. h. durch die gegrätschten Beine in den Innenkreis zu gelangen. Einige Kinder haben keine Hundehütte gefunden und müssen beim nächsten Spielgang noch einmal mitlaufen. Nun werden die Kreise gewechselt, d. h. wer im Innenkreis war, muß nun außen laufen.

Abänderungen: Im Kriechen, Hundelauf, Seitgalopp um den Innenkreis.

### 22. Der Kessel platzt

Ein Kreis mit gerader Spielerzahl wird gebildet. Die Kinder fassen sich an den Händen und hüpfen nach links. In der Mitte des Kreises steht ein einzelner Spieler. Dieser ruft nach einer Weile laut: „Der Kessel platzt!" Nun wird die Handfassung gelöst und jedes Kind sucht sich schnell einen Partner (nicht den Nachbarn). Da der Einzelspieler sich auch einen Partner sucht, bleibt ein Kind übrig, das beim nächsten Spielgang in der Kreismitte steht.

### 23. Komm mit, lauf weg!

a) Die Kinder stehen im Kreis, die Hände gefaßt. Ein Spieler läuft um den Kreis herum und schlägt ein Kind an mit dem Ruf: „Komm mit!" Beide Kinder laufen nun in gleicher Richtung um den Kreis außen herum. Wer zuerst am freigelassenen Platz ankommt, darf sich in den Kreis stellen. Das andere Kind läuft weiter und schlägt einen neuen Laufpartner an.

b) Wenn das „Komm-mit"-Spiel auch von kleineren Kindern verstanden wird, kann „Lauf-weg" geübt werden: Wie a), jedoch muß das angeschlagene Kind in entgegengesetzter Richtung um den Kreis laufen. Vorsicht, daß es keinen Zusammenstoß gibt. Wer zuerst ankommt, stellt sich mit in den Kreis. Das andere Kind muß neu anschlagen.

c) Nun werden beide Spielarten kombiniert, d. h. wenn der Läufer

„Komm mit!“ ruft, muß das angeschlagene Kind in gleicher Richtung mit ihm laufen. Ruft der Läufer „Lauf weg!“, so muß das angeschlagene Kind in Gegenrichtung laufen.

d) Spielart a) bis c) in verschiedenen Bewegungsarten, welche der Läufer vorschlägt.

e) Für große Spielerschar: 2–3 Kinder stehen oder sitzen hintereinander sternförmig im Kreis. Ein Spieler läuft außen um den Kreis und schlägt den hinteren Spieler einer Gruppe an. Ruft er „Kommt mit!“, so laufen alle dieser Gruppe mit ihm in gleicher Richtung um den Kreis. Bei dem Ruf „Lauft weg!“ laufen sie entgegengesetzt. Wer zuletzt am Platz ankommt, muß neu anschlagen.

f) Wie e), jedoch in verschiedenen Bewegungsformen.

g) Wie Spielart e), jedoch mit eingelegtem Hindernis: Ein Seil wird in niedriger Höhe von der Mitte des Kreises nach außen gehalten. Die Läufer müssen nun bei ihrer Runde über das Seil springen.
Abänderungen: Unter dem Seil durchkriechen, – ein Doppelseil übersteigen, – das Doppelseil zuerst übersteigen, dann durchkriechen, – durch ein „Fenster“ steigen (s. Übungen mit dem Langseil).

### 24. Ochs am Berg

Die Spielerschar steht an der einen Seite eines längeren Spielfeldes einem Einzelspieler, dem „Ochsen“, auf der anderen Seite gegenüber. Dieser hat den Spielern den Rücken zugekehrt. Er ruft nun wiederholt: „Ochs am Berg“. Während er ruft, dürfen die Spieler sich ihm mit leisen Schritten nähern.
Sobald sich der „Ochse“ plötzlich umdreht, müssen die Spieler auf der Stelle stehenbleiben. Wer vom „Ochsen“ in Bewegung gesehen wird, muß an die Ausgangsstelle zurück. Der Spieler, der den „Ochsen“ unbemerkt erreicht, hat gewonnen und wird beim nächsten Spielgang selber „Ochse“.

### 25. Tag und Nacht

Die Kinder stehen oder sitzen auf einer Ablauflinie. Ein Teil der Spieler gehört zur Gruppe „Tag“, der andere Teil zur „Nacht“. Der Erzieher oder ein Kind erzählt eine selbst ausgedachte Geschichte. Sobald in der Erzählung das Wort „Tag“ vorkommt, laufen alle Kinder der Gruppe „Tag“ los bis zu einer Ziellinie. Wer diese zuerst erreicht, bekommt einen Punkt. Wird in der Erzählung das Wort „Nacht“ ausgesprochen, so laufen die Kinder der Gruppe „Nacht“ los.
Es wird hin und her gespielt. Wer die meisten Punkte hat, ist Sieger.

# FANGSPIELE

1. Einfaches Fangen
Die Kinder verteilen sich in einem nicht zu großen Spielfeld. Ein Kind ist der Fänger, der die anderen Kinder verfolgt, bis es ihm gelingt, ein Kind abzuschlagen. Dieses ist der neue Fänger.

2. Fangen mit Freimal
Wie 1. In einem Freimal (z. B. einem aufgezeichneten Kreis, einer abgegerenzten Ecke, auf Matte oder Langbank, unter dem Tisch) sind die Kinder „frei" und können nicht abgeschlagen werden. Bei zu langem Aufenthalt im Freimal ruft der Fänger: „3 mal 3 ist 9, – wer nicht ausläuft, der ist mein!" Darauf haben alle Kinder das Freimal zu verlassen.

3. Kauerfangen
Wie 1. Wer aus dem Laufen sich schnell in die Tiefhocke zusammenkauert, darf nicht angeschlagen werden. Ebenso mit Sitz, dabei die Füße vom Boden heben.

4. Fangen in verschiedenen Bewegungsarten
Wie 1. Der Fänger schlägt eine Bewegungsart vor, in der sich alle Spieler fortbewegen, z. B. Laufen auf allen Vieren, Gehen mit steifen Knien, Häschenhupf, Vorwärtshüpfen, Seitgalopp u. a.

5. Schattenfangen
Bei Sonnenschein tritt der Fänger auf den Schatten des verfolgten Kindes und ruft den Namen des Kindes, welches nun fangen muß.

6. Humpelmann
Ein Fänger versucht, einen Läufer am Bein, am Arm oder an einem anderen Körperteil abzuschlagen. Dieser muß nun fangen, indem er auf die getroffene Stelle eine Hand hält. Er wird von dieser Behinderung befreit, sobald er ein anderes Kind abgeschlagen hat.

7. Verzaubern
Ein laufkräftiges Kind ist der „Zauberer" (Fänger). Die von ihm angeschlagenen Kinder sind „verzaubert" und müssen sich auf der Stelle hinhocken (Häschen, Sitz). Wer zuletzt übrig bleibt, ist Sieger.
Begrenztes Spielfeld und nicht zu große Spielerzahl.

8. Fangen mit Erlösen
Wie 7. Die abgeschlagenen Kinder müssen so lange stehenbleiben, bis

sie von einem anderen noch nicht abgeschlagenen Kind durch Schlag erlöst werden.

9. Partnerhilfe

Wie „Einfaches Fangen". Das verfolgte Kind ruft laut „Hilfe!". Ein anderes Kind eilt herbei und gibt ihm die Hand. Dadurch wird es vor dem Abschlagen gerettet. Der Fänger muß einen anderen Läufer verfolgen.

10. Cowboy

2 Kinder sind „Cowboys", alle anderen Kinder laufen als „wilde Pferde" herum. Die Cowboys versuchen die „wilden Pferde" einzufangen und in den „Stall" (ein abgegrenzter Teil des Spielfeldes) zu bringen.

11. Fangen zwischen Geräten

Im Spielfeld mehrere Geräte (z. B. Reifen, Matten, Kästen, Bänke, Stühle, aufgezeichnete Kreise o. ä.) aufstellen. Die Kinder verteilen sich auf die Geräte, ein Fänger steht in der Mitte. Auf sein Zeichen (Zuruf, Handklatsch) wechseln alle ihr Gerät, der Fänger versucht ein Kind abzuschlagen, welches sich nun in die Mitte stellt und neuer Fänger ist.

12. Schwänze sammeln

Jedes Kind steckt sich ein Band oder kleines Tuch in den Hosen- oder Rockbund. Ein oder zwei Sammler versuchen die Schwänze einzusammeln. Durch geschicktes Drehen und Wenden versuchen die verfolgten Kinder, ihren „Schwanz" zu behalten. Wer zuletzt seinen „Schwanz" verteidigt hat, ist Sieger.

13. Katze und Maus

Aufstellung im Kreis mit Handfassung. Ein Kind, die „Katze", befindet sich außerhalb des Kreises. Sie soll die „Maus", welche innerhalb des Kreises wartet, fangen. Das Spiel beginnt mit der Frage der „Katze": „Ist das Mäuschen nicht zu Haus'?" Nun schlüpft die „Maus" aus dem Innern des Kreises und alle Kinder rufen: „Eben ist's zum Tor hinaus!" Die „Katze" beginnt die „Maus" zu jagen bis zum Abschlag. Danach sind zwei andere Kinder „Katze" und „Maus".

Verschiedene Spielvariationen:

a) Katze und Maus haben überall im Kreis freien Durchschlupf.
b) Die Maus darf überall, die Katze nur an zwei bestimmten Toren durchlaufen.
c) Innerhalb des großen Kreises wird noch ein kleiner Kreis, das „Mauseloch" gebildet. Hier ist die Maus frei und darf von der Katze nicht angeschlagen werden.

14. Irrgarten

Dieses Spiel ist für Fortgeschrittene geeignet. Aufstellung der Kinder in mehreren Linien hintereinander, die Hände sind gefaßt. Durch die so entstandenen Gassen jagt ein Fänger einen Läufer. Auf ein akustisches Zeichen des Spielleiters machen alle Kinder, die in der Reihe stehen, eine viertel Drehung nach rechts und fassen wieder die Hände. Dadurch werden Fänger und Läufer gezwungen, die Laufrichtung zu ändern. Sie müssen schnell reagieren, sich in diesem „Irrgarten" zurechtzufinden. Die Reihen dürfen von ihnen nicht durchbrochen werden. Gelingt es dem Fänger den Läufer abzuschlagen, beginnt das Spiel mit einem neuen Paar.

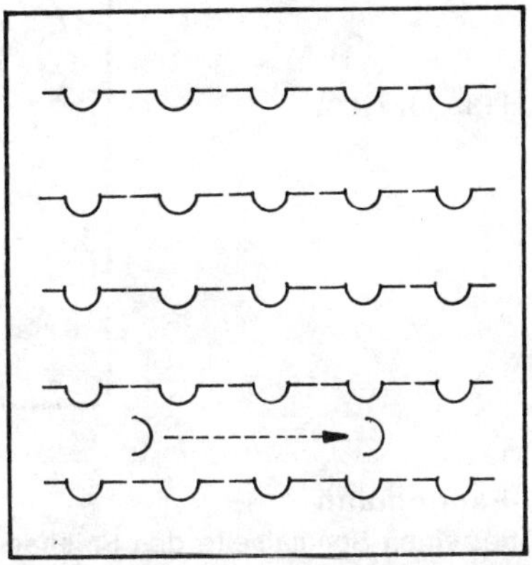

Irrgarten
Variation 1

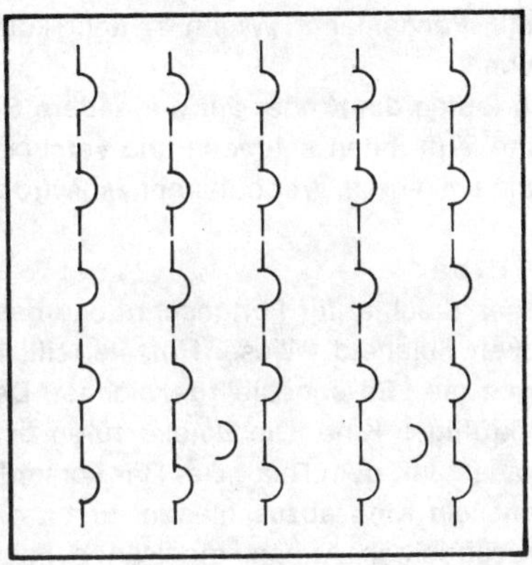

Irrgarten
Variation 2

15. Hase im Nest

Auf dem Spielfeld verteilt bilden je 4 Kinder einen kleinen Kreis. In jedem „Nest" sitzt ein „Hase". Ein weiterer „Hase" befindet sich außerhalb der Kreise, da für ihn kein „Nest" vorhanden ist. Er wird von einem „Fuchs" verfolgt. Um sich vor dem Abschlagen zu retten, flüchtet er in einen Kreis. Der bisher im Kreis sitzende „Hase" muß herauslaufen und wird nun vom „Fuchs" verfolgt. Gelingt es dem „Fuchs", einen „Hasen" zu fangen, so werden die Rollen vertauscht und der „Hase" wird „Fuchs".

Hase im Nest

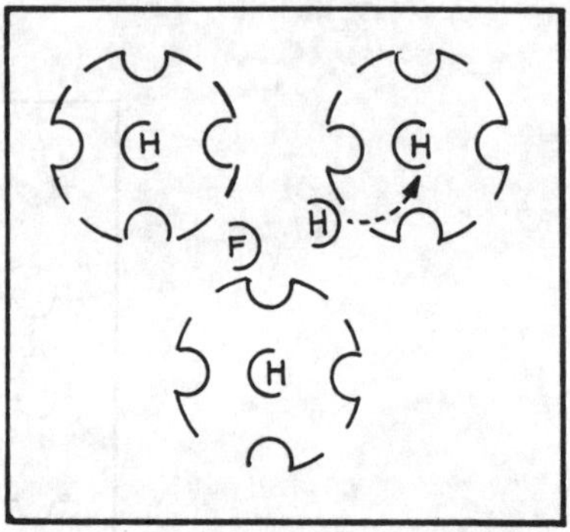


16. Fangemann

An der einen Schmalseite des Spielfedes steht der Fangemann, an der anderen Schmalseite die übrige Spielerschar. Das Spiel beginnt mit dem Ruf des Fangemanns:
„Fürchtet ihr den Fangemann?" Die Spieler antworten: „Nein, nein, nein!" Fangemann: „Wenn er aber kommt?" Spieler: „Dann laufen wir davon."
Nun laufen die Kinder auf die andere Seite des Spielfeldes. Der Fangemann läuft ihnen entgegen und versucht sie abzuschlagen. Es darf niemand umkehren. Wer gefangen ist, wird zum Gehilfen des Fangemannes.

17. Urbär

Dieses Spiel ist für Fortgeschrittene geeignet. Die Spieler sind in einem großen Spielfeld (Wiese, Hof) verteilt. In einer Ecke wird durch Kreisbogen die „Bärenhöhle" gezeichnet. Darin befindet sich der „Bär", ein laufkräftiges Kind. Die Spieler rufen dem Bär zu: „Urbär heraus, Urbär heraus!" Mit dem Ruf: „Der Bär kommt!" stürzt der Bär heraus und versucht, ein Kind abzuschlagen. Er tut dies mit seinem Rüssel, d. h. mit vorgestreckten Armen, die Hände dabei gefaltet. Das abgeschlagene Kind läuft mit ihm zurück in die Höhle. Nun beginnt das Spiel von neuem mit dem Ruf der Kinder: „Urbär heraus!" Die zwei Bären laufen an einer Hand gefaßt aus der Höhle und versuchen mit den freien Händen weitere Gefangene zu machen. Diese schließen sich beim nächsten Spielgang an die Kette der Bären mit an. Bei mehr als vier Fängern teilt sich die Kette und es werden mehrere kleinere Bärengruppen gebildet. Wer zuletzt gefangen wird, ist Sieger.

18. 1 – 2 – 3, das letzte Paar – vorbei!

Die Kinder stehen paarweise an der Hand gefaßt hintereinander. Vor der Gruppe steht, in gleicher Blickrichtung, ein einzelnes Kind als Fänger und ruft: „1 – 2 – 3, das letzte Paar – vorbei!" Bei dem letzten Wort klatscht es mit erhobenen Armen in die Hände. Das letzte Paar muß nun nach vorne laufen, in dem es sich trennt und ein Kind links und das andere Kind rechts an der Gruppe vorbeiläuft. Vorne versuchen sich beide wieder an der Hand zu fassen. Der Fänger aber versucht, eines der beiden Kinder abzuschlagen, bevor sie sich wieder vereint haben. Der Abgeschlagene wird zum neuen Fänger und stellt sich vor die Gruppe. Die beiden anderen bilden das vordere Paar.

19. Herr Fischer

Spielergruppe und ein Fänger stehen sich in größerem Abstand gegenüber. Die Kinder wollen durch das „Wasser" ans andere Ufer des Sees. Sie rufen dem „Fischer" zu:
„Herr Fischer, Herr Fischer, wie tief ist das Wasser?" Der Fischer nennt eine Zahl, z. B.: „100 m" oder „15 m". Die Kinder fragen: „Wie können wir hinüber kommen?" Der Fischer schlägt eine Fortbewegungsart vor, z. B.: „Schwimmen" oder „Im Galopp" oder „Im Hundelauf" o. a.
Nun müssen die Kinder sich in der vom Fischer bestimmten Bewegungsart zum anderen „Ufer" begeben. Der Fischer versucht, Kinder abzuschlagen, welche ihm im nächsten Spielgang beim Fangen helfen. Es wird hin und her gespielt.

20. Handwerkraten

An der Schmalseite eines längeren Spielfeldes versammeln sich die Spieler. Sie denken sich ein Handwerk oder einen Beruf aus, den sie in pantomimischer Bewegung darstellen wollen, z. B. „Friseur", „Straßenbahnschaffner", „Dirigent", „Verkäuferin" u. a. Ein einzelnes Kind steht auf der anderen Seite des Spielfeldes und soll den Beruf erraten.
Die Gruppe geht nun auf den Einzelspieler zu und spricht dabei: „Wir kommen aus dem Mohrenland, die Sonne hat uns schwarz gebrannt. Wir sehen aus wie Mohren und haben sooo große Ohren!" Mit Gesten zeigen sie die großen Ohren. Der Spieler entgegnet: „Lausbuben seid ihr!" Sie antworten: „Wir sind ehrliche Handwerksleute!" Der Spieler fragt: „Was ist euer Handwerk?"

Nun wird das Handwerk oder der Beruf durch Bewegungen dargestellt, wobei die verschiedenartigen Tätigkeiten des zu ratenden Berufes, auch in Gruppen, nachgeahmt werden können. Sobald der Einzelspieler den Beruf erraten hat, ruft er laut die Lösung. Wenn sie richtig ist, darf er eines der Kinder, welche nun zu ihrer Ausgangslinie zurückflüchten, fangen. Der Gefangene muß beim nächsten Spielgang raten.

21. Brückenwärter

In der Mitte eines längeren Spielfeldes wird mit zwei Strichen in 2–3 m Abstand eine „Brücke“ aufgezeichnet. Die Brücke wird von einem Fänger bewacht. Die Spielerschar steht ihm gegenüber am Ende des Spielfedes. Auf einen Ruf des Brückenwärters laufen die Kinder zur anderen Seite des Spielfeldes. Auf der Brücke können sie vom Brückenwärter abgeschlagen werden. Dieser darf nicht von der Brücke heruntergehen. Wer gefangen ist, hilft dem Brückenwärter beim nächsten Spielgang.

Brückenwärter

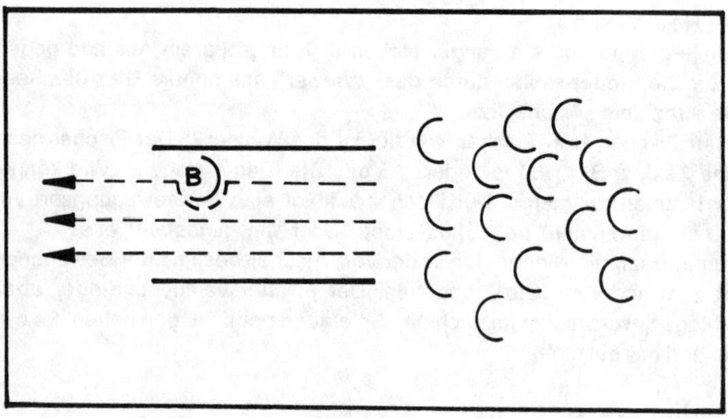


22. Fischfang

Dieses Spiel ist für Fortgeschrittene geeignet. Zwei gleichstarke Spielergruppen stehen sich an den Schmalseiten eines längeren Spielfeldes gegenüber, Gruppe A = Fischer, Gruppe B = Fische. Auf ein Zeichen des Spielleiters laufen die Gruppen aufeinander zu. Die Fischer haben sich an den Händen gefaßt und versuchen, möglichst viele Fische in ihr Netz einzufangen. Sobald ihre Reihe zum Kreis geschlossen ist, darf kein Fisch mehr aus dem Netz. Für jeden Gefangenen gibt es einen Punkt. Beim nächsten Spielgang werden die Rollen der Gruppen getauscht. Die Gruppe mit den meisten Punkten ist Sieger.

23. Vogelspiel
Mehrere Reifen liegen verteilt im Raum. Jedes Kind sitzt in einem Reifen („Vogel im Nest"). Ein Fänger steht in einer Ecke des Spielfedes. Auf seinen Ruf: „Alle Vögel fliegen fort!" laufen die Kinder aus ihrem Reifen heraus im Raum herum. Auf den Ruf des Fängers: „Ins Nest zurück!" flüchten die Kinder in ihren Reifen, der Fänger darf einen Vogel fangen, ehe er sein Nest erreicht hat. Das abgeschlagene Kind wird beim nächsten Spielgang Fänger.

24. Blinde Kuh
Einem Kind, der „blinden Kuh", werden die Augen verbunden. Es muß versuchen, ein anderes Kind zu fangen. Bei diesem Spiel soll es ruhig zugehen, damit die „blinde Kuh" sich nach dem Gehör orientieren kann. Das Spielfeld darf nicht zu groß sein.

25. Flohfangen
Ein Kind ist „Flohfänger" und soll mit verbundenen Augen die „Flöhe" fangen. Die anderen Kinder geben dem Flohfänger durch Schläge auf die Hand die Zahl der Schritte (zwischen 1 und 10) bekannt, die sie sich von dem Flohfänger entfernen wollen, z. B. wer 5 mal auf die ausgestreckte Hand des Fängers schlägt, darf 5 Schritte von ihm entfernt sich aufstellen. Der Platz darf nun nicht verlassen werden. Der blinde Flohfänger versucht nun, eines der Kinder abzuschlagen. Wer gefangen wurde, ist neuer Flohfänger.

26. Verstecken
Ein Fänger steht im Freimal mit dem Gesicht zur Wand oder an einem Baum. Die anderen Kinder verstecken sich. Der Fänger zählt bis 40 oder 50. Dann ruft er: „Ich komme!" und begibt sich auf die Suche. Die anderen Kinder versuchen, ohne daß sie bemerkt werden, ihr Versteck zu verlassen und schnell zum Freimal zu laufen und dort anzuschlagen. Sieht der Fänger ein Kind im Versteck, so ruft er dessen Namen. Beide versuchen nun, zuerst das Freimal zu erreichen. Gelingt es dem Fänger, das Kind abzuschlagen, so muß dieses beim nächsten Spielgang fangen.

27. Fliegenfänger
Die Kinder sind in zwei Gruppen geteilt. Das Spielfeld soll nicht zu groß sein. Gruppe A, die „Fliegenfänger", sitzt in gleichmäßigen Abständen verteilt auf dem Boden. Gruppe B, die „Fliegen", rennt zwischen den „Fliegenfängern" herum und summt dabei. Auf ein Zeichen müssen die „Fliegen" anhalten und an dem Platz still stehen bleiben, wo sie sich gerade befinden. Die „Fliegenfänger" versuchen nun, ohne sich vom Fleck zu bewegen, eine „Fliege" zu berühren. Wer gefangen ist, setzt

sich hin und ist mit „Fliegenfänger". Die „Fliege", die zuletzt übrig bleibt, hat gewonnen. Nun werden die Rollen der Gruppen getauscht.

28. Peter unter'm Tisch

Die Kinder fassen sich zum Kreis. Ein Spieler sitzt in der Mitte. Während die Kinder im Kreis um ihn herumgehen, sprechen oder singen sie:
„Peter (Bärbel o. a.) auf dem Ofen, Peter unter'm Tisch, er fängt die Fliegen, doch er fängt nicht mich!"
Bei dem letzten Wort lassen alle im Kreis die Handfassung los und laufen auseinander. Peter versucht ein Kind zu fangen, welches nun in die Kreismitte als nächster Fänger kommt.

# SPIELE MIT BÄLLEN

1. Bälle im Garten

Eine Ecke der Turnhalle wird durch Langbänke abgegrenzt. In diesem „Garten“ befinden sich 1–3 Spieler, die „Gärtner“. Die übrigen Kinder stehen außerhalb des Gartens und versuchen, möglichst viele kleine und große Bälle in den „Garten“ zu werfen. Die „Gärtner“ haben die Aufgabe, den „Garten“ frei von Bällen zu halten und werfen die Bälle wieder über den „Zaun“ zurück. In dem Augenblick, wo der „Garten“ frei von Bällen ist, haben sie das Spiel gewonnen. Gelingt es den anderen Spielern, alle Bälle in den „Garten“ zu bekommen, so sind sie die Sieger.

2. Bälle sammeln

Im Raum verteilt liegen viele kleine Bälle oder Kastanien, Steinchen, Tannenzapfen o. ä. Eine nicht zu große Spielerzahl steht im Kreis. Auf ein Zeichen des Spielleiters hüpfen alle Kinder im Schlußsprung auf der Stelle.

Bei dem Ruf: „Bälle einsammeln!“ versucht jedes Kind möglichst viele Bälle (Kastanien, Steine) mit den Händen zu ergreifen und an seinen Platz zu tragen. Wer die meisten erwischt hat, bekommt einen Punkt.

Beim nächsten Spielgang kann eine andere Bewegungsart am Platz z. B. Schlußhupf mit Drehen, Hüpfen auf einem Bein, Hampelmann o. ä. ausgeführt werden.

3. Wettspiele mit Bällen

Alle Spieler stehen nebeneinander auf einer Abwurflinie. Jedes Kind hat einen Ball.

Auf Zuruf des Spielleiters rollen alle den Ball bis zu einer Ziellinie. Wer steht zuerst mit seinem Ball auf dieser Seite des Spielfeldes?

Abänderungen:

a) Rollen mit der anderen Hand.
b) Rollen und Stoßen mit den Füßen.
c) Aus der Grätschstellung mit dem Rücken zur Ziellinie den Ball durch die Beine rollen.
d) Den Ball weit vorwerfen, nachlaufen und aufstellen.
e) Verschiedene Wurfarten ausprobieren. Wie geht es am besten?

4. Bälle wegtragen

Jeweils 3 Kinder stehen nebeneinander auf einer Startlinie. Jedes Kind hat 3 Bälle vor sich liegen. Auf der Ziellinie befinden sich, den 3 Kindern gegenüber, 3 Papierkörbe, Schachteln oder Reifen.

Auf „Los" nehmen die Kinder einen der 3 Bälle, laufen zum Korb und legen den Ball hinein. Nun laufen sie zur Startlinie zurück, holen den zweiten Ball, bringen ihn zum Korb und verfahren so auch mit dem dritten Ball. Wer alle drei Bälle im Korb hat und zuerst wieder auf der Startlinie ankommt, hat gewonnen.
Nun folgen die nächsten drei Kinder, die die Bälle wieder einzeln aus den Körben holen.

Abänderungen:
a) Jedes Kind trägt 2–3 Bälle auf einmal und bringt sie zum Korb.
b) Zwei Bälle werden um den Korb gerollt.
c) Jeweils ein Ball liegt in einem Reifen auf der Ziellinie. Die Kinder laufen vom Start weg zum Reifen, prellen den Ball im Reifen 1 mal (2 mal, 3 mal) auf, legen den Ball wieder in den Reifen und laufen zurück. Wer ist zuerst an seinem Platz?
d) Jeweils 3 Reifen liegen in Abständen hintereinander auf den Laufbahnen. Die Kinder haben die Aufgabe, in jeden Reifen einen Ball zu legen. Die 3 Bälle können nacheinander oder auf einmal ausgetragen werden. Wer ist zuerst damit fertig?

5. Hupfball
Jeweils 3–4 Kinder springen auf den großen Hupfbällen von einer Linie zur anderen um die Wette.
Abänderungen:
a) In der Mitte der Bahn einmal mit dem Ball um sich drehen.
b) Zu zweit auf einem großen Ball springen.
c) Im Zickzackkurs springen.

6. Kegeln
Mehrere Keulen oder Konservenbüchsen werden aufgestellt. Von einer Abwurflinie aus versuchen die Kinder durch Rollen der Bälle die Keulen (Büchsen) umzuwerfen. Wer hat die meisten Treffer?
Auch als Gruppenwettbewerb mit verschiedenen Keulenaufstellungen.

7. Torball
Mehrere Tore (Stuhlbeine, Tischbeine) werden auf der Ziellinie aufgestellt. Die Kinder versuchen zunächst aus kurzer Entfernung den Ball durch die Tore zu rollen. Die Entfernung wird nach und nach vergrößert. Wer schafft die meisten Tore?
Das Rollen sollte beidarmig und einhändig mit rechter und linker Hand geübt werden.

8. Ballslalom
Im Raum Hindernisse (Stühle, Schachteln, große Bauklötze, Keulen)

aufstellen. Die Kinder versuchen den Ball im Kriechen mit den Händen in Kurven um die Hindernisse zu rollen ohne anzustoßen.

Abänderungen:
a) Den Ball im Gehen mit den Händen im Slalom um die Hindernisse rollen (rechte und linke Hand wechseln).
b) Den Ball mit den Füßen im Slalom um die Hindernisse.
c) Zu zweit mit den Füßen den Ball um die Hindernisse rollen.
d) Wie b) und c), am Schluß der Bahn den Ball durch ein Tor schießen.

9. Fußball

In Fortsetzung von Spiel 8 spielen sich jeweils zwei Kinder einen Ball mit dem Fuß zu und versuchen, ihn in ein Tor zu rollen, welches von einem Torwart bewacht wird. Daraus kann mit 5–6 Kindern schon ein einfaches Fußballspiel entwickelt werden.

10. Minigolf

Verschiedene Golfstationen werden mit einfachsten Mitteln aufgezeichnet oder aufgestellt, z. B. Kreis aufzeichnen, ein kleines Loch graben, ein Tor (Stuhl), einen Tunnel aufstellen, eine Spirale aufzeichnen, einen kleinen Hügel hinauf u. a.
Mit einem kleinen Golfschläger oder Stab wird der Ball von Station zu Station gerollt. Wer schafft es mit den wenigsten Zügen?

11. Turmball

Die Kinder stehen in einem Kreis. In der Mitte des Kreises werden 3 Stäbe schräg gegeneinandergestellt und oben zusammengebunden. Man kann als „Turm" auch Schachteln oder Eimer, Töpfe und Büchsen übereinanderstellen. Ein Spieler bewacht den Turm. Die Kinder versuchen mit einem Ball den Turm umzuwerfen. Der Turmwächter versucht dies durch Abwehren zu verhindern. Wem es gelingt den Turm ganz umzuwerfen, geht als neuer Wächter in die Mitte.

12. Ring- oder Korbball

Ein Reifen wird senkrecht an einem Baumast oder Ständer oder an den Ringen befestigt. Auf beiden Seiten steht eine nicht zu große Spielergruppe. Die Kinder versuchen von einer Abwurflinie aus den Ball durch den Ring zu werfen. Welche Gruppe hat die meisten Treffer?

Abänderungen:
a) Der Reifen wird waagerecht befestigt. Wer trifft von oben in den Reifen?
b) Ein Papierkorb wird in einiger Entfernung aufgestellt. Wer trifft den Ball in den Korb?

Ring- oder Korbball

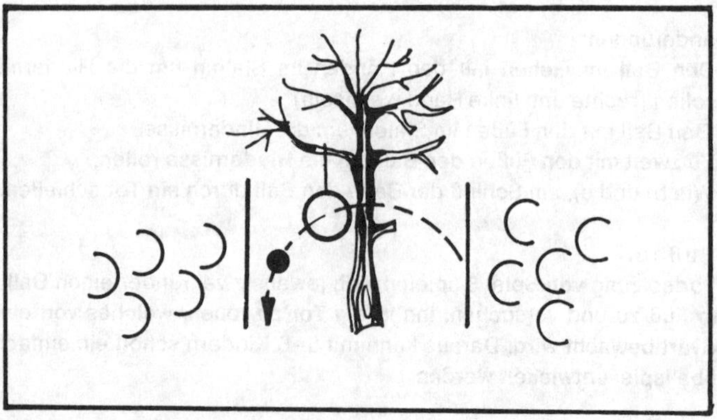

c) Der Korb wird in unterschiedlicher Höhe (Stuhl, Tisch) aufgestellt.
d) Einen oder mehrere Korbballkörbe an der Wand oder an Ständern anbringen. Wer erreicht die meisten Treffer?
e) Verschiedene Wurfarten ausprobieren. Wie geht es am besten?
f) Alle Würfe mit Anlauf versuchen.
g) Vor dem Wurf den Ball 1 mal (2 mal, 3 mal) aufprellen.
h) Ein Korbwächter wehrt die Treffer ab.

13. Treffball

Zwei Spielergruppen stehen sich in größerer Entfernung (je nach Wurffähigkeit der Kinder) gegenüber. Jedes Kind hat einen Ball. In der Mitte des Spielfeldes stehen am Boden oder auf einer Langbank mehrere Keulen oder Konservenbüchsen oder ein großer Hupfball. Aufgabe jeder Gruppe ist es, möglichst viele Treffer durch Rollen oder Werfen zu erreichen. Zwei Schiedsrichter zählen die Treffer. Die Gruppe mit den meisten Treffern ist Sieger.
Abänderung: Wieviel Würfe braucht jede Gruppe, um alle Keulen umzuwerfen?

14. Bau auf!

In der Mitte des Spielfeldes stehen 3 Keulen oder ein Turm aus Konservenbüchsen. Ein Spieler steht daneben und bewacht sie. Die übrigen Spieler stehen nebeneinander auf einer Abwurflinie an einem Ende des Spielfeldes. Jedes Kind hat einen Ball. Auf ein Zeichen des Spielleiters rollen alle ihren Ball und versuchen die Keulen zu treffen. Gelingt ihnen ein Treffer, so rufen sie dem Wächter zu: „Bau auf!" Dieser muß nun die Keulen wieder aufstellen, während die anderen Spieler ihrem gerollten Ball nachlaufen und ihn wieder zur Ausgangslinie zurückbringen. Sobald der Wächter die Keulen aufgestellt hat, kann er eines der Kinder, die sich im Spielfeld befinden, abschlagen. Der Abgeschlagene ist beim nächsten Spielgang Wächter.

15. Ball über die Schnur
Zwei Spielergruppen stehen sich gegenüber. In der Mitte des Spielfeldes wird eine Schnur gespannt. In jeder Spielfeldhälfte befinden sich 3 (4 oder 5) Bälle. Auf ein Zeichen des Spielleiters beginnen die Kinder, alle Bälle über die Schnur ins gegnerische Spielfeld zu werfen. Die Bälle müssen nicht gefangen werden. Alle Bälle, die im eigenen Spielfeld zu finden sind, müssen sofort über die Schnur hinüber geworfen werden. Die Gruppe, der es gelingt, für einen Augenblick das eigene Spielfeld von Bällen frei zu halten, hat gewonnen. Der Spielleiter muß, am besten mit einem Helfer, das Spiel genau beobachten.

16. Flugball
Die Kinder stehen auf beiden Seiten des Spielfeldes. Sie versuchen einen Luftballon durch leichtes Tupfen mit den Händen über eine in der Mitte gespannte Schnur hin und her zu schlagen. Die Gruppe, die den Ballon auf den Boden oder an die Schnur kommen läßt, erhält einen Fehlerpunkt.
Dieses Spiel kann auch so gespielt werden, daß der Luftballon über die nicht zu hoch gespannte Schnur gepustet wird. Vorteilhaft ist es, wenn zunächst paarweise geübt wird. Jedes Paar erhält einen Luftballon.

17. Tunnelball
Die Kinder stehen eng hintereinander in zwei nicht zu großen Gruppen. Die Beine sind gegrätscht. Das hintere Kind geht am Ende der Reihe in Hockstellung. Das vordere Kind erhält einen Ball und rollt ihn auf ein Startzeichen durch die Beine der Kinder. Der letzte Spieler hält den rollenden Ball auf und trägt ihn an den Anfang der Reihe. Dort stellt er sich als erster in Grätschstellung auf, rollt den Ball durch die Beine, den das letzte Kind aufhält, vorträgt u.s.f., bis alle Kinder den Ball einmal gerollt haben. Die Gruppe, die zuerst fertig ist, hat gewonnen.
Abänderung: Statt der Grätschstellung gehen die Spieler in Bankstellung. Wird der Ball gerollt, machen sie eine „hohe Brücke“.

18. Wanderball
In zwei gleich großen Gruppen stehen die Spieler in Linienaufstellung nebeneinander. Der rechte Spieler jeder Gruppe hält einen Ball. Auf ein Startzeichen wird der Ball nach links von Spieler zu Spieler weitergegeben. Erreicht er den letzten Spieler der Gruppe, ruft dieser laut:

„Drehen!“, worauf alle eine halbe Drehung am Platz ausführen, so daß sie nach der anderen Seite sehen. Der Ball wird weiter von Hand zu Hand nach links gegeben, bis er wieder beim ersten Spieler angelangt ist. Die Gruppe, die am schnellsten war, ist Sieger.

Abänderungen:

a) Der Ball wird 3 mal in der Runde weitergegeben.
b) Die Abstände zwischen den Spielern werden vergrößert, so daß der Ball mit kleinen Würfen weitergegeben werden muß.
c) Aufstellung der Gruppen im Kreis, zunächst mit geringem Abstand zwischen den Spielern, später mit größeren Abständen. Die Drehung entfällt. Der Ball kann ein oder mehrere Male im Kreis herumgegeben (geworfen) werden.

### 19. Fangball

Eine nicht zu große Spielergruppe sitzt in Grätschsitz im Kreis. Die Füße der Nachbarn sind dicht nebeneinander. Der Spielleiter hockt in der Mitte des Kreises. Er rollt zunächst den Kindern der Reihe nach den Ball zu, diese rollen ihn zurück. Wenn dies auch bei den ungeübtesten Kindern gelingt, so wirft der Spielleiter den Ball den Kindern so zu, daß dieser zuerst auf dem Boden aufprellt, ehe er gefangen wird. Dann wird der Ball direkt in die Hände der Kinder geworfen, diese werfen ihn in die Mitte zurück. Das Spiel wird so oft wiederholt, bis alle Kinder sicher werfen und fangen können.

Nun wird das Werfen und Fangen im Stehen geübt. Der Spielleiter muß den Ball gut gezielt den Kindern zuwerfen. Wenn alle Kinder Sicherheit im Fangen erreicht haben, bekommt jeder Spieler, der den Ball gefangen hat, einen Punkt. Wer zuletzt die meisten Punkte erreicht, hat gewonnen.

### 20. Klatschball

Die Kinder stehen im Kreis, ein Kind mit einem Ball in der Mitte. Es wirft ihn den anderen Kindern einzeln zu. Diese müssen, bevor sie den Ball fangen, 1 mal (2 mal, 3 mal) in die Hände klatschen. Mißlingt ihnen das oder lassen sie den Ball fallen, so müssen sie sich setzen. Wer zuletzt noch steht, ist Sieger und darf beim nächsten Spielgang in die Mitte des Kreises.

### 21. Kreistorball

Aufstellung im Kreis mit weiter Seitgrätschstellung, die Füße der Nachbarn dicht aneinander. Ein Mittelspieler versucht, den Ball durch eines der „Tore“ hindurchzurollen. Der Ball darf mit den Händen, jedoch nicht mit den Beinen abgewehrt werden. Wer den Ball durchläßt, wird Mittelspieler.

22. Rollball

Kreisaufstellung. Ein Ball wird kreuz und quer durch den Kreis hin und her gerollt. Ein Spieler in der Mitte versucht durch schnelle Reaktion, den Ball zu erwischen. Gelingt ihm dies, so wird er abgelöst von dem Spieler, der den Ball zuletzt gerollt hat.

23. Stoppball

Die Gruppe steht lose zusammen. Ein Kind wirft einen Ball in die Luft und ruft dabei den Namen eines der anderen Kinder. Während die anderen Kinder weglaufen, muß der Aufgerufene schnell versuchen, den Ball zu fangen. Hat er den Ball in der Hand, ruft er „Stopp!", worauf alle Kinder stehen bleiben müssen. Der „Stopp"rufer versucht, ein Kind mit dem Ball abzutreffen. Wer abgetroffen ist, nimmt schnell den Ball auf und wirft ihn mit Namensaufruf in die Höhe.

# SPIELE MIT SEILEN

1. Schlangefangen
Der Spielleiter läuft durch den Raum und zieht ein Seil hinter sich her. Die Kinder laufen hinterher und versuchen, auf das Seil zu treten. Wem dies gelingt, darf das Seil ziehen.

2. Springender Kreis
Die Kinder stehen im Kreis, in der Mitte der Spielleiter mit einem langen Seil, welches am Ende durch einen Knoten oder Turnschuh beschwert wird. Man kann auch ein Netz mit einem leichten Ball am Ende des Seiles befestigen. Der Mittelspieler schwingt nun das Seil im Kreis herum so flach am Boden, daß die Kinder darüberspringen können. Wer nicht aufpaßt und vom Seil berührt wird, muß ausscheiden oder darf das Seil in der Mitte schwingen.

3. Frösche im Teich
Ein Rundseil wird auf den Boden gelegt. In dem „Teich“ sitzen die „Frösche“. Außerhalb des „Teiches“ geht ein „Storch“ spazieren. Auf ein Zeichen springen die „Frösche“ mit großen Sprüngen aus dem Teich und auf der „Wiese“ herum. Nun gibt der „Storch“ ein Zeichen und klappert. Die „Frösche“ flüchten sich mit großen Sprüngen in den „Teich“. Der „Storch“ versucht, einen „Frosch“ mit dem „Schnabel“ zu treffen. Der Abgeschlagene wird nun „Storch“.
Abänderung des Spieles: „Mäuse im Loch“. Dabei wird das Seil von vier Kindern in Kniehöhe hochgehalten, so daß die „Mäuse“ unten durch in ihr Nest schlüpfen müssen, damit sie von der „Katze“ nicht gefangen werden.

4. Karussell
Das Rundseil wird von den Kindern mit der rechten Hand gefaßt, der linke Arm ist nach außen gestreckt, das Seil ist straff. Die Kinder bewegen sich im Kreis im gemeinsamen Rhythmus nach dem Vers:

„Das Karussell fängt an zu dreh'n,
erst langsam soll es vorwärts geh'n. –
Nun kommt es schneller von der Stell',
hui, – dreht sich jetzt das Karussell! –
Das Karussell hört auf zu dreh'n, –
das Karussell, nun bleibt es steh'n.“

5. Tauziehen
Ein Langseil oder Tau liegt am Boden. Zwei Spielergruppen stehen sich

Tauziehen

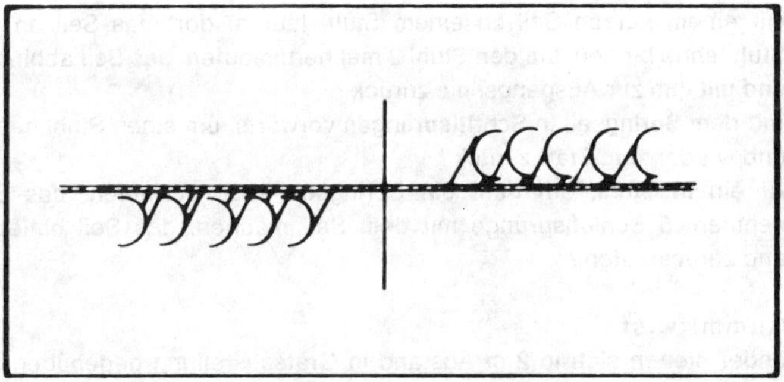

gegenüber links neben dem Tauende. Die Kinder nehmen das Seil auf und halten es mit beiden Händen ganz fest. Auf ein Startzeichen versucht jede Gruppe das Seil nach rückwärts zu ziehen, bis die Gegengruppe über eine eingezeichnete Mittellinie gezogen wird. Bei Stürzen wird das Spiel unterbrochen und von neuem begonnen.

Abänderung (mit geübten Kindern):
Die Gruppen sitzen 5 m vom liegenden Tau entfernt, jeweils auf der linken Seite. Auf ein Startzeichen laufen alle zum Tau, erfassen es und beginnen zu ziehen.

6. Köpfe weg, Füße weg!
Die Kinder verteilen sich im Spielfeld. Zwei Spieler laufen mit einem Langseil längs durch den Raum. Bei ihrem Ruf: „Füße weg!" halten sie das Seil beim Laufen niedrig, denn die anderen Kinder müssen darüberspringen. Bei dem Ruf „Köpfe weg!" wird das Seil höher gehalten und die Kinder müssen sich bücken. Wer vom Seil berührt wird, muß ausscheiden oder darf mit dem Seil laufen. Es wird mit dem Seil hin und her gelaufen.

7. Trabrennen
Je zwei Kinder bilden ein Pferdegespann: Das vordere Kind faßt die Enden eines kurzen Seiles, das hintere Kind die Seilmitte. Die Paare stehen auf einer Startlinie nebeneinander.
Auf ein Startzeichen laufen die Kinder im Trab los. Wer zuerst an der Ziellinie ist, ist Sieger. Die Laufbahn kann auch um eine Kurve gehen. Beim zweiten Lauf werden die Plätze getauscht. Wer vorne war, läuft als Hintermann.

8. Wettläufe mit Seilen

Jeweils 3 oder 4 Kinder stehen auf der Startlinie.
Wer kann am schnellsten . . .

a) mit einem kurzen Seil zu einem Stuhl laufen, dort das Seil an die Stuhllehne binden, um den Stuhl 2 mal herumlaufen, das Seil abbinden und mit ihm zur Ausgangslinie zurück?
b) mit dem Springseil in Schrittsprüngen vorwärts, um einen Stuhl herum und wieder zum Start zurück?
c) zu einem Stuhl, auf dem ein Springseil liegt, vorlaufen, das Seil nehmen, 5 Schlußsprünge mit dem Seil machen, das Seil hinlegen und zurücklaufen?

9. Gummitwist

2 Kinder stehen sich in 2 m Abstand in Grätschstellung gegenüber. Mit ihren Beinen spannen sie im Rechteck ein zusammengeknotetes Gummiband. Ein Kind in der Mitte versucht verschiedene Sprungfolgen über oder auf die Gummischnur, z. B. Schlußsprung in die Mitte, Grätschsprung über die Schnur, Schlußsprung zurück, Sprung mit ½ Drehung, Sprung auf einem Bein über die Schnur, Sprung auf das andere Bein, mit Grätsche auf beide Schnurseiten springen, mit ¼ Drehung an eine Schnurseite springen, die Schnur mit dem Fuß erfassen und überkreuzen u. a. mehr. Die Kinder erfinden neue Sprungkombinationen.
Abänderungen durch verschieden breit und verschieden hoch gehaltene Gummischnur.

# GESCHICKLICHKEITSSPIELE

1. Wie geht's, Herr Nachbar?
Die Kinder stehen im Kreis ohne Handfassung. Ein Kind wendet sich zu seinem rechten Nachbarn und fragt ihn: „Wie geht's, Herr Nachbar?" Dabei macht es ihm eine Bewegung vor, z. B. Hüpfen auf 1 Bein, Hampelmann o. ä. Das befragte Kind antwortet: „Danke, Herr Nachbar!" und macht die Bewegung genau nach. Die anderen Kinder übernehmen auch die Bewegung und rufen dabei mehrmals im Rhythmus der Bewegung: „Herr Meier, – Herr Schmidt, – wir machen alle mit!" Nun kommt ein anderes Kind an die Reihe, um eine Bewegung vorzumachen, welche zuerst der rechte Nachbar, dann alle Kinder nachmachen.
Das Spiel kann dadurch erschwert werden, daß vor der neuen Bewegung die anderen bisher vorgeschlagenen Bewegungen ausgeführt werden müssen. Die Kinder müssen sich also eine Folge von mehreren Bewegungen merken. Wer etwas falsch macht, muß ein Pfand bezahlen oder scheidet aus.

2. Hahnenkampf
Jeweils zwei Kinder stehen sich gegenüber und hüpfen mit verschränkten Armen auf einem Bein aufeinander zu. Jeder versucht den anderen umzustoßen. Wer zuerst mit dem anderen Fuß den Boden berührt, hat verloren. Nun kämpfen jeweils zwei Sieger miteinander, bis der Stärkste ermittelt ist.
Abänderung: Die Partner kämpfen in Hockstellung. Wer zuerst umfällt, hat verloren.

3. Beinhakeln
Jeweils zwei Kinder sitzen sich auf der Wiese barfuß gegenüber. Die Hände sind aufgestützt. Sie versuchen sich gegenseitig mit den Füßen schiebend und rangelnd umzustoßen.
Abänderung: Zwei Spieler stehen sich gegenüber und fassen sich an den Händen. Sie versuchen sich gegenseitig auf die Füße zu treten. Wem dies gelingt, kämpft mit dem nächsten Spieler.

4. Wer ist der Stärkere?
Eine kleine Kindergruppe versucht, den Erzieher aus einem Kreis oder über eine Linie zu drängen. Es können auch zwei nicht zu große Kindergruppen gegeneinander kämpfen.
Abänderung: Es darf nicht mit den Händen, sondern nur Rücken an Rücken gekämpft werden.

5. Kopf und Schwanz

6–8 Kinder stehen hintereinander und haben die Hände fest um die Hüfte des Vordermannes gelegt. Der erste Spieler versucht den letzten Spieler zu fangen, was dieser durch geschicktes Ausweichen zu verhindern sucht. Gelingt das Fangen, sind zwei andere Kinder „Kopf“ und „Schwanz“.

6. Steifer Mann

Für größere Kinder geeignet. 8–10 Kinder sitzen am Boden eng zusammen in einem Kreis. Die Beine sind angehockt. Ein leichtgewichtiges Kind steht in der Mitte und macht sich ganz steif. Es läßt sich nun steif in eine Richtung fallen. Die Sitzenden fangen den „steifen Mann“ mit den Händen ab und geben ihn im Kreis weiter. Wer den „steifen Mann“ fallen läßt, muß in die Mitte.

7. Schneckenhaus

Ein großes Schneckenhaus wird spiralförmig auf den Boden gezeichnet. Jeder Spieler muß auf einem Bein vom Anfang bis zur Mitte der Schnecke und wieder zurück hüpfen. Wem dies gelingt, ohne absetzen zu müssen, darf sich in der Schnecke ein kleines Häuschen einzeichnen, in dem er bei der nächsten Runde ausruhen darf, während es von den anderen Spielern übersprungen werden muß. Wer auf ein „Häuschen“ tritt, muß ausscheiden.

# WINTERLICHE SPIELE UND ÜBUNGEN

Spielen im Schnee
Eine Spur durch den Schnee stapfen. – Wie ein Schneepflug durch den Schnee vorwärts laufen. – Laufen und Fangen im Schnee. – Schneeflocken fangen, mit der Hand, mit dem Mund. – Nach den Schneeflocken springen. – Schneekugeln formen, darüber springen. – Im Slalom um die Schneehaufen laufen. – Schneemann bauen, herumtanzen. – Schneemauer bauen, erklettern und abspringen in weichen Schnee. – Schneeburg bauen, verteidigen und erobern. – Mit Schneebällen werfen: hoch, weit, über Sträucher, zielen auf Bäume. – Schneeballschlacht in 2 Gruppen an der Schneemauer oder Schneeburg. – Mit Kinderschaufeln im Schnee arbeiten.

Schliddern, Rutschen, Eislaufen
Auf festgetretener Schneefläche kann man bei Frost durch Spritzen mit dem Schlauch eine kleine Eisbahn frieren lassen.
Schliddern mit Anlauf. – Schliddern mit dem anderen Fuß nach vorne. – Schliddern mit ½ Drehung. – Wer kommt am weitesten im Vorwärtsschliddern? – Im Schliddern ein Holzklötzchen treffen und vorwärtsschieben mit den Füßen. – Schliddern zu dritt: Zwei Kinder ziehen ein in der Hocke schlidderndes Kind. – Auf dem Schlitten mit 2 Pickelstöcken (unten Eisenspitze) abstoßen und vorwärts gleiten.
Die ersten Eislaufschritte auf Schlittschuhen können die älteren Vorschulkinder erproben, wenn die Eislauffläche glatt und groß genug ist. Alle diese Übungen sind nur in kleiner Gruppe möglich.

Rodeln
Voraussetzung: Betriebssichere Schlitten, nicht zu große Kindergruppe, gute Übersicht, gegenseitige Rücksichtnahme.
Auf dem Rodelhügel:
Nacheinander den Hügel hinunterrodeln. – Wer kommt am weitesten? – Wer kann am Schluß eine Kurve fahren? – Wer kann durch ein gestecktes Tor fahren? – Über einen kleinen Buckel fahren. – Zu zweit auf dem Schlitten abfahren. – Auf dem Bauch liegend abfahren. – 2 Schlitten fahren um die Wette. – Bei tiefem Schnee eine Kurvenbahn bauen und abfahren.
In ebenem Gelände:
Einen Partner auf dem Schlitten ziehen. – Im Rücksitz mit den Füßen abstoßend den Schlitten schieben. – Den leeren Schlitten hinten fassen und vorwärtsschieben. – Einen Schneemann auf den Schlitten setzen und im Umzug durch den Garten ziehen. – Die angeführten Übungen als Wettrennen. – Durch gebaute Schneestraßen fahren.

Datum
Klasse
Namen

**Schriftliche Ausarbeitung einer Übungsstunde**
(Schema, vergl. Seite 53 „Aufbau einer Übungsstunde")

**Thema:** ...................................................................

**Zielsetzung** (Grobziele)

Motorischer Bereich: ...................................................................

1. Motorischer Bereich: ...................................................................

2. Gesundheitlicher Bereich: ...................................................................

3. Sozialer Bereich: ...................................................................

**Kindergruppe** (Angaben über Anzahl, Alter, besondere Merkmale und Leistungsstand der Kinder): 8-10

...................................................................

**Übungsraum** (Angaben über Art, Eignung u. Vorbereitung des Raumes):

Mehrzweckraum des Kindergartens

**Geräte u. Hilfsmittel:** Für jedes Ki einen Luftballon

**Zeit:** 30 Minuten

| **Lerninhalt** (in Übungsgruppen gegliedert) | **Lehr- u. Lernziel** (Feinziele), **Übungswert** | **Organisationsform, Lehr- u. Lernmethode** | **Beobachtung des Lernerfolges** |
|---|---|---|---|
| ............ | ............ | ............ | ............ |
| ............ | ............ | ............ | ............ |
| ............ | ............ | ............ | ............ |

**Zusammenfassende Schlußbemerkung und Hinweis zu weiterführender Arbeit:** ...................................................................

...................................................................

## Literaturverzeichnis


| | |
|---|---|
| Blumenthal, Ekkehard: | Bewegungsspiele für Vorschulkinder, Schorndorf 1973 |
| Blumenthal, Ekkehard: | Vorschulturnen an Geräten, Schorndorf 1970 |
| Bode, Rudolf: | Musik und Bewegung, Stuttgart 1967 |
| Bode, Rudolf: | Richtlinien der Rhythmischen Gymnastik, München 1957 |
| Bode, Rudolf: | Rhythmische Gymnastik, Frankfurt a. M. 1957 |
| Diem, Liselott: | Juchhei – die Kleinsten turnen, Frankfurt a. M. 1967 |
| Diem, Liselott: | Spielend helfen, Fußgymnastik des Kindes, Frankfurt a. M. 1966 |
| Diem, Liselott: | Sport für Kinder, München 1973 |
| Diem, Liselott: | Wer kann . . ., Frankfurt a. M. 1959 |
| Diem/Scholtzmethner: | Ausgleichsgymnastik und Schulsonderturnen, Frankfurt a. M. 1969 |
| Flosdorf/Rieder: | Sport und Spiel in Gruppe und Heim, Freiburg i. Br. 1967 |
| Franke, Gerhard: | Schulturngärten, Frankfurt a. M. 1961 |
| Gaß-Tutt A. | Tanzkarussell, Boppard a. Rhein |
| Geiger/Grindler: | Fröhliches Tummeln und Spielen, Stuttgart 1963 |
| Hecker, Elisabeth | Bewegung heilt, Gütersloh 1960 |
| Hederer, Josef (Herausgeber) | Handbuch für den vorschulischen Erziehungsbereich, München 1973 |
| Hederer/Schiefele/Tröger | Pädagogik I – Telekolleg für Erzieher, München 1973 |
| Heipertz, Wolfgang | Sportmedizin, Stuttgart 1972 |
| Hundertmarck, Gisela | Soziale Erziehung im Kindergarten, Stuttgart 1972 |
| Kiphard, Ernst J. | Bewegungs- und Koordinationsschwächen im Grundschulalter, Schorndorf 1970 |
| Kiphard/Huppertz | Erziehung durch Bewegung, Bonn-Bad Godesberg 1971 |
| Kiphard, Ernst J. | Leibesübung als Theraphie, Gütersloh 1970 |
| Kochner, Gustav | Haltungsschäden und ihre Bekämpfung, Frankfurt a. M. 1970 |
| Kraus, Hans | Rückenschmerzen, München 1968 |
| Kultusminister der Länder der Bundesrepublik Deutschland/Deutscher Sportbund (Herausgeber) | Die tägliche Bewegungszeit, Frankfurt a. M. |
| Maurer, Horst | Der Turnspielgarten, Schorndorf 1969 |
| Meinel, Kurt | Bewegungslehre, Berlin 1962 |
| Mester, Ludwig | Grundfragen der Leibeserziehung, Braunschweig 1962 |
| Schenk-Danziger | Entwicklungspsychologie, Wien 1972 |
| Schlegel, Hella | Turnen für Mutter und Kind, Celle 1966 |
| Schulz, Helmut | Turnen und Spielen für unsere Kleinsten, Celle 1970 |
| Tollich/Sulke | Turnt mit uns!, Wien 1972 |